Mein Weg zu
den Sternen

Léa Linster
mit Kerstin Holzer

Mein Weg zu den Sternen

Aus meinem Leben

Menschen zu finden, die mit uns fühlen und empfinden, ist wohl das schönste Glück auf Erden.
Achte auf das Kleine in der Welt, das macht das Leben reicher und zufrieden.
Deine Omi
zum Geburtstag 2015

Kiepenheuer
& Witsch

MIX
Papier aus verantwortungsvollen Quellen
FSC® C006701
Verlag Kiepenheuer & Witsch, FSC®-N001512

1. Auflage 2015

Umschlaggestaltung: Rudolf Linn, Köln
Umschlagmotiv: © Marc Theis
Fotos Innenteil: © privat
Gesetzt aus der Adobe Garamond und Helvetica
Satz: Felder KölnBerlin
Druck und Bindung: CPI books GmbH, Leck
ISBN 978-3-462-04713-4

Für meinen Vater Emile Linster, der die Träume in mir weckte, und für meine Mutter Marie-Antoinette, der ich die Kraft verdanke, sie zu verwirklichen

Inhalt

Vorwort

Ich habe eine unbändige Freude daran, mit anderen Menschen zusammen zu sein. Das war schon immer so, und es ist überhaupt die Voraussetzung für meinen Beruf. Wenn es einen quält, dass immer Leute um einen herum sind, die mit einem plaudern wollen, darf man nicht Gastronom werden.

Ich bin in einem Restaurant groß geworden, und dann habe ich es übernommen. Als ich mein erstes selbst gekochtes Gericht an die Tische getragen und den verdutzten Gästen angeboten habe, war ich gerade zehn Jahre alt. Ich weiß es noch genau: Es waren Luxemburger Mehlknödel, die Kniddelen. Davon hatte ich sehr viel anzubieten, denn bis ich endlich die richtige Konsistenz des Teigs heraushatte, waren immerhin zwei Dutzend Eier und zwei Kilo Mehl verarbeitet. Et voilà: Meine leckeren Knödel mit gebratenem Speck obendrauf waren im Nu aus. Sie schmeckten wunderbar, die Leute haben über mich geschmunzelt und sich alle unterhalten. Und da habe ich etwas Wesentliches begriffen: Bei Tisch redet es sich gut.

Die schönsten Gespräche entstehen, wenn Menschen beisammensitzen, bei einem Café Crème, bei einem Glas Wein, bei einem köstlichen Essen, das mit Liebe kredenzt wird. Dann entstehen Freundschaften, werden Missverständnisse ausgeräumt, es bahnen sich Liebesgeschichten an, und wir sprechen über das, was uns im Kopf herumgeht. Manchmal ist das leicht wie ein Soufflé, manchmal gehaltvoll wie ein Bœuf Bourguignon. Wir reden leichter über die bitteren oder süßen Momente unseres Lebens, wenn etwas Gutes auf dem Tisch steht, nicht wahr? Ich will uns Köche ja nicht wichtiger machen, als wir sind – aber mich macht das glücklich.

Ich liebe das übrigens auch sehr, das Zusammensitzen und Erzählen. Wenn ich Geburtstag habe, mache ich gerne einen großen Tisch. Ich lade meine Freunde ein, und dann halte ich aus dem Stegreif Reden: über die Freunde, wie wir uns kennengelernt und was wir alles gemeinsam erlebt haben.

In meinem Lokal in Frisange gibt es 50 Plätze. Mit diesem Buch möchte ich die Tafel einfach mal ein bisschen vergrößern. Und Sie, die Leser meines Buches, dazuholen an meinen Tisch.

Verführung ist das Salz des Lebens

In der Küche meines Restaurants in Frisange stand vor neun Jahren mal der Rapper Snoop Dog, um sich von mir knusprige Kartoffelrösti machen zu lassen.

An unserem Ruhetag.

Da staunen Sie, oder? Einen amerikanischen Megastar erwartet man nicht unbedingt in einem kleinen luxemburgischen Dorf in einer Restaurantküche außerhalb der Öffnungszeiten. Ich war auch ziemlich überrascht, als mein Bruder Jean mich um den Gefallen bat, meine Küche am Montag ausnahmsweise aufzusperren. Jean ist Musikproduzent, und der amerikanische Gast hatte mit ihm gearbeitet. Aber wie wir alle wissen, macht Arbeiten hungrig, im Musikstudio von Jean gibt es keine Küche, und außerdem kann ich einfach besser kochen als er. Also kam er zu mir.

Ich gab mich ganz gelassen, sagte, ich würde gleich da sein und legte auf. Dann rief ich sofort meinen Sohn Louis an, der damals 14 Jahre alt war und nicht weit von unserem Dorf ein Internat besuchte. Louis hörte Snoop Dog zu der Zeit natürlich rauf und runter. »Louis!«, rief ich, »komm sofort her! Hier steht gleich dieser berühmte amerikanische Rapper vor der Tür!« Welcher denn, wollte er wissen. Den Namen hatte ich in der Aufregung vergessen. Irgendwas mit Hund? Snoop Dog, stellte Louis beeindruckt fest. Er setze sich jetzt sofort in den Bus und komme. Mit dem Bus, so ein Unsinn! Wer weiß, wie lange der prominente Gast bleiben würde. »Du nimmst ein Taxi«, befahl ich, »das ist es mir wert.«

Ich wollte unbedingt, dass mein Sohn dieses Abenteuer erlebt. Ich habe in meinem Leben schon für Künstler und Millionäre gekocht, für Hochzeitsgesellschaften am Hofe der großherzoglichen

Familie in Luxemburg, und kürzlich habe ich ein großes Essen für die Mitglieder des amerikanischen Obersten Gerichtshofs ausgerichtet. Aber dass ein internationaler Superstar in unserem Dorf antanzt – das finde ich immer noch sensationell.

Solche Späße habe ich mein Leben lang geliebt, das habe ich von meinem Vater. Von ihm habe ich das Restaurant übernommen. Und noch vieles mehr.

Louis kam bald an und sah von seinem Idol erst mal nicht viel. Vor der Eingangstür lungerten schon Fans herum, die vom Besuch aus Amerika Wind bekommen hatten. Im Lokal machte sich seine Entourage breit, darunter Bodyguards, die so groß und voluminös und schwer waren, dass sie sicher nie im Leben eine Waffe nötig gehabt hatten. Die hätten sich nur ganz langsam auf jemanden setzen müssen, dann wäre der nie wieder aufgestanden. Und in dem Saaleck, aus dem dicke süßliche Rauchschwaden waberten, da musste wohl der berühmte Rapper hocken, der damals ein bekennender Kiffer war.

Einen eigenen Leibkoch hatte er auch mitgebracht. Der hantierte bereits mit meinen Töpfen und behandelte mich zunächst, als sei ich die Spülfrau. Es war ja mein freier Tag, und ich hatte meine Kochweste nicht an, also war ich nicht gleich als Chef zu identifizieren. Aber ich bin in meinem Leben schon manches Mal unterschätzt worden, davon lasse ich mich nicht so leicht einschüchtern. Ich zeigte dem Kollegen mein schönstes Lächeln. Mit meinem Lachen bin ich immer gut durchgekommen! Dazu überreichte ich ihm mein aktuelles Kochbuch, das ich liebevoll für ihn signierte. Er brach fast zusammen vor Verlegenheit, aber ich sagte ihm, er solle sich hier wie zu Hause fühlen. Voilà, schon waren wir die besten Freunde.

Alle zusammen hatten wir einen lustigen Abend. Der amerikanische Koch und ich standen gemeinsam am Herd und unterstützten uns gegenseitig. Er briet Steaks und kochte Grits, diesen Maisbrei, den die Amerikaner so lieben. Ich machte frische Röstis und Salat, dazu meine Brötchen mit Luxemburger Butter, nicht zu fest, nicht zu weich, und danach Crème brûlée und meine fantastischen

Madeleines. Snoop Dog bedankte sich am Ende höflich dafür, dass ich es seinen Leuten so schön gemacht hatte, und lud uns auf sein Konzert ein. Alle waren happy.

Ich liebe solche Überraschungen, denn sie sind die Glanzmomente, die unserem Alltag ein Licht aufsetzen. Aber wir müssen auch bereit sein, uns überraschen zu lassen! Wie in unserer Kindheit, als wir jeden Morgen gespannt waren, welche ungeahnten Erlebnisse uns der neue Tag bringen würde. Als wir am Geburtstag vor Neugierde brannten, was im hübsch verpackten Geschenk stecken würde. Als wir unser Leben für das spannendste der Welt hielten und jedem unser Herz schenkten, der uns zum Lachen und Staunen brachte.

Wie traurig, wenn man diese Bereitschaft verliert, weil man schon so satt und überdrüssig ist! Mit einer müden Einstellung kann man kein lustiges Leben führen. Ich finde, sie ist sehr uncharmant und das Einzige, was uns richtig alt wirken lässt.

Auch beim Essen schätze ich kleine Überraschungen. Deshalb sind mir die Entrees in meinem Restaurant »Léa Linster« in Frisange auch so wichtig. Vorab gibt es immer ein Tässchen Suppe, ob der Gast es nun bestellt hat oder nicht. Diese Süppchen sind ein Versprechen auf mehr. Sie sollen jeden in freudige Erwartung versetzen auf all die Leckerbissen, die noch folgen werden.

Am schönsten ist es, wenn schon die Komposition des Entrees verblüfft. Ein Beispiel: mein Kartoffelsüppchen mit Champagner. Die Suppe ist fein passiert, obendrauf kommt ein großzügiger Klecks geschlagene Sahne, darüber eine kleine Handvoll gehobelter Parmesankäse und etwas Muskatnuss. Da erlebt man eine erste Überraschung, weil man einen Löffel heißer Suppe mit der kühlen Sahne in den Mund nimmt, und eine zweite, weil die Konsistenzen von Kartoffelsuppe, Sahne und Käse so unterschiedlich sind.

Das ist sehr verführerisch! Und um Verführung geht es doch, beim Essen wie im Leben. Nichts macht mich zufriedener, als mit meiner Kochkunst Freude zu bereiten. Wir finden es doch alle herrlich, wenn uns jemand auf Händen trägt. Verwöhnen macht die Menschen glücklich, ob sie es nun selbst tun oder ob sie es erfahren.

Mir kann man sehr leicht eine Freude machen. Zum Beispiel, indem man mich frühmorgens auf dem Markt mit den Händen in einer Kiste mit Möhrchen wühlen lässt, unter denen ich mir die kleinsten und feinsten heraussuchen darf. In Luxemburg traue ich mich das nirgendwo, das mache ich nur im französischen Thionville, 20 Minuten von meinem Zuhause entfernt. Dort fahre ich gerne am Samstag hin, ganz früh. Dafür nehme ich auch in Kauf, dass mein heiliger Morgenspaziergang in den Weinbergen ausfallen muss, die unterhalb von meinem Haus an der Mosel liegen.

In Thionville besuche ich immer den Stand von Madame Christine. Dort gibt es unbehandeltes Gemüse: Rote Bete, perfekt geformt wie Pralinen, winzige, hübsche Karotten, saftigen Feldsalat. Und das Beste ist: Alles darf ich dort anfassen.

Danach gehe ich zum Stand der Hühner-Madame, die mich schon seit mindestens 30 Jahren kennt. Niemals käme mir Geflügel aus der Batterie auf den Tisch. Ihre Hühner aber fressen nur feine Mais- und Weizenkörner und die Reste von hausgebackenem Brot. Sie sind wirklich glücklich, diese Hühner, und das schmeckt man auch. So ein Huhn ist wie ein guter Freund, es lässt dich niemals im Stich. Du kannst es stundenlang kochen und es zaubert dir den schönsten Fond. Das Fleisch ist dann nicht trocken, sondern perfekt für eine Königinpastete. Ein gutes Huhn kann man warm und kalt essen, braten, grillen, ganz oder als Coq au vin in Stücken servieren. Es macht alles mit.

Das Einkaufen auf dem Markt von Thionville betreibe ich nur zum Spaß, schließlich fahren unsere Lieferanten ihre Ware direkt zum Restaurant. Wir benötigen weit mehr Zutaten als das bisschen, was ich samstags hinten in mein Auto einlade.

Aber es ist eine schöne Gewohnheit. Manchmal lasse ich mir am Fischstand ein paar frische Austern zum Frühstück öffnen – das ist morgens um neun vielleicht nicht jedermanns Sache, aber ich finde es toll. Das Meerwasser lässt man auslaufen, und Austern sind das Beste gegen Muskelkrampf, denn sie stecken voller Mineralien.

Danach kaufe ich noch in der traditionellen Patisserie Bauer zwei frische Pains au chocolat, die bringe ich meinem Bäcker Dominique Simonnet mit, einfach so, weil sie so gut sind.

Und schon bin ich für den ganzen Tag vollgetankt mit Energie, kann in der Küche nach dem Rechten sehen und mich auf die Gäste freuen, die wir später nach Herzenslust verwöhnen werden. Manchmal kann ich kaum fassen, dass all das, was mir solchen Spaß macht, mein Broterwerb ist. Ich bin Köchin, und für mich ist das der schönste Beruf der Welt.

Das Mädchen von der Tankstelle

Ich habe ein gutes Gedächtnis, und darüber freue ich mich sehr. Nie muss ich in einem meiner Kochbücher nachschlagen, all meine köstlichen Gerichte koche ich aus dem Kopf nach.

Mit meiner Kindheit ist es ganz genauso: Ich trage sie in mir. Die meisten Menschen besitzen Fotoalben mit Aufnahmen ihrer Familie, und beim Durchblättern ist alles wieder da – die Stimmen, die Gerüche, die Gefühle. Meine alten Fotos aber sind fast alle verloren. Sie waren in einem Safe, der mir vor zwei Jahren gestohlen wurde. Aber die Bilder in meinem Kopf kann man mir nicht stehlen.

In meiner allerersten Kindheitserinnerung sitze ich auf meinem heiß geliebten Dreirad. Ich bin drei Jahre alt, ein aufgewecktes, vorwitziges Kind mit kastanienbraunen Locken und braunen Augen, und ich kurve mit Vergnügen im Gastraum unseres Cafés herum, in dem meine Eltern Wein, Bier und große Platten mit würzigen Schinkenbroten servieren. Vor einem Tisch mit einem Mann und seiner Frau bleibe ich stehen, lege den Kopf weit nach hinten, damit ich besser hochsehen kann, und dann sage ich zu dem Herrn, der mich so arglos anlächelt: »Diese Dame gefällt mir aber viel besser als die andere von gestern.«

So schnell ist mein Vater noch nie hinter dem Tresen hervorgestürmt! Mit einem Griff hebt er mich mitsamt dem Dreirad hoch und verfrachtet mich in die Küche, wo ich keinen weiteren Schaden anrichten kann. Er schimpft zwar ein bisschen, aber ich merke ganz genau: Heimlich muss mein liebevoller Vater lachen. Ist doch kein Wunder, wenn man in einem Kaff wie Frisange mit wechselnden Damenbegleitungen unschuldige Kinder verwirrt, nicht wahr?

Frisange war damals ein winzig kleiner Ort. Es gab einige Bauernhöfe und viele Kühe. Und ich erinnere mich an viele alte Junggesellen, die bei uns im Lokal herumsaßen. »Frisange, das ist ja nur ein Dorf«, sagte meine Mutter manchmal verächtlich. Sie selbst stammte aus dem auch nicht gerade riesigen Luxemburger Städtchen Mersch.

Wenn man es genau nimmt, war Frisange noch nicht einmal ein richtiges Dorf: Es war nur eine Kreuzung. Durch den Ort verliefen eine kleine Landstraße sowie eine große internationale Route, die nicht nur in die 13 Kilometer entfernte Stadt Luxemburg führte, sondern in meinen Augen auch in die Welt hinaus: in Richtung Norden nach Ostende und in Richtung Süden über die französische Grenze, die gerade mal 800 Meter von unserem Haus entfernt ist. Wo sich die beiden Straßen kreuzten, gab es eine Schule, eine Bäckerei und das Gemeindehaus. Und dann hatte Frisange noch unser Café zu bieten. Es war ein paar Meter von der Kreuzung entfernt. Gleich am Haus standen zwei mächtige Walnussbäume, und nach hinten öffneten sich Wiesen, Felder und hohe Hecken. Diese Bäume, die Hecken und die Wiesen – es gibt sie noch immer, und mit ihnen den weiten Blick meiner Kindheit.

Mein Vater Emile Linster hatte das Lokal sehr jung übernommen. Er war erst 18 Jahre alt, als sein Vater starb. Seit mehr als hundert Jahren ist das Anwesen nun in Familienbesitz, und es gibt ein schönes Foto von 1906 vom Haus, auf dessen Mauern stolz geschrieben steht: »Restaurant de la Gare Linster«. Der Bahnhof von Frisange war damals genau vis-à-vis, wenn man diese Haltestelle einen Bahnhof nennen kann. Aber immerhin hielt 1906 hier die Bahn aus dem Städtchen Mondorf, und sie brachte einen in die große Stadt, nach Luxemburg.

Meine Eltern haben sich in einer feinen Bäckerei in Mersch kennengelernt, 40 Kilometer von Frisange entfernt. Dort bewarb sich mein Vater Emile als Konditor und Bäcker, und meine Mutter Marie-Antoinette war die Tochter des Chefs. Der Vater erzählte immer, dass er sich schon bei seinem allerersten Telefonanruf in der Bäckerei in die bezaubernde Stimme unserer Mutter verliebt habe. Außerdem ist es sehr verführerisch, immer vom Duft buttriger Brioches und zuckersüßer Törtchen umgeben zu sein, also heirateten sie. Emile brachte Marie-Antoinette dann nach Frisange, und gemeinsam übernahmen sie das Café. Dort herrschte am Anfang noch Emiles Stiefmutter. Ihren Stiefsohn vergötterte sie zwar, aber seiner jungen Frau muss sie das Leben recht schwer gemacht haben. Dass meine Mutter das ertrug, hat mein Vater ihr hoch angerechnet.

Meine Eltern führten eine glückliche Ehe. Ich kann mich nicht erinnern, dass sie miteinander gestritten hätten. Emile war ein fescher Typ, groß, herzlich und äußerst gewinnend. Als junger Mann fuhr er ein Motorrad mit einem Seitenwagen, was ihm ein draufgängerisches Flair verlieh. Er war ein umtriebiger Mann, und er war immer für das Moderne, das Neue und das Fortschrittliche. Das Enge und Altmodische an Luxemburg, diesem winzigen Großherzogtum, hat ihn oft gestört und beengt. Das habe ich übrigens von ihm geerbt.

Meine Mutter Marie-Antoinette neigte zur Molligkeit, und das haben wir Kinder dann wiederum alle von ihr geerbt. Keiner von uns war je gertenschlank. Als meine Mutter heiratete, soll sie nur 50 Kilo gewogen haben – so sagt es die Familienlegende. Ihr Gesicht war fein, auch später noch, als sie schon rundlicher geworden war. Sie hatte wunderbare Haut und graugrüne Augen. Sonntags, wenn sie sich geschminkt hatte, fand ich sie immer sehr schön.

Wir waren zu Hause vier Kinder, ich bin das dritte. Geboren bin ich am 27. April 1955, einem Mittwoch. Meine älteste Schwester Maryse war damals drei Jahre alt, mein großer Bruder Jean eineinhalb. Marianne kam als Nachzüglerin sechs Jahre nach mir zur Welt.

Meine Mutter fuhr bei allen vier Geburten nicht etwa in die Stadt nach Luxemburg, sondern ins Krankenhaus von Differdingen, obwohl das weiter entfernt war. Dort wirkte die berühmteste Hebamme des Landes, eine Frau Prommenschenkel. Trotz dieser

Koryphäe muss meine Geburt kompliziert verlaufen sein. Meine Mutter hat mir oft gesagt, ich sei das einzige Kind gewesen, dessen Geburt sie fast nicht überlebt hätte. Kinder glauben ja alles, was die Erwachsenen ihnen erzählen, und ihre Fantasie spinnt diese Geschichten weiter. So konnte ich gut verstehen, dass meine Mutter von mir weniger hingerissen war als von meinen Geschwistern. Ich bin ihr auf die Nerven gefallen, immer.

Als Kind hatte ich anscheinend Gelbsucht, jedenfalls soll ich lange Zeit sehr gelb im Gesicht gewesen sein. Und sehr schwächlich, so dass ich Lebertran trinken musste. Motzig war ich auch. Ich hatte einen eisernen Willen und war als einziges der Kinder schwer zu erziehen. Meiner Mutter hat das überhaupt nicht gefallen.

Als ich etwa vier Jahre alt war, besuchte ich einmal meine Freundin Joss. Sie wohnte im Haus gegenüber, wir spielten den ganzen Nachmittag und vergaßen die Zeit. Es war Winter, und als ich nach Hause kam, war es schon längst dunkel. Natürlich war ich viel zu spät, und meine Mutter war außer sich. Als ich endlich eintraf, guckte sie mich an und sagte dann: »Du kannst keines meiner Kinder sein. Meine Kinder liegen schon alle brav im Bett.« Das war schrecklich. Ich war vollkommen verzweifelt. Vehement versuchte ich sie davon zu überzeugen, dass ich wirklich und wahrhaftig ihre Tochter sei: »Schau mich doch an, du musst mich doch erkennen! Schau doch die Mütze an, die kennst du doch!«

Aber meine Mutter wollte ein Exempel statuieren. Sie wartete die entscheidenden Augenblicke zu lange, bis sie mich endlich erlöste. Und so ist dieses Entsetzen bei mir hängen geblieben. Bis ich eine junge Frau war, hat mich die Angst verfolgt, dass ich irgendwo klingele, und man erkennt mich nicht. Manchmal frage ich mich, ob es mir deshalb ein so großes Anliegen ist, zu gefallen und andere froh zu machen mit meinem Essen und einem schönen Ambiente. Damit man mich nicht vergisst.

Ich erinnere mich übrigens, dass ich als kleine Vierjährige schon deshalb nicht begriff, wie meine Mutter mich vergessen konnte, weil ich doch diesen besonders schönen, ungewöhnlichen Namen trug: Léa. Darauf war ich stolz. Ich denke, dass es eine Rolle spielt, ob man seinen Namen liebt und dessen Aura. »Léa« fand ich einfach herrlich ausgefallen. Und auch so kurz. Ich dachte, meine Schwester Maryse trüge einen längeren Namen, weil sie größer war als ich.

Außer diesem schönen Namen hatte ich auch ein besonders schönes Lachen. Ich lachte nicht viel als Kind, aber wenn, dann waren alle hin und weg. Dieses Lachen gebrauchte ich zur Verführung, zum Beispiel, wenn ich zu spät kam. In den Ferien besuchte ich oft die Großeltern in Mersch, und dort ging ich in eine Ferienbetreuung. Jeden Morgen wartete ich darauf, dass in der Bäckerei der Großeltern endlich die Mützel aus dem Ofen kamen. Das waren Plunderteile mit Streusel, und dieser nach Zucker und Butter duftende Hefeteig war für mich der herrlichste Duft der Welt. Ich kam immer zu spät ins Ferienlager, und immer rettete mich mein Lachen.

Meine Motzigkeit habe ich dann abgelegt, als ich elf wurde. Irgendwie fand ich wohl heraus, dass man weiterkommt, wenn man freundlich ist. Vor allem als Mädchen.

Und ich merkte, dass die Mutter es lieber hatte, wenn ich nett und lustig war. Eine kleine Entertainerin zu sein, das brachte mir Anerkennung und Applaus, auch bei den Gästen. Genauso wie mein Zeichentalent, unentwegt kritzelte ich die weiße Rückseite der Bierdeckel voll. Besonders gerne zeichnete ich hübsche Mädchengesichter – mit Zopf oder Dutt, großen Augen und lächelndem Mund. Und wenn ein Gast mal etwas länger warten musste, schickte mich der Vater als künstlerisches Vorprogramm an den Tisch: »Geh, Léa, und mal' dem eine Braut, bis das Essen kommt.«

Im Café Linster spielte sich das ganze Dorfleben ab, es herrschte immer reger Betrieb. Auch aus dem nahen Frankreich kamen Gäste. Ich hatte nie die Vorstellung: Das hier ist die Familie und das der Rest der Welt. Ich dachte: Der Rest der Welt ist auch Familie, wenn er zu uns nach Hause kommt.

Das Café war Restaurant, Tankstelle, Kegelbahn, Gasthaus und Tanzlokal in einem, ein großes Gebäude mit mehreren Räumen. In der oberen Etage wohnte die Familie. Außerdem gab es ein paar Gästezimmer und Platz für die zwei oder drei Dienstmädchen, die bei uns aushalfen.

Unten im Saal saßen die Männer beim Bier, füllten Aschenbecher von der Größe eines Hundenapfs mit ihren Zigarettenstummeln und spielten bis spät in die Nacht Karten. Manchmal, vor allem, wenn mein Vater sich dazusetzte, dauerte die Partie bis in die frühen Morgenstunden, und dann riefen die Ehefrauen seiner Mitspieler um halb acht entnervt an: Man möge jetzt endlich ihre Männer heimschicken, wenigstens kurz, damit sie den Laden aufsperrten!

Freitagabends hörte man von der Kegelbahn das laute Poltern der umfallenden Kegel, und manchmal gab es im Café auch rauschende Tanzveranstaltungen. Meine Mutter richtete in der Küche ihre berühmten belegten Brote, die dann in den holzgetäfelten Saal getragen und auf die weiß gedeckten Tische gestellt wurden. Sie konnte die Schinkenscheiben hauchdünn schneiden, so wie die Spanier es tun. Den Schinken legte sie auf zwei gebutterte Brotscheiben, eine Gabel hielt das Ganze zusammen, und daneben lag ein Messer. Wenn die Mutter mir den Teller gab und sagte: »Trag' das zum Tisch am Piano!«, wusste ich, dass mir die Gäste erst dort die schwere Last abnehmen würden. Auf dem Weg drückte ich das Brot daher vorsichtshalber mit der ganzen Hand nach unten, damit es mir nicht vom Teller rutschte. Damals war ich erst vier Jahre alt, aber ich wusste genau, ab wann ich im Saal gesehen wurde. Und wann ich ganz schnell die Finger vom Schinken nehmen musste.

Besondere Anlässe wie Hochzeiten, Taufen und Beerdigungen feierten die Leute bei uns. Für solche Gesellschaften gab es natürlich etwas Besseres als Schinkenbrot, dann wurde ganz groß aufgetischt. Es klingt wahrscheinlich herzlos, aber ich habe mich immer gefreut, wenn jemand aus dem Dorf gestorben war. Dann gab es stets dieses wunderbare Menü: Festtagssuppe von Rind und Huhn, Königinpastete, Tafelspitz, Blattsalat »Mimosa«, Aprikosentarte. Und natürlich den Verdauungsschnaps, »Pousse-Café« genannt.

Jede Feier begann pietätvoll und endete meist in einem fröhlichen Besäufnis.

Lokale sind das Herz kleiner Ortschaften, und in Frisange schlug es bei uns.

Früher dachte ich, wir seien die Reichsten im Dorf. Warum? Weil es bei uns am besten geduftet hat. Nach knuspriger Kalbshaxe und frischgebackenem Brot. Sogar den ersten Geruch einer frisch angezündeten Zigarette empfand ich als angenehm. Aber die Reichsten im Dorf waren wir sicher nicht. Wir waren wahrscheinlich nicht mal, was man wohlhabend nennt, obwohl es uns an nichts fehlte. Wir Kinder hatten zum Beispiel alle ein eigenes Zimmer. Aber ich trug stets die Kleider meiner großen Schwester Maryse auf.

Meine Geschwister und ich haben immer mitgeholfen im Betrieb. Wir trugen Teller hinaus und hinein, wir spülten ab – wir machten, was eben gemacht werden musste. Eine weitere Selbstverständlichkeit, mit der ich aufgewachsen bin: Die Gäste kommen immer an erster Stelle. Das Geschäft ging vor, sowieso! Wenn wir gerade beim Essen saßen und jemand an der Tankstelle Benzin brauchte, musste einer hinaus. Dann stritten wir Kinder: »Geh' du!« – »Nein, ich war gerade!« – bis der Vater eingriff und schimpfte: »Nun wird doch wohl einer gehen, bevor der Kunde weiterfährt!« Er selbst stand natürlich nie auf.

Unser Vater war schon ein Macho, aber er tat alles, um das zu verschleiern. Er war eben sehr charmant. Einmal schenkte er meiner Mutter ein Autoradio zum Muttertag. Sie hatte aber gar keinen Führerschein! Und es war sein Auto. »Damit, Tonilla, spiele ich dir die schönste Musik, wenn ich dich in die Stadt fahre«, sagte er.

Und dann war da noch diese Geschichte mit der Spülmaschine. Lange Jahre wurde alles von Hand gespült, bis meine Mutter so verzweifelt war, dass sie verlangte, eine Spülmaschine müsse her, anders sei es nicht zu schaffen. »Ach, Tonilla, so was brauchen wir doch nicht«, sagte mein Vater. Der hatte anderes im Kopf, bot aber immerhin an, mal den Spüldienst zu übernehmen. Da wurde mir angst und bange. Wenn mein Vater jetzt schon selbst spülte, dachte ich, bedeutet das das Ende.

Aber er machte nur ein paar Teller sauber, und dann verkündete er gereizt: So, jetzt sei es entschieden, es werde eine Spülmaschine gekauft.

Es ist wahr: An meiner Mutter blieb viel hängen. Mein Vater wusste das, und er hat sie dafür sehr geliebt. Sie hielt den Laden am Laufen, wenn er mal wieder unterwegs war. Mein Vater hatte eine kleine Firma gegründet, die Ventilatoren eines britischen Herstellers vertrieb. Deshalb fuhr er oft nach England. Wahrscheinlich reizten ihn an diesem zusätzlichen Job vor allem diese Reisen. Ich kann mir gut vorstellen, wie begeistert er dann durch die Londoner Straßen zog und in die Clubs hineinschnupperte, gespannt, was es hier zu sehen, riechen und schmecken gab. Oder was für interessante Menschen er hier kennenlernen würde. Und in der Zwischenzeit kümmerte sich Marie-Antoinette in Frisange um das Lokal und uns vier Kinder.

Sie musste zu viel arbeiten, heute ist mir das bewusst. Meine Mutter war einfach müde. Erschöpft. Und dann gingen wir Kinder ihr auf die Nerven. Sie hat uns oft Dresche gegeben. Der Vater hat uns nie geschlagen. Er hatte den Glamour, sie den Stress.

Trotzdem: Seine Heiterkeit und seine Weltoffenheit haben der Mutter schon sehr gefallen. Heute denke ich, es ist vielleicht kein Zufall, dass wir 1953 eine Tankstelle ans Haus gebaut hatten. Wenn mein Vater auch nicht so oft hinauskam in die Welt, so kam dadurch doch die Welt zu uns.

Wenn die Engländer mit dem Auto nach Italien oder Spanien fuhren, ging ihr Weg von Ostende hinunter durch Brüssel und Luxemburg. Wegen der internationalen Route, die durch Frisange führte, kamen alle an unserer Haustür vorbei: Holländer, Deutsche, Belgier, Franzosen, Italiener, und die mussten natürlich tanken. Es war schon damals billiger, in Luxemburg zu tanken, und die Reisenden machten ohnehin gerade Pause, also kamen sie ins Lokal, um etwas zu essen und zu trinken.

Als Kind fand ich es faszinierend, wie unterschiedlich die Durchreisenden waren. Die Holländerinnen hatten schöne Haut und wurden im Sommer so braun, das gefiel mir sehr! Engländer, die es mit dem Auto bis hierher geschafft hatten, waren per se außergewöhnlich. Mein Vater hatte uns strengstens verboten, mit ihnen Englisch zu reden. Wer in den Sechzigerjahren so weit reiste, wollte selbstverständlich beweisen, dass er ein Kosmopolit war. Also sprachen die Engländer ganz schick und falsch Französisch, und wir Kinder verzogen keine Miene.

Auch die wohlhabenden Städter aus Luxemburg tankten bei uns, bevor sie in die Ferien nach Frankreich fuhren. Wenn sie zurückkehrten, machten sie wieder Halt und erzählten von ihren Abenteuern. Sie tranken ein Bier, freuten sich über das Schinkenbrot meiner Mutter und berichteten, wie man in der Bretagne Hummer isst, und welche Soße in Brest zu den berühmten Poularden gereicht wurde. Mein Vater hörte leidenschaftlich gerne zu. Ich auch. So erfuhr ich genau, was die französische Lebensart ausmachte.

Als die Luxemburger Ende der Sechziger nicht mehr nur ins Elsass oder in die Bretagne fuhren, sondern nach Südfrankreich, änderten sich die Themen. Jetzt erzählten sie vom herrlichen Wetter, vom Jetset und dem Chic an der Côte d'Azur. Die eleganten Damen aus der Stadt trugen dicke goldene Armreifen, während sie in unserem Dorflokal saßen und sich mit uns unterhielten. Diese Kontraste haben mich sehr fasziniert. Was es da draußen alles gab! Und gleichzeitig spürte ich: Unsere Arbeit ist nicht beschämend.

Die Leute aus Frisange konnten sich solche Reisen natürlich nicht leisten. Wir auch nicht. Unsere Familie fuhr überhaupt nie in die Ferien, das war ja die Hauptsaison an der Tankstelle! Doch: Einmal verreisten wir, in die Vogesen. Nach drei Tagen fuhren wir wieder heim, und in der Zwischenzeit hatte der Vater nur geschlafen.

Als ich zehn Jahre alt war, konnte ich mich bereits mit allen Gästen verständigen, auf Englisch, Französisch und Deutsch. Und natürlich auf Luxemburgisch. Auf meine Vielsprachigkeit war ich sehr stolz. Ich fühlte mich kultiviert und international, weil ich schon als kleines Mädchen wusste, wie die Belgier so sind, und wie die Engländer mit Stil und Konzentration eine Erbse so behutsam auf die Spitze der Gabel schieben, als ob es das Delikateste sei, was sie je gegessen hätten. All das war Teil der weltoffenen Erziehung, auf die unser Vater viel Wert legte.

Für die Schule hatte er auch einen tollen Satz: »Um dumm zu sein, braucht man nicht viel zu wissen.« Er hat uns allerdings nie gesagt, wie viel genau wir wissen mussten, um nicht als dumm zu gelten. Klar war nur: sich nicht anzustrengen, ist eine Schande.

Aber ich muss zugeben, dass die Schule mich gelangweilt hat. Ich besuchte erst die Grundschule in Frisange, die an der großen Kreuzung im Dorf lag. Auch hier gab es eine Bäckerei nebenan, und wieder hatte ich Probleme, pünktlich zu sein. Morgens wurden die Hefeteilchen fertig, und dann duftete es bis zur Straße hinaus. Das wollte ich mir nie entgehen lassen.

Als ich zwölf wurde, wechselte ich wie viele andere Kinder aus dem Dorf aufs Lycée nach Luxemburg. Jeden Morgen fuhren wir mit dem Bus dorthin. Das erste Jahr verbrachte ich auf einem reinen Mädchengymnasium und wusste schon am ersten Tag, dass mir das zu öde sein würde. Die ganze Atmosphäre war streng und freudlos, jede Art von Spaß schien hier verboten. Also meldete ich mich selbst auf dem funkelnagelneuen »Lycée Michel-Rodange« an, einer gemischten Schule. Meine Eltern waren verblüfft, als aus dem Sekretariat die Anfrage kam: Ob sie dem Wechsel zustimmen würden? Das taten sie.

An der neuen Schule fühlte ich mich viel wohler. Ich hatte den Lehrern bald erzählt, meine Eltern würden sie so gerne ins Café Linster nach Frisange einladen, und den Eltern sagte ich, die Lehrer wünschten sich nichts mehr, als unser wunderbares Lokal kennenzulernen, von dem ich so viel berichtete. Beide Seiten freuten sich sehr, und es wurde ein wunderbarer Abend.

Einer meiner Mitschüler wurde später berühmt: Jean-Claude Juncker, der ehemalige Luxemburger Premierminister und heutige Präsident der Europäischen Kommission. Namensgeber des Gymnasiums war übrigens der Schriftsteller Michel Rodange, der Goethes »Reineke Fuchs« ins Luxemburgische adaptiert hatte. Als ein Wettbewerb für das neue Schulwappen ausgerufen wurde, zeichnete ich einen hübschen Fuchs – und gewann. Wie hab ich mich gefreut! Die vielen Mädchenköpfe auf den Bierdeckeln hatten sich ausgezahlt.

Meine Lieblingsfächer waren Rechnen und Deutsch. Trotzdem fielen mir das Lernen und die Hausaufgaben oft schwer. Nachmittags warteten schließlich noch andere Aufgaben auf mich: Ich musste den Tisch decken, Speisen auftragen und spülen.

Klingt das nach einem freudlosen Kinderleben? Das war es aber nicht. Damals trugen die Kinder in einem Familienbetrieb eben ihren Teil bei, und für uns war das selbstverständlich. Als ich selbst einen Sohn hatte, musste er nie im Restaurant mithelfen. Wenn er einem Gast einen Teller brachte, war es eher aus Spaß.

Ich hatte eine schöne und erfüllte Kindheit. Mein größtes Glück war meine überbordende Fantasie. Wenn ich mit meinem Bruder Jean und dessen Freunden in den Wiesen und Hecken hinter dem Haus Winnetou spielte, ging ich völlig darin auf. Jean war mein großes Vorbild, aber auch mein Rivale. Manchmal erlaubte er mir nicht mitzukommen: »Heute nur für Jungs!« Aber mir gelang es doch meist, dabei zu sein. Einmal fiel ich mitten im Winter während einer Verfolgungsjagd in den eiskalten Bach. Das machte mir gar nichts aus. Ich dachte, es gehöre zur Rolle, und rannte einfach weiter, in klatschnassen Sachen. Eigentlich hätte ich auch Schauspielerin werden können. Wenn ich eine Indianersquaw geben sollte oder das Rotkäppchen, war ich noch Stunden danach ganz und gar davon erfüllt. Es lag mir im Blut.

Fernsehen hatten wir keines, bis ich zwölf Jahre alt war. Dafür mussten wir zu den Nachbarn gehen. Mein Vater sagte immer: »Fernsehen ist der Tod aller Cafés. Dann redet keiner mehr mit dem andern. Und keiner spielt Karten.« Das war für ihn die Apokalypse.

Statt fernzusehen, las ich viel. Um ehrlich zu sein: Ich sah mir die Bildermärchen an, die mein Großvater mütterlicherseits, der Konditor aus Mersch, mir schenkte. Die Geschichten handelten von

Winnetou, Ivanhoe, Zorro. Ich liebte Helden. Vor allem Zorro mit seiner schwarzen Maske hatte es mir angetan. Einmal sagte ich meinem Großvater: »Wenn ich mal heirate, muss es so einer wie Zorro sein.« Mein Großvater, der mir nie die Träume zerstörte, antwortete: »Und ich werde dir die schönste Hochzeitstorte machen, die es überhaupt gibt.«

Der Großvater war ein wunderbarer Mann, an ihn habe ich stärkere Erinnerungen als an die Großmutter. Er erlaubte, dass ich ihn ab und an auf der morgendlichen Brottour begleitete, bei der er das frische Brot mit dem Auto von Haus zu Haus fuhr – das machten die Bäcker vor 50 Jahren noch. Er gab mir sogar eine eigene kleine Tasche, weil ich so gerne das eingenommene Geld zählte. Außerdem spielte er immer mit mir. Wenn andere, vor allem die Großen, lächelnd sagten, er sei ja selbst wie ein Kind, wurde ich wütend. Als ob das eine Beleidigung wäre!

Spielen bedeutet für mich noch heute das Versinken in eine andere Welt. Jede Freizeit ist für mich Spielen, ob ich in eine andere Stadt reise oder zum Friseur gehe. Denn geht es dabei nicht auch darum, sich für eine Weile zu verwandeln und dem Alltag, in dem man immer so seriös sein muss, kurz Adieu zu sagen?

Ich hatte natürlich auch Freunde in meiner Altersklasse. Da gab es zum Beispiel die schöne Joss. Sie war ein paar Jahre älter als ich. Joss stammte von einem Bauernhof und war doch immer hinreißend zurechtgemacht wie ein Fotomodell. Sie war schlank, schwarzhaarig, elegant. Ihre Fingernägel waren immer tipptopp manikürt, obwohl sie zupacken musste, und ihre Schuhe blitzten nur so. Sie trug Unterhöschen, die sie selbst mit Spitze gesäumt hatte, weil das Angebot in den Luxemburger Läden nicht ihren exquisiten Ansprüchen genügte. Außerdem liebte sie schöne Taschen.

Von solch einem Geschöpf konnte ich viel lernen, denn ich selbst war als Teenager eher burschikos. Als ganz kleines Mädchen trug ich einen Pferdeschwanz, aber später wurden die Haare der Einfachheit halber abgeschnitten. Das war schade, denn meine blonde Mähne, die im Sommer so hübsch gesträhnt und immer kräftig war, gehörte zu meinen Vorzügen. Aber ich habe mich auch nicht dagegen gewehrt. Nur Joss mit ihrem Starappeal, die entschied selbst, wie sie aussehen wollte.

An Joss' feinen femininen Sachen fand ich großen Gefallen. Gleichzeitig aber war ich brennend interessiert an all dem, was sich bei meinem Bruder und seinen Freunden tat. Dass die Jungs sich für Musik interessierten und dabei waren, eine Band zu gründen, fand ich unerhört cool und sehr spannend. Ich schwebte etwas unentschlossen zwischen der Welt der Jungen und dem Kosmos der Mädchen und versuchte, mich auf beiden Seiten zu orientieren.

Meine eigene Kleidung bestand aus dem, was meine große Schwester Maryse mir vererbt hatte. Von Spitzenunterhöschen konnte ich nur träumen. Zweimal allerdings brachte mein Vater mir aus England unvergesslich schöne Souvenirs mit: einmal eine kurze Hose in Orange und Rosa, und ein anderes Mal einen Bikini aus lilafarbenem Frottee. Darüber habe ich mich unheimlich gefreut, und beides trug ich, bis es in Fetzen hing.

Durch unsere französischen Dienstmädchen erfuhr ich immer, was gerade in Frankreich der letzte Schrei war – und darauf kam es schließlich an! Damals gingen viele junge Französinnen für eine Zeit ins Ausland, um etwas zu lernen. Im Gepäck hatten unsere Mädchen die Illustrierte »Salut les copains«, eine Art französische »Bravo«. So kannten wir den Sänger Johnny Hallyday, Jane Birkin und all die anderen Ikonen und konnten mitreden. Wir wollten ja nicht wirken, als lebten wir auf dem Mond. Anfang der Siebzigerjahre schaute sogar die Hippiezeit bei uns vorbei: in Gestalt von zwei Gastköchen mit nackten Füßen, Bärten, Afros von einem halben Meter Durchmesser, Joints und allem Drum und Dran. So was sahen wir nicht oft in Frisange. Es hat sich bei uns im Dorf auch nicht recht durchgesetzt.

Die Pubertät machte mir ein bisschen Angst. Ich kann mich nicht erinnern, dass unsere Mutter uns besonders ausführlich darüber aufgeklärt hätte, was mit uns Mädchen geschehen würde, und so erschrak ich gehörig. Ich erinnere mich, dass mein Vater mich, ich war etwa 16, tröstete und mir sagte, wenn ich erwachsen sei, würden wir den Männern um einiges voraus sein. Dann würden wir unsere Revanche dafür haben, dass wir uns jetzt unsicher fühlten.

Da unser Café ja das Zentrum des Dorfes war, fanden bei uns turbulente Faschingsbälle statt. Dann konnte ich beobachten, wie sich die Leute heimlich küssten. Wobei man sich in den wilden Sechzigern nicht einmal bei uns auf dem Land noch besonders heimlich küsste. Waren die Paare schön, fand ich das noch ganz hübsch, waren sie aber nicht so schön, fand ich es ein bisschen eklig. Meist saßen sie ja zu dritt am Tisch. Das Mädchen, ihr Freund und die beste Freundin des Mädchens. Letztere fragte mein Vater dann gelegentlich: »Bist du denn allein? Umso besser, dann kann dir keiner abhandenkommen!«

Oh, was haben die früher getanzt und geraucht und getrunken und geknutscht! Das musste ja alles betrieben werden, als ob es morgen verboten würde. Wenn zwei zu heftig rangingen, fragte mein Vater das Mädchen schon mal: »Ist das der Vater deiner zukünftigen Kinder?« Und – hui – flogen die auseinander.

Die Sprüche meines Vaters führten dazu, dass mir die Dinge zwischen Mann und Frau noch unheimlicher wurden. Das war mir eine fremde Welt.

Also war ich etwas zurückhaltend, was eigene Schwärmereien betraf. Wenn man sich nur für einen interessiert, dachte ich, verpasst man den ganzen Rest. In eine Art Abhängigkeit geraten wollte ich auch nicht. Außerdem fürchtete ich mich vor dem ersten Kuss. Meinen Bruder Jean, der ja älter war, versuchte ich darüber auszufragen, aber er murmelte nur, den ersten Kuss könne man vergessen.

Später erlebte ich dann, wie manche Jungen mich mit ihrer selbstbewussten, maskulinen Aura sehr anzogen. Aber ich hatte auch eine seltsame Freude daran, wenn einer mich nicht gleich wollte. Er musste verführt werden, sonst war es in meinen Augen die Sache nicht wert.

Ein brüderlicher Freund war mir in dieser Zeit der Bondo. Er war ein kompaktes Muskelpaket, stattlich und stark, ein wahrer Kumpel. Im Freibad nahm er mir die Angst vor dem Schwimmen, auf einem Feldweg brachte er mir das Autofahren bei, und wenn es mal einen Tanzabend gab, ermutigte er mich, jemanden aufzufordern, statt nur still und demütig zu warten. Das half mir sehr. Später wurde Bondo der Filialleiter unserer Post. Aber zwischen uns hat sich nie etwas abgespielt.

Viel besser gefiel mir ein Bandkollege meines Bruders. Jean spielte Bassgeige und Zugposaune und war Mitbegründer einer luxemburgischen Band, die damals Furore machte und noch heute Kult ist: die »Challengers«. Den Trompeter fand ich unwiderstehlich. Nach manchen Auftritten kamen die Musiker zu uns, und dann kochte ich für sie. Nachts um zwei, in unserer stillen Restaurantküche, während oben alle schliefen. Ich liebte das, es gab mir das Gefühl, Teil einer künstlerischen und unkonventionellen Situation zu sein. Künstler – oh, die faszinierten mich. Und natürlich sah dieser Junge sehr gut aus.

Bei meinem ersten Kuss war ich dann schon 18 Jahre alt.

Meine Vorsicht in den Belangen, die ich für »erwachsen« hielt, verdanke ich meinem Vater. Er wollte auf keinen Fall, dass seine Töchter Tresenmädchen werden. Tresenmädchen – das war das Schlimmste. Wir lebten in und von einer Wirtschaft mit ihren Begleiterscheinungen: Männer und Alkohol. Für Mädchen ist das eine Gefahr, das wusste er. Also hat er uns sehr gut beschützt. Wir durften alles wissen und immer dabei sein, aber er hat uns genau gesagt, was man macht und was nicht, und wir Kinder haben das sehr ernst genommen.

Es ist lustig: Mein Vater Emile rauchte und trank Whiskey-Cola, und wir mussten morgens im Lokal die Aschenbecher leeren, die nur so überquollen. Aber solange der Vater lebte, hat von uns Geschwistern nie einer getrunken oder eine Zigarette probiert. Jean trinkt bis heute keinen Tropfen Alkohol. Ich muss durch meinen Beruf natürlich schon Wein verkosten, aber ich habe das Alkoholgeschäft lange meinem Sommelier überlassen.

Vier Kinder, die in einem Restaurant mit Kegelbahn, Gastzimmern und Tankstelle aufwachsen und all die Gefahren und den Zauber eines solchen Betriebs aus nächster Nähe kennenlernen –

und doch hat mein Vater keines von uns Kindern je dazu gedrängt, sich über eine Nachfolge Gedanken zu machen. Den einen lässt die Tradition kalt, den anderen schreckt sie ab, den nächsten steckt sie an, bis er Feuer und Flamme ist. So ist es meist in Familienbetrieben.

Ich weiß, dass ich schon als kleines Mädchen von meinem Vater gefragt wurde: »Und, weißt du schon, was du einmal werden möchtest?« Das war keine Suggestivfrage, mein Vater war einfach nur neugierig, was seine kleine Tochter antworten würde.

An meinen Traum von damals kann ich mich noch gut erinnern, und den habe ich meinem Vater dann einfach geschildert: »Wenn ich groß bin, dann soll die Tür von der Küche zum Saal aufgehen, und alle Gäste sollen sagen: Aaah, seht nur, da kommt sie!«

Die Lehren meines Vaters

Manche lachen, wenn ich das sage, aber der perfekte Zeitpunkt für den Gaumen ist um elf Uhr vormittags. Genau um diese Uhrzeit sind meine Geschmacksnerven ganz besonders sensibel, das habe ich schon als Kind herausgefunden. Um elf Uhr bekam ich immer Heißhunger auf Schokolade, und wenn ich bei den Großeltern war, hielten sie stets eine Tafel der belgischen Sorte Côte d'Or für mich bereit. Die musste es sein, und keine andere! Nur diese Schokolade besaß die richtige Konsistenz. Oben war die Tafel leicht gerundet, so dass man leicht ein Stückchen abbrechen und auf der Zunge zergehen lassen konnte, ganz langsam. Das war wie Meditation, ein Augenblick nur für mich allein, mit diesem harmonischen Geschmack im Mund.

Mit einem feinen Gaumen wird man geboren, und dass ich darüber verfüge, wusste ich von klein an. Der eine hört fantastisch, der Nächste sieht besonders scharf, und ich hatte eben diese gute Nase und diesen sensationellen Geschmackssinn. Mein Gaumen ist oben nicht ganz rund, sondern durch die mittlere Linie wie zweigeteilt, und mir gefiel der Gedanke, es läge vielleicht daran. Als wäre mein Geschmack schon durch eine ungewöhnliche Physiognomie begünstigt.

Aber natürlich habe ich meinen feinen Gaumen von meinem Vater geerbt. Alles, was ich heute bin als Köchin und als Gastgeberin, verdanke ich ihm. Meinen Sinn für Genuss, meinen ausgeprägten Geschmackssinn, meine Neugierde, Kreativität und Liebe zu den Menschen. Er hat mich alles gelehrt. Und es hat ihn immer begeistert, dass ich seine Talente geerbt hatte.

Meine besondere Begabung, Nuancen herauszuschmecken, fiel

allen früh auf. Ich war das einzige der vier Kinder, das immer begierig alles probierte, was in der Küche zubereitet wurde. Noch heute kann ich in der Restaurantküche an keinem Topf mit reduzierter Soße oder Morchelfrikassee vorbeigehen, ohne schnell einen Löffel zu probieren. Und dann weiß ich auch sofort, ob noch etwas fehlt.

Meinen Vater beglückte es, dass ich so ein Feinschmecker war. Immer wenn er einen Biskuitteig oder eine Buttercreme zubereitete, forderte er mich auf: »Hier, koste mal!«, und hielt mir den Löffel hin. Hochkonzentriert probierte ich und mutmaßte, was wohl alles enthalten war, dann sagte ich: »Das kann ich auch.« Und mein Vater lachte und widersprach, nein, das könne ich nicht, ich sei ja noch zu klein, und dann beschrieb er mir haarklein die Zubereitung. Ich hörte genau zu und machte es dann klammheimlich nach. In unserer Restaurantküche gab es alles, was ich brauchte, und wenn ich mich in eine stille Ecke verzog, störte ich auch niemanden. Irgendwann sagte er: »Du machst das ja schon besser als ich, ab jetzt übernimmst du die Buttercreme.« Das war schlau von ihm. Denn er wollte natürlich auch jemanden finden, der ihm die Arbeit abnimmt. Und in unserer Küche gab es niemanden, der so wissbegierig an seinen Lippen hing wie ich.

Emile Linster war ein Gourmet, der das klassische Handwerk beherrschte. Gleichzeitig war er experimentierfreudig, und ihm lag schon zu einer Zeit an höchster Qualität und bestem Geschmack, als sich noch keiner so recht für feine Küche interessierte. Und schon gar nicht auf dem Dorf! Mein Vater hatte einen unbestechlichen Gaumen, und er konnte sein Urteil über einen Fisch oder eine Suppe jederzeit begründen. Den Begriff »Exzellenz« kannte ich von klein auf, der war Gesetz im Haus. Ich wusste immer, ob eine Speise bloß gut war oder schon exzellent. Das Bessere ist der Feind des Guten, nicht wahr? Und bei uns war es immer besser, dafür sorgte Emile.

Er selbst kochte nur selten für die Gäste, dafür war meistens meine Mutter zuständig. Emile stellte sich nur an den Herd, um ihr eine besondere Idee zu zeigen und um etwas Neues auszuprobieren. Obwohl er eine Ausbildung als Konditor gemacht hatte, verstand er sich nicht nur auf Torten und süße Cremes, sondern auf das gesamte Repertoire. Meine Mutter kochte solide und versiert, eben wie sie es von ihrer Mutter gelernt hatte, aber Emile verfeinerte ihr Können und gab ihr das nötige Selbstbewusstsein. Er war der kreative Kopf, und der macht es den anderen ja nur vor. Auch ich passte immer genau auf, wenn er Zutaten neu kombinierte. In meinen Augen war das wie Zauberei.

Von meiner Mutter konnte ich mir hingegen die praktische Küchenarbeit abgucken: Welche Töpfe man verwendet, wie man den Teig richtig rührt, dass man als Unterlage eine alte Zeitung benutzt, die man anschließend mitsamt den Kartoffelschalen und Zwiebelhäuten einrollt und wegwirft. Sie brachte mir die Standards bei. Und sie beherrschte die Kunst des Würzens. Wenn andere salzten, war oft eine Härte herauszuschmecken. Salzte sie, war es perfekt.

Aber bei ihr sah alles nach Arbeit aus, nach viel Arbeit. Die Erschöpfung umgab sie wie eine Aura, und damit hielt sie mich auf Abstand. Es ist kein Wunder, dass ich sie immer unruhig machte und störte. Oftmals hatte ich das Gefühl, ihr ein Klotz am Bein zu sein. Für ein Kind ist das auf Dauer ein trauriges Gefühl. Sie kümmerte sich vor allem dann um mich, wenn es darum ging, streng zu sein. Nie hätte sie mich mal an sich gezogen, um mich zu drücken und zu küssen. Und dabei war ich so hungrig nach Zärtlichkeit.

Den Vater durfte ich hingegen nach Herzenslust umarmen und küssen. Wenn er gerade vom Friseur kam mit seinem frisch geschorenen Bürstenschnitt und nach würzigem Rasierwasser duftete, schmiegte ich mich an ihn und dachte, wie sehr ich meinen Papa doch lieb hatte. Manchmal wehrte er sich lachend und rief: »Hör auf! Die Leute meinen sonst, du hast einen Ödipuskomplex!« Dann musste er mir erst mal die Geschichte von Ödipus erklären, der seine Mutter geheiratet hatte, und ich war ganz beruhigt, denn bei uns lagen die Dinge ja anders: Ich war die Tochter.

Ich war so vernarrt in meinen Vater, dass ich vor der Kommunion den Pfarrer am Ort in Rage brachte. Der sagte zur Vorbereitung: »Ihr alle müsst Jesus in eurem Herzen an erster Stelle haben.« Da habe ich mit meinen acht Jahren geantwortet: »Das geht nicht. Den ersten Platz bekommt mein Vater. Aber gerne gebe ich Jesus den zweiten Platz!« Der Pfarrer hätte mir fast eine Ohrfeige versetzt. Und ich war ganz verwirrt. Ich hielt mich ja für gläubig und hatte meine feste Vorstellung von Jesus. Und in meiner Fantasie hätte der keinem Kind eine Rangliste der Liebe abverlangt.

Ich konnte also nur ein Papakind werden, denn das Zusammensein mit ihm bedeutete ungetrübtes Glück und Vergnügen. Mein Vater konnte besser mit meinem Wesen umgehen als die Mutter, nein, mehr noch: Er hatte Freude daran. Er war heiter, verspielt, kreativ, und an allem brennend interessiert, was über die Grenzen seiner Küche hinausging, und es machte ihn glücklich, diese Züge auch an mir zu entdecken. Vielleicht wäre meine berufliche Laufbahn anders verlaufen, wenn das Verhältnis zur Mutter inniger gewesen wäre. So aber orientierte ich mich nur am Vater.

Er war mein Held, mein Vorbild und mein Lehrer. Wir waren Komplizen im Bestreben, uns die Welt so schön wie möglich zu gestalten. »Du und dein Vater!«, rief die Mutter manchmal erbost, wenn wir wieder die Köpfe zusammensteckten wegen etwas, das sich ihr nicht erschloss. Vielleicht, das ahnte ich erst viel später, war sie sogar eifersüchtig. Denn diese Lust an Leichtigkeit und Genuss, sie ist auch ein Geschenk.

Wir alle werden von unseren Eltern geprägt, nicht wahr? Und doch sind diese Prägungen selbst innerhalb einer Familie höchst unterschiedlich. Wir vier Kinder sahen unseren Vater zum Beispiel nie im Anzug und mit Aktentasche unterm Arm um sieben Uhr das Haus verlassen, wie andere Familienväter das taten. Und trotzdem hatte er seinen Laden im Griff. Wenn er wirklich müde war, konnte er sich auf Kommando 15 Minuten zum Schlafen hinlegen und war danach taufrisch. Aber unserer Mutter sahen wir die Anstrengung immer an. Ich schlussfolgerte daraus: Meine Arbeit darf später nie nach Arbeit aussehen! Ich will sie immer als meine Lieblingsbeschäftigung betrachten!

Auch meine großen Geschwister Maryse und Jean haben kreative Anlagen des Vaters übernommen. Maryse war immer die größte Künstlerin von uns, sie ging nach Italien, arbeitete schon früh als Töpferin und schuf Keramiken, mit denen sie die Menschen verzauberte. Heute gibt sie außerdem Förderkurse. In meinem Restaurant stehen immer einige ihrer wunderbaren Krüge.

Jean zog es mehr zur Musik. Mein Vater spielte in seiner Freizeit gerne Trompete, und auch Jeans Musizieren mit der Band wurde sehr gefördert. Als er ankündigte, er wolle die Musik professionell betreiben und ein Tonstudio eröffnen, war der Vater einverstanden. Er hätte den Sohn nie gezwungen, in seine Fußstapfen zu treten. Heute besitzt Jean das beste Musikstudio Luxemburgs und hat viele Filme vertont.

Meine kleine Schwester Marianne hingegen kam schon als Kind ganz und gar nach unserer Mutter: vernünftig, bodenständig, ohne Flausen im Kopf. Heute arbeitet sie als Beamtin in einem Büro. Wir lachen manchmal und sagen: Marianne ist die einzig Normale.

Und ich? Léa liegt das Kochen im Blut, hieß es immer. Ich glaube aber, dass das allein nicht ausreicht, um eine wirkliche Passion für die Küche zu entwickeln. Es gehört noch etwas anderes dazu: das Talent, jedes Essen, egal zu welcher Gelegenheit, als absolutes Fest zu sehen. Und die Lust, alles auszuprobieren.

Ich aß all die Dinge, vor denen sich die meisten Kinder mit Grausen abwenden: Kalbsbries, Kutteln, Austern, Kaviar, Trüffel. Und ich lernte, die Qualität zu unterscheiden, denn der Vater erklärte mir das ganz genau. Ich liebte Schnecken, von denen wir so viele verspeisten, dass meine Mutter sich nicht mehr die Mühe machte, sie nach dem Kochen wieder in ihre Häuser zu füllen. Den gegarten Schinken, den sie im Dunstbad zubereitete, und von dem sie dann die Schwarte abzog, um Schalotten und Kräuter darunterzugeben, aß ich für mein Leben gerne. Mein Bruder Jean ekelte sich vor dem Fett, ich fand es köstlich. Und erst das Baguette, das mein Vater eigens aus Frankreich holte! Es war unvergleichlich, vor allem, wenn man es in die Begräbnissuppe stippte, von der ich schon erzählt habe. Diese Rindfleischbrühe hatte eine leichte Süße durch etwas mitgekochtes Huhn, dazu gab man hart gekochte Eier und gehackte Petersilie. Und in diesen Sud dann das weiche, gebutterte Baguette zu tunken – ah, was für ein Genuss.

Zunächst genügte es mir, zu kosten und zu schmecken, dann wollte ich selbst etwas ausprobieren. So eine Zauberei der Improvisation, die sollte mir ebenso gelingen wie dem Vater!

Als ich das erste Mal versuchte, eine kulinarische Vision nachzukochen, war ich gerade sechs Jahre alt. Mir ging es nicht darum, etwas zuzubereiten, was ich kannte. Nein, ich wollte ein Dessert erfinden: eine Apfelsine mit Sahne. Die Frucht war klein und fest, und ich schälte sie so schön, als sei sie eine Blume. In die Mitte gab ich Sahne, ein typisches Konditoreiprodukt. Diese geschlagene Sahne gab es damals nicht in Restaurants oder Cafés, sondern nur beim Konditor, wie mein Vater Emile ja einer war. Und das Interessante war, dass durch die Säure der Orange und die sahnige Süße plötzlich Erdbeergeschmack entstand. Es faszinierte mich, dass man verschiedene Geschmacksrichtungen kombinieren und dadurch einen ganz anderen Geschmack erzeugen kann. Ich schmeckte aus diesem Dessert Erdbeere heraus, wie ein Sommelier in einem Rieslingwein subtile Ananasaromen wahrnimmt – was ja, rein logisch, auch nicht sein kann. Was diese komplexen Säuren einem vorgaukeln konnten, begeisterte mich.

Deshalb mochte ich auch das Ossobucco meiner Mutter so sehr. Dazu machte sie stets eine göttliche Soße mit Karotten und kleingeschnittenen Zwiebeln, und in die Soße gab sie eine Tomate. Und genau durch diese Tomate entstand eine leichte Säure, die das Gericht vollendete. Wichtig war für mich schon damals: Man kann ruhig mutig konträre Geschmäcker miteinander verbinden – aber das Ergebnis muss harmonisch sein. Es genügt mir auch heute nicht, wenn man mit ausgefallenen Kombinationen mein Interesse wecken will, wie es in manchen Küchen leider immer noch modern ist. Gut gemacht muss es sein! Und das Resultat vollendete Harmonie. Interessant allein genügt nicht.

Mein erstes Gericht, das ich für viele Personen in großen Mengen zubereitete, entstand durch puren Zufall. Es war etwas ganz Bodenständiges: Luxemburger Kniddelen. Ich war zehn Jahre alt, meine Mutter war mit dem Wirteverband in den Senegal gereist, und ich vermisste sie heftig, zum ersten Mal in meinem Leben. Wenn man traurig ist, gibt es nichts Besseres als Kniddelen, sie sind wie Streicheleinheiten, das reinste Soulfood.

Ich bat also meine Tante, uns Mehlknödel zu machen, doch sie weigerte sich. Für sie war das »Arme-Leute-Essen«. Das kränkte mich, und ich rief empört: »Dann haben die armen Leute eben mehr Geschmack als wir!« Also machte ich die Kniddelen selbst. Ich hatte keine Ahnung, welche Mengen an Eiern, Mehl, Milch, zerlassener Butter und Muskatnuss enthalten sein sollten, und so geriet der Teig erst zu dünn, dann zu dick. Dauernd musste ich etwas dazugeben, bis die Konsistenz endlich stimmte. Am Ende hatte ich viel zu viel Teig, und mein Bruder spottete, den Rest müsse ich wohl wegwerfen. Das kam natürlich überhaupt nicht in Frage. Schon damals hätte ich nie etwas in den Abfall gegeben, was man noch gut essen kann. Andererseits wollte ich meine Kniddelen aber auch nicht verzweifelt im Lokal anpreisen, als seien sie zweite Wahl. Also schlenderte ich in den Saal und fragte die Gäste beiläufig, ob sie Hunger auf Kniddelen mit gebratenem Speck und Sahne hätten? Wir hätten als Tagesgericht gerade frische da. Was soll ich sagen: Wir haben alles serviert. Und die Mehlknödel schmeckten köstlich.

Der einzige Wermutstropfen war, dass ich im Lokal eine Weile nur noch die »Knödelmamsell« genannt wurde. Das machte mich wütend. Wenn man perfekte Hausmannskost anbietet, heißt das nämlich nicht, dass man nicht auch Anspruchsvolles kredenzen kann. Denn das war mein Ehrgeiz.

Wie Haute Cuisine schmeckt, wusste ich schon sehr früh. Ich habe bereits als Kind in Sternerestaurants gegessen, und das war die größte Freude, die man mir machen konnte. Zum Amüsement der Großen fachsimpelte ich schon damals mit den Köchen, die an unseren Tisch traten. Das mag komisch gewirkt haben, aber ich erinnere mich gut, dass ich auf meine Fragen nach Qualität und

Zubereitung ernsthafte Antworten erhielt. Und sehr viel dabei lernte.

Natürlich haben wir nicht oft auswärts gespeist – wir hatten ja selbst eine Gaststätte. Es ging also nur während der Ferien. Da der Vater nicht gerne mit uns verreiste, hat er uns eben wenigstens ausgeführt. Das war zwar auch nicht ganz billig, aber ihm war es das wert.

Eines der erstklassigen Restaurants, die ich früh kennenlernte, war das »Les Vannes« in Liverdun in Lothringen. Dort musste man als Feinschmecker gewesen sein, sonst konnte man nicht mitreden. Es war todschick dekoriert, die Tische elegant gedeckt, und man hatte einen beeindruckenden Blick auf die Mosel. Ich erinnere mich, dass wir an einem Sommerabend mit der ganzen Familie dort speisten. Plötzlich flüsterte meine Mutter dem Vater empört zu: »Hast du gesehen? Die Amerikaner am Nebentisch – die kommen sogar in Shorts zum Essen!« Und mein Vater antwortete gut gelaunt: »Aber weißt du was, Tonilla? Die trinken Dom Pérignon. Dann ist es egal, wie kurz ihre Hosen sind.«

Das fand ich toll! Diese höfliche Großzügigkeit hat mir imponiert, und sie gehört zu den wichtigsten Lehren, die ich mir als Gastgeberin gemerkt habe. Man darf die Gäste nicht erziehen wollen. Sie sollen sich nicht dumm fühlen, weil sie falsch angezogen sind oder nicht wissen, wie sie etwas Kompliziertes essen sollen. Gäste sollen sich wohlfühlen, sonst bleiben sie weg.

Höflichkeit gehört zu den ersten Geboten eines Gastronomen. Sie darf kein Theater sein, sondern eine echte Haltung. Langfristig ist Höflichkeit ebenso wichtig für den Erfolg eines Restaurants wie die Leistung der Küche. Der Inhaber eines Restaurants sollte entspannt bleiben, wenn Gäste ihn unter Druck setzen, indem sie von einem anderen Spitzenlokal erzählen, das sie kürzlich besucht haben. Und durchblicken lassen, dass sie jetzt mal vergleichen wollen ... Ein Gastronom muss die Ruhe bewahren, wenn vor den Augen des Service und der anderen Gäste ein Ehekrieg am Tisch von Stammgästen ausbricht. Auch das kommt in den besten Häusern vor! Und er muss freundlich bleiben, wenn sich jemand mal beschwert, obwohl wirklich alles zum Besten ist. Keinesfalls darf er den Gast belehren, und wenn er es hundertmal besser weiß.

In einem Lokal ist man immer von vielen Menschen umgeben, und deshalb ist es wichtig, dass man sie wirklich und aus ganzem Herzen mit seinen Kochkünsten und einer schönen Atmosphäre glücklich machen möchte, sonst geht es nicht.

Dass man über Gäste nicht urteilt, war auch ehernes Gesetz in unserem Familienlokal in Frisange. Wir bedienten immer wieder Lokalprominenz, die man von ernsten Reden oder wichtigen Anlässen aus der Zeitung kannte. Und abends? Versackten sie bei uns am Tisch, vor sich Bier, Aschenbecher, Karten. Sie führten Gespräche, die nicht für Kinderohren gedacht waren, vor allem, wenn sich, was auch manchmal vorkam, käufliche Damen aus Metz im Saal befanden. Mein Vater schaffte es, dass wir die Gespräche der Gäste zwar hörten, aber nicht aufnahmen. Und gar nicht in Frage kam, dass wir je etwas weitererzählten. Die Höflichkeit des Wirts, sie gilt eben für Dorflokale wie für Sternerestaurants.

Durch unser Alltagsgeschäft lernte ich, wie es in einem Betrieb läuft. Und bei unseren gelegentlichen Besuchen in anderen Lokalen guckte ich neugierig zu, wie es die anderen machten. Zu meinem Leidwesen führte uns der Vater nur hin und wieder anderswo aus. Er selbst ging manchmal mit Freunden essen, gerne nach Frankreich, und dann verhörte ich ihn am nächsten Tag, wie es denn gewesen sei. So leidenschaftlich wie ich interessierte sich zu Hause keiner für seine kulinarischen Ausflüge. Es amüsierte ihn, wie begierig ich seine Berichte über all die delikaten Speisen aufsog, in deren Genuss er gekommen war.

Wo wart ihr essen? Was gab es da? Ach, sie hatten einen französischen Koch? Und was hast du bestellt? Einen Fisch, pochiert? Und die Soße war gelb? War das wohl Safran?

Sobald wir einen Fisch im Haus hatten, versuchte ich mich also an einem Rezept, das ich nicht kannte, für eine Speise, die ich nie probiert hatte. Die servierte ich dann dem Vater und fragte: »Schmeckt es etwa so?« – »Nicht ganz«, lächelte er dann: »Aber das hier ist fast besser.« Er hatte gut verstanden, dass nichts mehr anspornt als Lob und Ermutigung.

In Kochbücher habe ich damals nie die Nase gesteckt. Ich hatte die Vision eines Gerichts im Kopf, und die versuchte ich umzusetzen. Als ich zum ersten Mal ein Rezept aus einem Buch nachkochte, stammte es – aus einem Roman.

Als ich etwa 15 Jahre alt war, war mir »Es muss nicht immer Kaviar sein« von Johannes Mario Simmel in die Hände gefallen. Was war ich verliebt in dieses Buch und in seine Hauptfigur, den deutschen Bankier Thomas Lieven, der sich mit Charme und Geschick zwischen den Geheimdiensten bewegt! Lievens Leidenschaften waren Frauen und gutes Essen, und meine Leidenschaften waren gutes Essen und elegante Helden. Für mich war dieser Lieven der direkte Nachfolger meiner Kinderliebe Zorro, nur mit mehr Raffinesse und Stil. Dass er auch noch kochen konnte, zwang mich in die Knie.

Manche Rezepte aus diesem Roman waren richtig gut. Vor allem die Moules marinières mit einer weißen Soße aus Butter und Mehl, abgelöscht mit Weißwein und mit Zitrone verfeinert. Die habe ich zubereitet, als bei uns Miesmuscheln übrig waren und meine Mutter nicht wusste, was sie damit anstellen sollte. So konnte ich nicht nur ein schmackhaftes Gericht servieren, sondern auch eine lustige Geschichte dazu. Eine Anekdote zum Essen sollte man übrigens immer parat haben!

Kochen lernt man, indem man es tut, und als junges Mädchen hatte ich doch schon einiges ausprobiert. Trotzdem war mir nicht wirklich bewusst, dass dies meine Berufung sein könnte. Darüber habe ich mir damals keine Gedanken gemacht. Auch wenn sie allmählich erkannten, dass ich mich in der Küche nicht zu dumm anstellte, hätten die Eltern doch keinen Druck auf mich ausgeübt. Es machte mir einfach Vergnügen, und man ließ mich gewähren.

Und dann kam dieser Frühlingsabend 1974, an dem ich mit einem Mal begriff, wie attraktiv und glamourös der Beruf des Kochs sein konnte. Ich war gerade 19 geworden. Zur silbernen Hochzeit meiner Eltern war ein grandioses Fest mit Verwandten und Freunden geplant. An ihrem Festtag wollten die Eltern natürlich bei Tisch sitzen und sich nicht mit einem Menü für 50 Gäste am Herd abplagen. Also engagierten sie zwei Gastköche – jene Hippies, die ich schon erwähnt habe.

Den beiden muss ein sagenhafter Ruf vorausgeeilt sein, anders kann ich mir nicht erklären, was für unkonventionelle Gestalten da bei uns auftauchten. Mit ihren nackten Füßen, Bärten, Afrolocken und nachlässig umgeworfenen Schals zogen sie in unsere Küche ein wie Rockstars. Dort verkleideten sie sich als Köche und legten los. Wir waren sprachlos. Man darf nicht vergessen: Damals kannte man noch keine modernen Promiköche, die möglichst wild und rockig auftreten, um als cool zu gelten.

Erst wurde eine feine Consommé serviert, darauf hatte die Mutter bestanden. Danach Hummer à l'américaine, also in einer roten, mit Cognac abgeschmeckten Soße. Danach gab es Steinbutt, anschließend Filet Wellington. Zum Dessert machten sie Omelette norvégienne, das die meisten als Omelette surprise kennen: ein mit Baiser umhülltes Speiseeis, das flambiert serviert wird.

Dass ich mich an das Menü so gut erinnere, liegt daran, dass diese Feier in meinem Gedächtnis eingebrannt ist wie der aufregendste Film, den man sich nur vorstellen kann. Den ganzen Abend verbrachte ich in der Küche – für das glanzvolle Familienfest interessierte ich mich überhaupt nicht. Die echte Party fand hier am Herd statt. Und ich wollte keinen Moment verpassen. Ich beobachtete jeden Handgriff und bemerkte, dass die beiden jungen Männer alles aus dem Kopf kochten. Nur für die Füllung zwischen Fleisch und Teighülle beim Filet Wellington schlugen sie in einem großen roten Buch nach, das sie mitgebracht hatten, dem »Guide culinaire«, Auguste Escoffiers weltberühmtem Kochbuch aus dem Jahre 1903.

Das Essen war ein Riesenerfolg. Alle waren hingerissen und wollten den Köchen gratulieren, und als die sich den Gästen zeigten, sah ich, wie viel Spaß dem Vater die Situation machte: Diese wilden Vögel hatte er entdeckt! Selbst die ganz Steifen und Strengen unter den alten Verwandten, selbst die feinen Cousins mit ihren Gattinnen, die über und über mit wertvollem Schmuck behängt waren, applaudierten den Hippieköchen mit Hingabe.

Da wusste ich: Ich will, ich muss auch Köchin werden. Nicht nur wegen der Freude am Tun. Diese beiden jungen Männer waren vergnügt, unbürgerlich und auf fantastische Weise unangepasst – und doch waren alle in sie verliebt. Sie hielten sich nicht an Regeln, doch sie konnten sich alles erlauben. Einen solchen Kontrast zwischen klassischem Beruf und künstlerischer Attitüde hatte ich mir nicht vorstellen können, aber diese beiden Hippiejungs hatten mir bewiesen, dass man so kochen konnte. Dass man dafür sogar Komplimente erhielt und gefeiert wurde. Das wollte ich auch.

Wer gut kocht, dem wird alles verziehen. Das hatte ich schon geahnt, wenn meine Mutter mir früher ihr Ossobucco mit der herrlichen Soße und Bandnudeln hingestellt hatte. Dann war sie für mich wieder die beste Mutter der Welt, selbst wenn sie mich vorher geschlagen hatte. Es ist ein abgedroschener Spruch, aber wahrscheinlich geht Liebe eben doch durch den Magen.

Später in der Nacht, als um zwei Uhr das Orchester noch immer spielte und die Gesellschaft tanzte, waren die beiden Fremden längst dabei, sich in unserer Küche zu betrinken und fette Joints zu rauchen. Ob mein Vater das mitbekommen hat, weiß ich nicht.

Den beiden Hippies verdankte ich jedenfalls nicht nur einen Schlüsselmoment meiner Laufbahn, sondern wenig später meinen ersten richtigen Einsatz als ernst zu nehmende Köchin. Ein junges Paar, dessen Verwandte bei der Silberhochzeit meiner Eltern zu Gast gewesen waren, wollte einige Monate später ihre Hochzeit bei uns feiern. Mit denselben Köchen und genau dem gleichen Menü! Abgesehen vom Hummer, der war ihnen vielleicht zu teuer, und wer will es einem jungen Paar und seiner Familie verdenken? Die beiden Hippies sagten zu, wir kauften alles ein, und am Vortag der Feier tauchten die Köche nicht auf. Sie waren von der Polizei festgenommen worden, kein Mensch wusste, weshalb. Na ja, ich hatte sie ja beim Marihuanarauchen erwischt und dachte mir meinen Teil.

Wir waren verzweifelt, nur unser Vater Emile blieb ganz ruhig und sah mich aufmunternd an. Meine Schwester Maryse redete mir gut zu: »Du hast doch genau zugeguckt! Du musst das übernehmen!« Allez, dann kochte ich eben mit 19 Jahren mein erstes Hochzeitsmenü für 45 Gäste.

Sicher, ich hatte ein bisschen Hilfe. Unsere Küchenmädchen putzten und schnitten das Gemüse. Aber ich trug die Verantwortung. Heute staune ich über das mutige Mädchen, das ich damals war. 45 Gäste! Filet Wellington! Die Mutter hatte sich gleich aus der Sache zurückgezogen und gesagt: Nein, das mache sie nicht.

Allerdings gab es dann doch ein größeres Problem, und natürlich bestand es genau in diesem Filet Wellington, dem in Blätterteig gewickelten Rinderfilet. Bei allen Gerichten hatte ich den Hippieköchen genau zugesehen, die hatte ich im Kopf. Das Rezept für das Fleisch aber hatten sie in einem mitgebrachten Kochbuch nachgelesen. Nur, wie hieß das noch? Rot war es gewesen, und sehr dick. Und auf Seite 75 stand das Rezept für die Farce zwischen Filet und Blätterteig. Daran erinnerte ich mich. Und schickte meinen Bruder Jean in die Stadt nach Luxemburg, um den absoluten Klassiker über die französische Küche zu suchen, dessen Titel ich nicht kannte. Jean nahm das einzige dicke, rot eingebundene Kochbuch, das er fand, blätterte auf Seite 75 – und fand das richtige Rezept. Glück gehabt.

Die Hochzeit war ein sensationeller Erfolg. Das Essen war hervorragend, das Brautpaar war glücklich, die Gäste waren begeistert, und niemandem fiel auf, dass die beiden ausgeflippten Köche mit ihren Afrolocken fehlten. Ich weiß noch, wie stolz ich war, obwohl man mich nicht ganz so enthusiastisch gefeiert hatte wie die beiden verrückten Köche ein paar Monate zuvor. Erst später wurde mir bewusst, dass ich die ganze Zeit hoch konzentriert gearbeitet, aber keine Panik verspürt hatte. Ich glaube, es lag daran, dass der Vater mir das Unterfangen so selbstverständlich zugetraut hatte.

Auch Selbstvertrauen gehört zu den Lehren meines Vaters. Er hatte mir den Ruf seines Cafés anvertraut für diesen Abend, und ich hatte ihn nicht enttäuscht. Im Gegenteil, ich hatte ihn glänzen lassen, und unser Haus.

Eine Weile nach diesem Abenteuer durfte ich meinen Vater auf eine seiner Reisen nach England begleiten. Diese »Geschäftsreisen« nach London kosteten ihn sicher mehr, als er je mit den Geräten einnahm. Ich glaube übrigens auch nicht, dass er viel von Ventilatoren verstand. Aber Verführer, der er war, hatte er damit den Kreis derjenigen erweitert, mit denen er plaudern und Geschäfte machen konnte.

London zählte in den Swinging Sixties und Anfang der Siebzigerjahre zu den spektakulärsten Metropolen überhaupt. Für mich, das Mädchen aus Frisange, war es der Inbegriff der mondänen Welt, und ich genoss das Glitzern der Großstadt. Wir wohnten sehr elegant im Hotel Savoy, wo man uns eine gute Lammkeule servierte, und besuchten die feinsten Restaurants. Das Ambiente dieser Lokale war so erwachsen, so kultiviert, und doch so flamboyant! Die Damen trugen Stirnbänder, die Herren schmale Anzüge, ich fand es einfach berauschend. Und alle Kellner wandten sich höflich und aufgeschlossen an mich, denn der Vater überließ mir die Bestellung und alle Nachfragen. Wir aßen Ochsenschwanz und Walderdbeeren mit Crème double, und vorher Austern, die die Engländer vor dem Verzehr kurz mit Wasser auswaschen.

Ich weiß noch, wie wir am letzten Tag in England ein Pferderennen besuchten. Und natürlich erinnere ich mich noch an das, was wir dort bestellten: englische Leber mit Bacon. Der Vater verlor seinen ganzen Wetteinsatz und lachte darüber. »Was bin ich froh, dass ich verloren habe!«, rief er, »denn stell' dir vor: Wer im Spiel gewinnt, hat kein Glück in der Liebe. Und mir liegt doch so viel mehr an der Liebe als am Geld.«

An das gemeinsame Lachen und an die Verbundenheit mit meinem Vater denke ich oft, wenn ich heute mit meinem Sohn Louis Reisen unternehme, auf denen wir uns Bars und Restaurants ansehen. Ich freue mich dann jeden Tag daran, dass auch ich mit meinem Kind solche lustigen und innigen Erlebnisse teilen darf.

Plötzlich Chefin

Ich habe unser Café in Frisange mit 25 Jahren übernommen, weil das passierte, was in vielen Familienbetrieben geschieht: Der Vater stirbt, und eines der Kinder muss weitermachen. Mein Vater Emile Linster starb an einem Januartag im Jahr 1981. Er wurde 67 Jahre alt.

Er litt an Herzschwäche, aber das wusste man lange nicht. Zu Hause haben wir immer gesagt: Der Vater hat zu schnell gelebt. Und er hat nicht genug auf sich geachtet.

Es war ein langer, schmerzvoller Abschied. Es war ihm schon eine ganze Weile sehr schlecht gegangen, und wir wussten genau, dass er es nicht schaffen würde. Und er wusste es auch.

Ich kann mich nicht an einen großen Familienrat erinnern, bei dem wir konkret über die Nachfolge gesprochen hätten. Irgendwie schien es für alle eine Selbstverständlichkeit, dass ich, die Tochter mit dem guten Gaumen und dem leidenschaftlichen Interesse für die Küche, übernehmen sollte. Auch mein Vater selbst hat mit mir nie explizit über seine Nachfolge gesprochen, und doch bestand zwischen uns beiden so etwas wie die unausgesprochene Übereinkunft, dass ich mich um alles kümmern würde.

Wahrscheinlich war das schon so, seit ich ein ganz kleines Mädchen war. Ich erinnere mich an einen warmen Nachmittag, an dem mein Vater draußen auf einem Holzstuhl saß, der unter dem Vordach zwischen Eingangstür und der ersten Zapfsäule unserer Tankstelle stand. Das war ein hübscher Platz, schattig durch das schön altmodische Vordach, das aussah, als stamme es aus einem amerikanischen Spielfilm der Fünfzigerjahre. Dort saß mein Vater gerne wie der Patron vor seinem Anwesen, und ich stand vor ihm und ließ mir Geschichten erzählen. Das liebten wir beide sehr.

Auf der gegenüberliegenden Straßenseite gab es auch ein kleines Café, und dort gingen gerade Leute aus dem Ort hinein. Sie guckten befangen beiseite, als sie uns sahen. »Warum grüßen die denn nicht?«, wunderte ich mich, und mein Vater erklärte mir, dass sie jetzt zur »Konkurrenz« gingen und dass ihnen das womöglich peinlich sei. Er selbst stand darüber, aber ich fand das gemein, als würde unsere Ehre verletzt. Da lachte mein Vater nur und sagte: »Gräm' dich nicht! Eines Tages wird es hier so schön sein, dass wir ihnen sagen müssen: So wie ihr heute ausseht, dürft ihr nicht rein.«

Heute weiß ich, dass er mich mit einem kleinen Spaß trösten wollte. Aber andererseits schwang in seinen Worten auch eine Sehnsucht mit, und ich dachte, er träume heimlich von einem wirklich feinen Restaurant, von etwas ganz Besonderem. Also sagte ich: »Das möchte ich auch, und so etwas Schönes werden wir einmal wirklich haben.«

Dieser Wunsch hat mich immer begleitet. Und daher kommt das auch, dass ich alles immer so schön machen will und auf jeden angerichteten Karottenschnitz achte. Mein Vater hat sich sein Haus immer elegant vorgestellt, und ich habe mein Leben lang dafür gearbeitet und gekämpft, dass es genau das wird: eine Topadresse für Feinschmecker. Das war mein Traum, und ich habe ihn auch für ihn verwirklicht.

Mein Einstieg ins Geschäft vollzog sich in Etappen. Nachdem ich mein Abitur gemacht hatte (oh, fragen Sie nicht, mit welchem Ergebnis! Sagen wir, es war grandios, dass ich's geschafft habe ...), half ich erst eine Weile im Elternhaus mit. Dann ging ich an die Universität im lothringischen Metz. Dort schrieb ich mich für Jura ein. Erst hieß es, ich könne mich nicht mehr anmelden, doch als ich der Sekretärin der Fakultät ein Pfund bester Pralinen mitbrachte, war plötzlich noch ein Platz frei. Vor fast 40 Jahren konnte man mit solchen Tricks noch Erfolg haben.

Zwei Jahre lang habe ich Jura studiert, und ein Tag war öder als der andere. Es war fürchterlich. Für mich war die Juristerei trocken wie Milchpulver. Immer dieses Gerede im Hörsaal und dann das Zuhören bei den langweiligsten Geschichten, und noch dazu diese schriftlichen Arbeiten! Gott sei Dank hatte ich gute Freunde, die dafür sorgten, dass ich immer ein paar Hausarbeiten abgeben konnte.

Ich fand es auch sinnlos, mein Geld für Jurabücher zu verschwenden, und trug es stattdessen in die französischen Sternelokale. Dort bestellte ich das ganze Menü und wenn ich Glück hatte, kam der Koch an den Tisch, und ich durfte mit ihm sprechen. Manchmal konnte ich eine Freundin überreden, mich zu begleiten, aber die meisten gingen doch lieber ins Kino oder auf Partys, und überhaupt war es ihnen viel zu teuer. Ich verstand das nicht. Auch Studenten können sich alles leisten, was sie wollen – sie müssen nur Prioritäten setzen. All der Kram, dieser Junk-Dreck, den Menschen so nebenher essen aus Nervosität und in Eile, muss ja auch bezahlt werden.

Außerdem kaufte ich in dieser Zeit meine ersten Kochbücher. Ich suchte mir interessante Rezepte heraus, kaufte auf dem Markt ein und kochte in meiner kleinen Studentenunterkunft dann ein wunderschönes Essen für meine Kommilitonen. Die wussten dann wenigstens, weshalb sie mir immer halfen. Das waren die schönen Seiten meiner Zeit in Metz.

Die Juristerei schien damals eine sehr vernünftige Ausbildung zu sein. Seit den Siebzigerjahren boomten die Banken in Luxemburg, und es siedelten sich immer mehr große Konzerne an. Genau wie Betriebswirtschaftslehre galt Jura als Garant für einen gut bezahlten, angesehenen Job.

Aber natürlich wusste ich ganz genau, dass ich niemals in meinem Leben etwas damit anfangen würde. Ich habe das Studium nur aus einem einzigen Grund begonnen. Nie sollte jemand auf mich den alten Spruch münzen dürfen: Wer nichts wird, wird Wirt! Ich wollte nicht, dass meine Liebe zum Kochen als Notwehr betrachtet würde, als könnte ich nichts anderes. Für mich war es eine Frage des Stolzes, zu zeigen, dass ich auch etwas anderes schaffen würde.

Während ich studierte, ging es dem Vater immer schlechter. Die Eltern hatten aber gerade damit begonnen, das Haus zu renovieren. Schon 1968 hatten sie im hinteren Bereich die alte Scheune weitgehend abgerissen und zu einem großen Raum ausgebaut, so dass wir vorne nicht nur das Café hatten, sondern hinten auch einen Saal für Hochzeiten und Bankette. Jetzt musste wieder investiert werden: Alle Toiletten sollten neu gemacht werden. Und die Bank verlangte Sicherheit für den Kredit. Da war klar: Eines der Kinder musste übernehmen. Das war ein Jahr vor dem Tod des Vaters.

Meine ältere Schwester Maryse winkte gleich ab: Nein, sie mache jetzt Keramik. Sie arbeitete zwar noch im Service, aber richtig einzusteigen kam für sie nicht in Frage. Mein Bruder Jean machte Musik, der hatte auch keine Lust. Und für Marianne, die Jüngste, wäre es auch nicht das Richtige gewesen.

Ich weiß noch, wie die Geschwister mich fragten: »Léa, würdest du denn dein Studium unterbrechen und hier weitermachen?« Und wie ich dann sagte: »Natürlich, morgen fange ich in Frisange an.«

Ich empfand das nicht als Pflicht, ich habe es aus reiner Leidenschaft getan.

Und vier Monate später war ich dann schon Köchin mit Diplom.

Die offizielle Kochausbildung, das »Certificat d'aptitude professionnelle cuisinier« war ein wichtiges Zeugnis für mich – nicht etwa, weil ich dadurch kochen gelernt hätte, das konnte ich schon. Aber nur mit Gesellenprüfung und Diplom war ich ganz offiziell eine ernst zu nehmende Köchin und durfte auch selbst ausbilden.

Mein Vater hatte es noch geschafft, mich bei Franky Steichen unterzubringen, einem der besten Luxemburger Köche, der ein Sternelokal besaß und noch dazu ein wunderbarer Patron war. Die Ausbildung bei ihm war Voraussetzung, um mich bei der Berufsschule für die Gesellenprüfung anzumelden. Die ganze Prozedur dauerte mir aber zu lange, und ich war sehr ungeduldig. Also fragte ich, ob es denn kein Schnellverfahren gäbe, und erhielt an der Berufsschule zur Antwort: Ich hätte ja bereits Abitur gemacht und ein wenig studiert. Wenn ich Mut hätte, solle ich es doch schon bei der nächsten Prüfung im Frühling versuchen.

Vormittags arbeitete ich im Sternelokal bei Monsieur Steichen, den Rest des Tages in Frisange. Und im Mai trat ich zum Examen an. Auch da hatte der Vater noch einen guten Rat für mich: »Zeig bloß nicht zu offen, wie leicht dir alles fällt! Gib' den Prüfern die Chance, sich wichtig zu fühlen.«

Das war klug von ihm, und ich habe mir seine Worte gut gemerkt. Am Tag der Prüfung musste ich einen Fisch zubereiten, eine Crème Caramel und eine Bouchée à la Reine – eine Königinpastete, die beherrschte ich mit verbundenen Augen. Und das Dessert konnte ich auch perfekt stürzen. Die Aufgaben waren so einfach, dass ich ganz vorsichtig vorging. Denn wenn etwas nicht kompliziert scheint, dann macht man die dümmsten Fehler, nicht wahr? Also arbeitete ich sorgfältig, war nett und freundlich und fragte zwischendurch ganz liebevoll wegen etwas nach, was ich natürlich wusste. Ich gab den Prüfern das Gefühl, dass auch sie ihren Anteil daran hatten, wenn ich jetzt ein schönes Diplom mit nach Hause nahm.

Und so war's. Ich bekam ein tolles Zeugnis und war von da an in der Küche nicht nur die Chefin, sondern auch der Chef, denn »Chef« ist ja der französische Begriff für den ersten Koch im Haus, und so lasse ich mich nennen. Mich macht es heute noch glücklich, dass der Vater das noch miterlebte.

Ein halbes Jahr später starb er.

Zu seiner Beerdigung am 11. Januar 1981 kamen sehr viele Menschen, um ihm die letzte Ehre zu erweisen. Es war ein kalter und unwirtlicher Tag. Als wir an seinem Grab standen, spielte ein Trompeter für Emile Linster, der selbst so gerne dieses Instrument am Feierabend herausgeholt und darauf musiziert hatte. In diesem Moment musste ich weinen, als sei ich nun der einsamste Mensch auf Erden.

Das Essen für die 54 Trauergäste, die wir zu uns eingeladen hatten, habe ich gekocht, und bei jedem Handgriff dachte ich an den

Vater und hörte seine Stimme, wie er mir etwas erklärte oder wie er lachte. Normalerweise serviert man bei Beerdigungen die luxemburgische Begräbnissuppe, aber für meinen Vater sollte es das feinste Rinderfilet sein, wie zu einer Hochzeit. An diesem Abend war ich am Ende meiner Kräfte.

Aber als ich am nächsten Tag in meinem kleinen Zimmer erwachte, hatte ich das Gefühl, all seine Energie sei nun auf mich übergegangen. Es war, als halte er seine Hand über mich.

Wenn ein so omnipräsenter Mensch, Chef, Ehemann und Vater nicht mehr da ist, dauert es eine Weile, bis alle in der neuen Lebenssituation wieder ihren Platz gefunden haben. Die ersten Monate machten wir erst mal weiter. Ich kochte, und die Mutter half in der Küche mit. Maryse servierte im Lokal, nebenbei töpferte sie, was sie mehr und mehr in Anspruch nahm. Es kam vor, dass wir sie anrufen mussten, damit sie ins Café kam, aber sie wollte erst noch eine Keramik fertig machen. Und wenn sie später eintraf, war sie zwar zauberhaft wie immer, aber an ihren Händen klebte immer noch etwas Lehm. Den bekam sie einfach nicht so schnell herunter. Mit diesen lehmverschmierten Künstlerhänden servierte sie den Gästen das Essen. Das war wahrscheinlich irgendwie lustig, aber so hatte ich mir das nicht vorgestellt.

Wie stellte ich mir meine Zukunft überhaupt vor? Es war ausgemacht, dass ich den Familienbetrieb weiterführen sollte. Was ich übernommen hatte, war ein Café mit Restaurant, Tankstelle, Kegelbahn, Gästezimmer, Verkauf von Autobatterien, Tabakwaren und Schokolade, Wechselstube, Konditorei und Alkoholindustrievertretung.

Aber ich wollte etwas anderes. Ich wollte aus unserem Haus eine erstklassige Adresse machen, das Beste aus ihm herausholen, so wie mein Vater und ich es erträumt hatten. Ich wollte eine andere Art von Restaurant führen, mit einer anderen Karte, die meinen Ansprüchen genügte. Das hatte ich meinem Vater noch zuletzt versprochen: »In fünf Jahren mache ich dir hier ein Sternerestaurant.« Genau so ist es übrigens gekommen.

Aber bis dahin war es ein langer Weg.

Plötzlich musste ich mich nicht nur mit Produkten und Zubereitung befassen, sondern auch mit Geld und Verpflichtungen. Nach dem Tod des Vaters gehörte natürlich alles der Mutter, und wenn ich den Betrieb wahrhaftig führen wollte, musste ich ihr das ganze Anwesen abkaufen. Natürlich inklusive der Schulden, die auf dem Haus lagen. Wir hatten schließlich gerade frisch renoviert, und so schuldete ich der Mutter nun umgerechnet 350 000 Euro. Immerhin kam ich ohne die Bank aus und musste keinen Kredit aufnehmen. Stattdessen verpflichtete ich mich der Mutter gegenüber zu einem lebenslangen Wohnrecht und einer monatlichen Zahlung über zehn Jahre.

Auch die kleine Schwester und der Bruder sollten so lange im Haus wohnen dürfen, wie sie wollten. Alle Geschwister erhielten ihren Anteil und waren mit dieser Regelung einverstanden. Schließlich wusste keiner etwas mit dem Erbe anzufangen. Die Zeiten waren damals anders als heute, wo Immobilien das neue Gold sind! Damals wäre kein Mensch auf die Idee gekommen, das alte Haus zu kaufen, abzureißen und stattdessen Appartements zu bauen. Keiner interessierte sich für ein altes Gemäuer mit Café und Tankstelle. Die Mutter hätte das Haus also verscherbeln und die Schulden bezahlen müssen, und was wäre übrig geblieben? Null Komma Null. So aber waren alle zufrieden.

Die finanziellen Dinge ließen wir uns von Steuerberatern erklären, denen wir interessante Vorschläge verdankten. Die kleine Firma des Vaters für englische Produkte bestand nur aus Schulden und man riet uns, am besten Insolvenz anzumelden. Ich war empört. Für mich war das keine smarte Idee, sondern einfach nur ehrlos. Noch gut hatte ich die Geschichten der Alten aus der Nachkriegsgeneration im Ohr, die sich immer in unserem Café getroffen hatten und für die eine drohende Insolvenz ein Damoklesschwert und die vollzogene Insolvenz die Bankrotterklärung ihres Lebens bedeutete. Das kam überhaupt nicht in Frage. »Das fehlte ja noch!«, rief ich, »da würde mein Vater sagen: Was ist denn das für eine Bande! Da lassen sie mich noch posthum bankrott gehen!« Ich war mir ganz sicher: Mit dem, was mein Vater mir beigebracht hatte, konnte ich nicht nur alle Schulden abbezahlen, sondern darüber hinaus auch für zukünftige Kosten aufkommen.

Heute sage ich gerne: Ich sehe mich als Köchin und ein bisschen als Künstlerin. Ich sehe mich weniger als Unternehmerin. Das klingt mir zu seriös.

Doch damals war ich mit meinen 25 Jahren plötzlich Chef und Unternehmerin geworden. Das war ein Sprung ins kalte Wasser, aber ich zauderte keine Sekunde. Mein Vater war schließlich erst 18 Jahre alt gewesen, als das Café auf ihn überging! Nein, ich hatte keine Angst, dafür hatte ich keine Zeit. Ich stürzte mich in die Aufgabe, das dörfliche Café in ein Feinschmeckerlokal zu verwandeln und seinen Charakter dadurch völlig zu verändern.

Das klingt vielleicht so, als hätte ich damals monströse Courage besessen, aber so war es nicht. Echten Mut hat man doch erst, wenn man älter ist und die Risiken kennt. Wenn man jung ist und voller Sturm und Drang, weiß man gar nicht, was Mut bedeutet. Man denkt über die Gefahren nicht nach. Und ich war jung. Ich hatte einen enormen Willen und steckte voller Visionen. Das braucht man, wenn man etwas erreichen will. Wer keine Vision hat, kein großes Ziel, erkennt im entscheidenden Moment nicht das Glück, das einem weiterhilft.

Und man braucht ein dickes Fell. Denn das Umfeld reagiert auf so viel Tatendrang nicht nur mit Wohlwollen und Unterstützung. Ich weiß nicht, woran das liegt. Manche Menschen sind vielleicht einfach missgünstig. Auch im Dorf gab es diejenigen, die sich für mich freuten und sagten: »Oh, die kleine Léa hat sich aber einiges vorgenommen« – und diejenigen, die mich nach dem Tod des Vaters erst mal ins Bockshorn jagen wollten. Ein paar Monate nach der Beerdigung kamen Leute vorbei, die ein Festessen bei uns bestellen wollten, und ich machte ihnen ein sehr schönes Angebot für eine Tafel mit einfachen, aber besten Speisen. Ich beschrieb ihnen alles ganz genau, und dann machten sie spitze Münder und schüttelten den Kopf und sagten lauernd, das sei ja ganz nett, aber anderswo würden sie das viel billiger bekommen.

Nun war ich ja schon immer ein bisschen frech, und das war

dafür ein guter Moment. Also antwortete ich, das sei ja schön, dass sie so ein günstiges Angebot hätten! Dann sollten sie dorthin gehen und für eine zusätzliche Person reservieren, denn ich käme mit. Für den Preis lohne es sich nicht, selbst zu kochen. Da waren die Leute baff. Und nahmen mein Angebot an.

Auch in der Familie spürte ich Vorbehalte gegenüber meinen Geschäftsplänen. Meine Mutter, die mir anfangs noch in der Küche geholfen hatte, legte plötzlich den Kochlöffel nieder. Von einem Tag auf den anderen wusste sie nicht mehr, wo der Herd anging. »Ich habe genug gemacht«, sagte sie zu mir, »das ist jetzt deins.« Ich gebe zu, es war eine harte Umstellung, auf ihre Unterstützung zu verzichten. Aber ganz bestimmt hat sie uns mit dieser Haltung auch große Konflikte erspart.

Meine Geschwister und ich gingen anständig miteinander um, es gab keinen Streit. Aber die Verbundenheit, die wir als Kinder gefühlt hatten, war nicht mehr so innig. Wir waren alle Individualisten, und jeder ging seinen Weg. Dass ich das Café übernahm, bedeutete eine Erleichterung – doch gleichzeitig spürte ich, dass meine Zielstrebigkeit sie nicht nur freute. Aber ich wollte nicht das Leben eines anderen führen, ich wollte mein Schicksal selbst gestalten. Das hieß auch, dass ich damit rechnen musste, ein Stück weit auf mich allein gestellt zu sein.

Mein Restaurant eröffnete ich erst im Dezember 1981. Nach dem Tod des Vaters sollte eine angemessene Zeit von einem knappen Jahr verstreichen, denn ich präsentierte nicht nur etwas Neues, sondern gab meinem Restaurant auch einen anderen Namen: »Léa Linster Cuisinière«. »Cuisinière«, das heißt ganz einfach Köchin. Das war ich, und das wollte ich sein. Ich wollte mit meinem Namen für das einstehen, was ich tat.

Die Tankstelle hatte ich als Erstes abgeschafft, dann die Kegelbahn, schließlich das Café. Es blieb nur das Restaurant, und dem wollte ich mein Herzblut hingeben. Man muss wissen, was man will, und sich darauf konzentrieren. Die Tankstelle zum Beispiel ergab keinen Sinn mehr, seit die internationale Route in den Süden verlegt worden war und nicht mehr direkt an unserem Haus vorbeiführte. Dadurch tankten die Reisenden nicht mehr bei uns, und sie machten auch keine Imbisspause mehr. Die Zeiten, in denen uns Gäste als Durchreisende ins Haus fielen, waren vorbei.

Auch die Kegelbahn war nicht mehr rentabel. Oh, was gab es dennoch für einen Aufschrei, als ich sie aufgab! Die Männer im Dorf waren stinksauer. Sie taten so, als hätte ich ihnen das Liebste genommen, was sie besaßen. Dabei lief die Kegelbahn überhaupt nicht, deshalb musste ich sie ja schließen! Ein paar versprengte Gestalten hatten noch gelegentlich vorbeigeschaut und sich stundenlang an einem Bier festgehalten. »Mit der Kegelbahn ist das wie mit euren Frauen!«, rief ich den Protestierenden entgegen: »Ihr wisst erst, wie sehr ihr sie liebt, wenn sie nicht mehr da sind.« So sind die Männer damals gewesen, manche sind noch heute so.

Am Abend der Eröffnung summte es im Haus wie in einem Bienenstock, so viele Menschen kamen. Mein Vater war sehr bekannt und beliebt gewesen, und nun waren alle neugierig auf die Veränderungen, sie schauten sich um und wünschten mir Glück. Die Gäste kam aus dem Dorf, aus Luxemburg-Stadt, auch aus Frankreich, und ich stand inmitten des Trubels und freute mich wie ein Kind, als ich sah, wie schön das Restaurant nach der Renovierung aussah.

Wo vorher eine gemütliche Bierstube gewesen war, in der wir die guten Schinkenbrote meiner Mutter und Getränke serviert hatten, warteten jetzt weiß gedeckte Tische mit Silberbesteck und Kristallgläsern in einem märchenhaften Ambiente. Überall hatte ich festlich leuchtende Kerzen verteilt. In den farbig lasierten Tonkrügen meiner Schwester Maryse standen erblühte Rosen. An den Wänden prangten extravagante italienische Leuchten, die ich den beiden französischen Intérieur-Designern verdankte, die ich engagiert hatte. Die beiden hatten mutig umgesetzt, was ich mir vorgestellt hatte. Nach dem Umbau gingen die einzelnen Räume jetzt großzügig ineinander über. Statt nach vorne zur Straße wurde der Blick nach hinten zur Terrasse gelenkt, die an diesem Dezemberabend mit winterlichem Raureif überzuckert war. Auf der Rückseite hatten wir moderne Glasfronten eingesetzt, so dass man von dort die

Walnussbäume, die Wiesen und Hecken überblickte, in denen ich als Kind Indianer gespielt hatte. Ich habe mich immer an einer schönen Aussicht erfreut, und noch heute macht mich dieser Anblick glücklich.

Immer wieder wurde mir an diesem Abend gratuliert. Die feinen Damen aus der Stadt nahmen mich zur Seite und beglückwünschten mich zu meinem ausgesuchten Geschmack. Und ich schaute mich um, versuchte, das Ambiente mit ihren Augen zu sehen und staunte selbst, wie viel Grandezza in unserem alten Haus steckte.

Früher war das Haus gemütlich gewesen, jetzt hatte es zudem Stil. Ich hatte mir über die Jahre Inspiration aus den vielen Sternelokalen geholt. Der Vater hatte mich ja zu solchen Orten geführt; später hatte ich oft einen seiner besten Freunde begleitet, der mich ins Herz geschlossen hatte und gerne mit mir essen ging, weil ich mehr davon verstand als er. Auch in den Jahren in Metz hatte ich mir viel angeschaut und insgeheim oft gedacht: Das kann ich auch! Ich hatte immer eine klare Idee, wie mein Haus aussehen sollte: elegant, warm, mit meiner persönlichen, weiblichen Note. Meine Karte schrieb ich immer selbst, von Hand und mit einem guten Füller.

Ich wollte mit den Besten konkurrieren, sowohl im Design als auch mit der Küche.

Die Karte war ebenfalls nicht wiederzuerkennen. Schinkenbrote gab es bei uns nicht mehr, so sehr ich sie schätzte. Im Restaurant »Léa Linster« kredenzte ich klassische und kreative Küche aus besten Produkten in anständigen Portionen, perfekt im Geschmack, nicht zu kompliziert. Ich kochte all das, was ich selbst liebte: feinen Steinbutt, Rehrücken, Poularden und Seezungen, die ich in einer schweren Pfanne ausbriet, während ich die Butter unter den Fisch laufen ließ und ihn auch immer wieder damit übergoss, so dass die Seezunge ihren herrlichen Geschmack bekam. Es gab zartes Rinderfilet und hübsch dekorierte Salate mit Crevetten. Meine Ambitionen waren enorm. Brot, Dessert und Eiscreme waren alle hausgemacht, ebenso meine Foie Gras, die edle Gänseleberpastete. Ich servierte sogar Froschschenkel, die ich immer noch gerne esse. Heute darf man das ja nicht mehr zugeben – man wird dafür verurteilt. Obwohl die Frösche gezüchtet werden, genau wie Hühner. Und die Gänseleberpastete? Die Gans liebt die Person, die sie stopft! Aber wir Köche sind in der Hinsicht eben unsentimentaler als andere.

In einem Punkt aber war ich sehr empfindlich. Ich wollte mit meinen Speisen bezaubern, ganz besonders, wenn mir ein Gast gefiel, weil er so fesch war. Wenn ich mir dann als Kompliment ergatterte: »Léa, das war so was von wunderbar, so gut habe ich lange nicht mehr gegessen! Du erinnerst mich an meine Oma!«, zuckte ich zusammen. Das war wirklich nicht, was ich als junge Frau auslösen wollte. Heute weiß ich, dass dies das höchste aller Komplimente war. Ich hatte etwas angeboten, das nicht nur bekömmlich war, sondern gleichzeitig die Erinnerung an großes Glück weckte.

In meiner Erinnerung habe ich Tag und Nacht gearbeitet. Ich kaufte ein, kochte täglich, und nachts schleppte ich mich in mein Bett im oberen Stockwerk, wo ich ein Zimmer bewohnte. Besonders heftig war es freitags, samstags und sonntags. In den Achtzigerjahren wurde es schick, am Wochenende fein essen zu gehen, und ich wollte den Gästen, die auf die Veränderungen »chez Linster« aufmerksam geworden waren und eigens die Fahrt zu mir unternahmen, etwas bieten. Mein Ehrgeiz, alles selbst zu machen, brachte mich um den Schlaf. Wenn ich gewusst hätte, dass ich während meiner ersten zehn Jahre an Wochenenden und Feiertagen oft nicht ins Bett kommen würde, weil ich sonst mit den Vorbereitungen für den Folgetag nicht fertig geworden wäre – wer weiß, ob ich durchgehalten hätte.

Mein Hauptproblem aber war: Ich brauchte Personal. Also begann ich zu suchen. Oh, das war eine Schmach! Ich war eine junge, unerfahrene Chefin, und das gab man mir auch zu verstehen. Zuerst brauchte ich einen Spüljungen, der auch Gemüse schneidet, aber viele Luxemburger waren sich dafür zu fein. Bei uns kursiert der Witz: Wer einen Luxemburger einstellt, tut gut daran, gleich den Anwalt mit zu engagieren. Wer sich da vorstellte ... oh je. Erst hatte ich einen Jungen, der mir mehr Nerven fraß, als er mir sparte. Später half ein portugiesisches Mädchen, mit dem ich mich nicht verständigen konnte. Sie sprach kein Französisch, ich kein Portugiesisch. Es gibt in Luxemburg eine große Gemeinde von Portugiesen, viele arbeiten in der Gastronomie und stellen sich gut an. Mein Mädchen war sehr talentiert. Erst spülte sie, dann schnitt sie großartig Gemüse, dann half sie beim Kochen – und schon musste die nächste Portugiesin für die Spüle gesucht werden. Als ich übrigens ein paar Jahre später meinen ersten Michelin-Stern erhielt, gewann ich ihn mit drei Portugiesinnen in der Küche.

Zur Eröffnung hatte ich einen Koch gefunden, den Pit. Pit akzeptierte mich immerhin als Chef, denn er war der Lehrling, und ich hatte ja mein Diplom. Später eröffnete er ein eigenes Restaurant – wie die meisten meiner Lehrlinge.

Beim Servieren half zu Beginn eine tüchtige ältere Dame mit einem sehr großen Busen. Sie machte ihre Sache gut, aber ich war eine junge Köchin, die von weltläufiger Eleganz träumte, und da stand ich nun mit meiner einfachen Mamsell und meiner Schwester mit ihren lehmverschmierten Händen, die die Teller in den Saal brachten ... Es dauerte, bis ich alle Stellen so besetzt hatte, dass es passte.

Und trotzdem: Das Restaurant »Léa Linster Cuisinière« war von Anfang an im Gespräch. Es galt als ungewöhnlich, dass die tüchtige kleine Tochter des alten Linster sich so ein ambitioniertes Projekt vorgenommen hatte. Selbst meine Mutter soll auf mich stolz gewesen sein, wie ich von ihren Freundinnen hörte. Mir selbst hat sie es leider nie gesagt.

Ich fand keine Zeit, mich darüber zu grämen. In meiner Anfangszeit hatte ich keine fünf Minuten Privatleben. Ich musste früh Verantwortung übernehmen, und war von da an immer auf mich allein gestellt. Wenn ich heute manchmal müde bin, und das kommt vor, dann frage ich mich schon, ob meine Müdigkeit nicht auch daran liegt.

Aber mich begleitete auch ein schöner Spruch aus der Schulzeit, von Johann Wolfgang von Goethe: »Arbeite nur – die Freude kommt von selbst.« Mich beflügelten außerdem andere Frauen aus der Spitzengastronomie, die ich kennengelernt hatte: die Luxemburgerin, die das Zwei-Sterne-Lokal »Hirtz« führte und die wir nur die Hirtzen Helène nannten. Oder die Sterneköchin Madame Ponsard aus Metz, deren saftige Poularden ich mir viel lieber einverleibt hatte als die trockenen Juravorlesungen an der Universität. Es gab Frauen, die solche Erfolge in der Küche vorweisen konnten, also konnte ich es auch schaffen.

Für besonders emanzipiert hielt ich mich dennoch nicht. Dieser Begriff spielte für mich keine Rolle, seit mein Vater ihn mir so erklärt hatte: »Schatz, über Emanzipation brauchst du nicht nachzudenken. Du bist ja ein Mädchen, das weiß, was es will.«

Einmal hatte ich mit ihm auch über die Hirtzen Helène gesprochen, die mir früh imponiert hatte mit ihren zwei Sternen. »Wann ist man eigentlich berühmt?«, hatte ich ihn gefragt. »Dann, wenn dich auch die kennen, die dich nie gesehen haben«, erklärte er mir, »und wenn dich alle wenigstens einmal sehen wollen.«

Das gefiel mir.

Der große Preis »Bocuse d'Or«

Ich liebe Komplimente, habe ich das schon erzählt? Es macht mich froh und stolz, wenn mir ein junges, verliebtes Paar im Restaurant beim Abschied sagt, mit meiner Crème brûlée hätte ich ihnen gerade den Heiratsantrag unvergesslich gemacht. Oder wenn mich der luxemburgische Großherzog Henri für das Menü zum Staatsbesuch beim spanischen König lobt. Oder wenn mich der amerikanische Botschafter in Luxemburg seinen Gästen nach unserem schönen Essen als »kulturelle Ikone« des Großherzogtums vorstellt. Ich gebe deshalb zu: Die Preise und Auszeichnungen, die ich als Köchin erhalten habe, bedeuten mir sehr viel.

Mein Lokal erhielt im Januar 1987 zum ersten Mal einen Stern im »Guide Michelin« und hat ihn seither ununterbrochen gehalten. Damals führte ich mein Restaurant in Frisange seit gut fünf Jahren. Der Benzingeruch unserer alten Tankstellenwirtschaft war noch nicht ganz verflogen, und schon hatte ich einen Stern! Aber Sie können mir glauben: Das bedeutet nicht nur Freude, sondern auch Stress. Nicht nur, weil man sich von den Gastroführern immer kontrolliert fühlt. Man hofft auch das ganze Jahr, dass man bei der nächsten Ausgabe einen Stern mehr, oder, in meinem Fall, außerdem ein, zwei Punkte mehr beim »Gault-Millau« erhält. Dort besitze ich 17 von 20 möglichen Punkten.

Im Jahr 1989 habe ich den »Bocuse d'Or« erkocht, als immer noch einzige Frau der Welt. Gestiftet hat diese Trophäe der französische Spitzenkoch Paul Bocuse, der Vater der Nouvelle Cuisine. Bocuse leitete das Drei-Sterne-Haus »L'Auberge du Pont de Collonges« bei Lyon und war der Papst der französischen Gastronomie. An ihn kommt niemals jemand heran, das ist meine feste Überzeugung.

Alle zwei Jahre findet dieser internationale Wettbewerb für Profiköche in Lyon statt, und für uns Köche ist dieser Preis so bedeutsam wie der Oscar für Schauspieler. Er ist die Goldmedaille der kulinarischen Weltmeisterschaft. Solche Ehrungen spielen eine riesige Rolle. Denn erstens bedeuten sie Anerkennung, das ist gut für die Seele und gut für das Renommee des eigenen Restaurants. Dann bedeuten sie Internationalität. Das ist vor allem für einen Luxemburger Koch sehr wichtig, unser Großherzogtum ist schließlich nur das zweitkleinste Land der Europäischen Union. Und drittens lernt man dadurch die Besten seiner Zunft kennen. Das ist wunderbar, vor allem wenn man jung und neugierig ist. In jungen Jahren bereitete es mir schon Freude, bei Sterneköchen essen zu gehen und auf diese heitere Weise zu gucken, wie die verehrten Kollegen es machten.

Ich war 28 Jahre alt, als ich meinen allerersten Wettbewerb gewann, den »Grand Prix Mandarine Napoléon«. Das war 1983, ich war knapp zwei Jahre Chef in meinem Lokal, und ich siegte mit einer perfekten Soße. Dafür war ich schon immer Spezialistin, und das musste ich in diesem Wettbewerb auch sein, denn das Ferkel, das ich bearbeiten musste, war furchtbar mager und klein. Mit einer guten Soße, das nur nebenbei, können Sie auch zu Hause über vieles hinwegtrösten.

Es ist lustig: Als ich diesen ersten, recht harmlosen Preis erhielt, hat mich das nicht selbstbewusster, sondern vorsichtiger gemacht. Oh oh, dachte ich, jetzt spielst du in einer anderen Liga, jetzt musst du eine Schippe drauflegen. Ich sah das als Ansporn, mich weiterzuentwickeln, denn ich wollte ja zu den Besten gehören. Sonst hätte ich mir etwas anderes suchen müssen, wo ich die Beste sein kann, das ist mir nämlich wichtig.

Als ich meinen ersten Michelin-Stern erhielt, war ich erst recht hin- und hergerissen zwischen Begeisterung und leisem Erschrecken. Schon vorher hatte mir der »Guide Michelin« erst zwei, dann drei Fourchettes, also Gabeln, verliehen, was bedeutete: Ja, kann man hingehen, sehr schönes Restaurant. Ich wusste, dass mir der Direktor des »Guide-Michelin«-Benelux, Monsieur Cammerts, gewogen war. Der kam gelegentlich zum Essen und sagte dann immer zu mir: »Sie machen das sehr gut, mon petit.« – »Mein Kleiner« nannte er mich, eben nicht: »meine Kleine«. Das war seine Art mir zu zeigen, dass er mich achtete, obwohl ich »nur« eine Frau war.

Die französisch geprägte Spitzengastronomie war damals die reinste Männerdomäne, das darf man nicht vergessen. In den Siebzigerjahren wurden Frauen in Kochschulen nicht mal am Herd geduldet, und in den Achtzigerjahren, als die Starköche auftauchten wie die Sterne am Himmel, leuchteten da nur Männernamen: Paul Bocuse, die Brüder Troisgros, Paul Haeberlin, Joël Robuchon, Frédy Girardet, Eckart Witzigmann. Französinnen haben immer nur von ihren Müttern gelernt, für den Hausgebrauch. Und in Frankreich, der Heimat des »Guide Michelin« mit seinen 65 Millionen Einwohnern, ist meine Freundin Anne-Sophie Pic erst die vierte Frau, die es je zur höchsten Ehre mit drei Sternen gebracht hat.

Monsieur Cammerts aber ließ mich nie die leise Überheblichkeit spüren, die ehrgeizige Köchinnen damals nur zu oft erfuhren. Ihm imponierte, was ich da in diesem sympathischen Kuhdorf auf die Beine stellen wollte. Besonders gefiel ihm, was ich mir für die Sonntage überlegt hatte. Zu der Zeit machte ich an diesem Tag immer Menüs zu einem Festpreis, bei denen es drei Vorspeisen, drei Hauptgerichte und drei Desserts zur Auswahl gab. Für diese Sonntagsmenüs verarbeitete ich immer die gesamte restliche Ware, so dass ich in der neuen Woche mit leerem Kühlschrank frisch anfangen konnte. Wenn ich von einem Fisch oder Fleisch nicht mehr genug vorrätig hatte, musste ich mir etwas einfallen lassen, und so entstanden mitunter sehr kreative Gerichte.

So etwas funktioniert aber nur mit einer hervorragenden Warenkunde. Man muss genau wissen, durch welche Zubereitung die einzelnen Lebensmittel ihren Geschmack optimal entfalten, und welche Lebensmittel miteinander harmonieren. Angenommen, ich hatte nicht mehr genug Kalbsnieren, die ich normalerweise im

Ganzen servierte, und außerdem nicht mehr genügend Kalbsbries fürs Menü – dann kombinierte ich die übrig gebliebenen Nieren und das Bries eben zu einem Ragout mit frischen Nudeln und Morchelsoße. Wichtig ist dabei, dass man die Kalbsnieren und das Bries separat anbrät, die kleingeschnittenen Nieren in Butterschmalz, das Bries in Butter. Sonst bleibt das Ragout ohne Qualität.

Eigentlich also Resteverwertung auf Topniveau, wenn man so will! Aber darauf kommt es in der Spitzengastronomie an, wenn man rentabel arbeiten will: Auch die teuersten Waren müssen verwertet werden. Das ist wahre Nachhaltigkeit. Man kann nicht nur das Herzstück aus dem Rinderfilet herausschneiden, man muss auch den Rest zu verwerten wissen. Wer zu viel Abfälle produziert, verdient nicht. Ich dachte wie eine sparsame Hausfrau und kochte wie ein Künstler. Monsieur Cammerts jedenfalls fand genau diese Sonntagsmenüs immer besonders raffiniert.

Er selbst kam natürlich nicht zum Testessen. Der »Guide Michelin« schickt seine Tester ja nicht mit Ankündigung, damit man sich schön vorbereiten kann, nein, man hat keine Ahnung, wer einen testet. Ich kann mich auch nicht mehr erinnern, dass sich jemand anschließend zu erkennen gegeben hätte. Vielleicht hatte ich es aber auch ausgeblendet, wie so manches, was mir sonst zu viel Druck gemacht hätte.

Der »Guide Michelin« ruft einen auch nicht an, um die frohe Kunde zu überbringen, man erfährt es aus der Zeitung. An einem Sonntag, ich war gerade in der Küche, klingelte das Telefon. Freunde riefen aufgeregt, sie hätten soeben im »Républicain Lorraine«, der französischen Zeitung, gelesen: »Léa Linster, junge Köchin aus Luxemburg, erhält ihren ersten Stern«. Den freudigen Schauer, der einen bei dieser Nachricht überläuft, kann sich keiner vorstellen! Ich traute dem Braten aber nicht und schickte jemanden in die Stadt, um die Zeitung zu kaufen. Tatsächlich, da stand es schwarz auf weiß.

Jetzt gehörte ich zu den allerbesten Köchen Luxemburgs, ich hatte es schriftlich und ganz offiziell in der roten Bibel der Feinschmecker. Die Luxemburger Kollegen hatten ebenfalls maximal einen

Stern, keiner sonst war besser als ich. Ich freute mich wahnsinnig. Dem Vater hatte ich vor seinem Tod versprochen, einen Stern für uns zu holen, aber nun, wo es soweit war, war ich wie benommen. Der Mutter und den Geschwistern ging es genauso. Es war noch nicht lange her, dass hier die Lastwagenfahrer haltgemacht hatten, und jetzt so etwas! Über eines waren wir uns einig: »Das hätte dem Pap gut gefallen.«

Anders als den »Bocuse d'Or« kann man seinen Stern jedes Jahr wieder verlieren. Manche Gratulanten wiesen mich gerne darauf hin. »Bis jetzt hast du dir einen Spaß aus dem Kochen gemacht, aber jetzt wird man dir genau auf die Finger sehen«, warnte ein Kollege. Das gab mir komischerweise gleich wieder Sicherheit. Ich war schließlich selbst mein strengster Kritiker, und nun wollte ich wegen so eines Sterns nicht durchdrehen, sondern mich erst recht beweisen. Madame darf plötzlich mitspielen? Dann soll sie sich mal anstrengen.

Als Erstes absolvierte ich endlich meine Meisterprüfung, dazu war ich bisher noch gar nicht gekommen. Dann beschloss ich, den Besten meiner Branche in die Töpfe zu gucken. Ich absolvierte also Kurse bei Frédy Girardet und Joël Robuchon. Robuchon, ein ehemaliger Jesuitenschüler, war unglaublich streng. Der einwöchige Kurs in seinem Lokal in Paris kostete mich fast 1000 Euro und war jeden Cent wert. Ich erkannte nämlich, dass ich mit meiner Art zu kochen auf dem richtigen Weg war: Auch Robuchon bestand auf Topqualität, liebevoller Zubereitung und der Bereitschaft, bis ins Detail präzise und penibel zu arbeiten.

Oh, was war er akkurat! Alles musste feinstens passiert werden. Soßen ließ er perfekt reduzieren, und wenn es noch so lange dauerte. Bevor er über die Zubereitung eines Fischfilets auch nur nachdachte, mussten sämtliche Schuppen und Gräten entfernt werden, und wehe, man übersah etwas. Noch Jahre nach dem Kurs bei Robuchon stellte ich mir in der Küche immer vor, er stünde hinter mir und sähe mir über die Schulter. Und wenn ich einmal versucht war, bei einer schiefen Karottenecke fünf grade sein zu lassen, hörte ich ihn tadeln: »Na, na, Léa, was machst du denn da?« Und sofort riss ich mich am Riemen, weil der Perfektionist Robuchon sonst böse geworden wäre.

Es gab noch etwas, wofür ich Robuchon so sehr mochte: Er kreierte und kochte zwar nur Grande Cuisine, aber berühmt wurde er für sein Kartoffelpüree! Das bestätigte mich darin, dass man nicht absurd weit ausholen muss, um etwas Außergewöhnliches zu schaffen. Man muss sorgfältig sein und dem Geschmack vertrauen. Ich habe mein Leben lang ein erstklassiges Butterbrot einem mittelmäßigen Hummer vorgezogen.

Ich hatte in meinem Vater und den Köchen, mit denen er mich bekannt gemacht hatte, gute Lehrmeister gehabt. Aber die Zeit bei Robuchon katapultierte mich in eine andere Galaxie der Finesse.

Da ich mich bereits auf dem Höhenflug befand, baute ich mein Restaurant in Frisange um. Jetzt soll das Haus eines Sternes würdig sein, befand ich. Bis 1988 hatte ich so viel Geld investiert, dass ich es kaum hinzuschreiben wage: eine Million Euro. Die Küche zum Beispiel, die immer noch nach Spülwirtschaft aussah, obwohl wir schon preisgekrönte Speisen hinaustrugen, wurde endlich aufgerüstet, und das Equipment für Spitzengastronomie war sehr teuer. Bislang hatte ich immer noch auf dem uralten Kohleofen meiner Mutter gekocht, der so viel Hitze abgab, dass man sich beim Arbeiten wie in der Sauna fühlte. Ich hatte bisher auch nicht mal einen Kühlschrank für die Fische gehabt, und deshalb freute ich mich immer auf den Winter. Dann konnte ich meine Saint Pierres und die Steinbutte immer in einer Styroporschachtel vor der Tür lagern, im Schnee, mit einem Rost obenauf, der von einem Stein beschwert wurde – wegen der Dorfkatzen.

Diese Sicherheitsverwahrung klappte nicht immer. Einmal trug mir ein Nachbar begeistert eine Seezunge ins Haus, die er an der Straßenkreuzung gefunden hatte: »Guck doch mal, wie frisch die ist und wie ihre Augen glänzen! Brätst du mir die schön in Butter?« Die Katze hatte die Seezunge dorthingeschleift! Nein, so ging das nicht weiter. Auch weil es zu sehr schmerzte, wenn ein Fisch nicht mehr vollkommen frisch war und ich ihn keinem Gast vorsetzen konnte. Wenn mir ein schöner Steinbutt auf diese Weise kaputtging, waren 50 bis 100 Euro verloren. Nie hätte ich ihn stattdessen für das Personal oder die Familie zubereitet, der Verlust musste richtig wehtun. Es war wichtig, dass ich litt. Wenn man nicht richtig leidet, ändert man nichts.

Aber jetzt bekam ich meinen Fischkühlschrank und einen sündhaft teuren, maßgefertigten Herd von fast zwei mal vier Metern, den ich selbst nach meinen Bedürfnissen entworfen und in Auftrag gegeben hatte, und außerdem einen Weinkeller mit Regalen aus Vulkanstein.

Dass ich beim »Bocuse d'Or« in den Olymp der Köche vordringen durfte, war der Höhepunkt meiner ersten zehn Jahre als Küchenchefin. Der Wettbewerb fand im Januar 1989 statt, einer Jahreszeit, in der es in Restaurants ruhig zugeht. Die besten Köche aus 25 Ländern sollten gegeneinander antreten, und Luxemburg schickte mich. Ich war überhaupt die einzige Frau, die in diesem Jahr dabei war. In der Jury saßen große Namen: Frédy Girardet aus der Schweiz zum Beispiel oder Eckart Witzigmann aus Deutschland. Die Regeln waren einfach: Alle Teilnehmer mussten je ein Hauptgericht mit Lamm und Languste präsentieren, denen sie eine spezielle Note ihres jeweiligen Heimatlandes verliehen. Das Mitbringen der eigenen Ausrüstung war aus Gründen der Chancengleichheit verboten.

Als die telefonische Einladung erfolgte, hatte ich gerade kein Ohr dafür. Ich ärgerte mich viel zu sehr über meinen damaligen Patissier, der nicht in der Lage war, knusprige, kleine Brötchen zu backen, sondern nur diese weichen briochierten, die jeden Gast schon nach der Vorspeise gesättigt das Besteck weglegen ließen. »Es ist so hart, seine Vorstellungen durchzusetzen!«, schimpfte ich in den Apparat. Erst nach dem Anruf begriff ich, welche Ehre mir gerade zuteilgeworden war.

Auf so einen Wettbewerb muss man sich ordentlich vorbereiten. Die Rezepte probierte ich mehrfach aus, mal an meinem guten Freund Reginald Neumann, unserem Notar, mal an ahnungslosen Gästen, um zu sehen, ob jemand bereit war, für meine Kreationen zu zahlen. Vor der Abfahrt nahm ich außerdem nur noch Schonkost zu mir, um meinen Gaumen in jungfräuliche Frische zu versetzen. Fünf Tage lang aß ich nur Haferflocken und trank nichts als Wasser. Gewürze, Fleisch, Gemüse, Kaffee und Alkohol waren tabu. Fantastisch, wie der Gaumen dann aufblüht. Jeder, der in der Fastenzeit mal auf Essen verzichtet hat, weiß, wie der Geschmackssinn danach explodiert.

Ich war ziemlich aufgeregt, als ich mich auf den Weg nach Lyon machte. Heute bin ich fast ein Drittel des Jahres auf Reisen, ich fahre zu Talkshows nach Hamburg, zu Fernsehaufnahmen nach München, nach Ruanda, um ein Charityprojekt zu unterstützen, nach Warschau, um in der Luxemburger Botschaft zu kochen, oder nach Shanghai. Damals aber hatte ich Frisange noch nicht oft verlassen. Erst ging es mit dem Zug nach Brüssel, von dort mit dem Flugzeug nach Lyon. In der einen Hand trug ich eine leichte Tasche mit guten Schuhen, einem Kleid, einem Röckchen und der Zahnbürste, in einer zweiten Tasche transportierte ich meine Kochweste, meine Nudelmaschine und drei gute Trüffel, die ich mit heißen Ohren mitschmuggelte, falls ich dort nur mittelmäßige Ware vorfinden würde.

Am Flughafen von Brüssel traute ich meinen Augen nicht. Der belgische Kandidat stand seelenruhig in der Warteschlange mit einem gigantischen Flightcase aus Aluminium, in dem er seine ganze Küche hätte transportieren können. Das war doch verboten! Tja, er war ein selbstbewusster Mann und machte sich seine eigenen Regeln. Ich guckte auf meine beiden bescheidenen Taschen und fühlte mich wie ein Aschenputtel, das mit praktischem Kurzhaarschnitt, rotwangig und unbedarft, in der Küchenschürze zum Ball geht. Ich war so dermaßen erschüttert und naiv, dass ich mich mit folgendem Gedanken zu trösten versuchte: Beruhige dich, Léa, der geht vielleicht auf einen anderen Wettbewerb mit weniger strengen Vorschriften. Übrigens: Jeder Koch wurde von einem »Präsidenten« seines Landes begleitet, und in der Abflughalle plauderte der Belgier nicht nur angeregt mit dem Repräsentanten seines Landes, sondern auch mit meinem Präsidenten. Auf mich setzte mein luxemburgischer Kollege, das spürte ich sofort, keine großen Hoffnungen. Ich war eine Frau, ohne einflussreichen Sponsor und galt als krasse Außenseiterin. Selbst mein Landsmann ließ mich das spüren.

In Lyon flüchtete ich mich am Vorabend des Wettbewerbes zu Madame Paulette Castaing. Diese Spitzenköchin war eine Legende, fast 80 Jahre alt und bereits in Rente. Ich hatte sie nach der Verleihung meines ersten Sternes zwei Jahre zuvor kennengelernt, als ich der Vereinigung von Spitzenköchinnen beigetreten war. Das war ein Zusammenschluss kulinarischer Netzwerkerinnen, die der männlichen Übermacht in der Haute Cuisine etwas entgegensetzen wollten.

Madame Castaing war zauberhaft. Sie servierte mir eine ganz leichte Suppe (ich musste ja meinen Gaumen schonen) und hörte sich an, welches Menü ich plante. Die Aufgabe lautete, dem Lamm eine landestypische Nuance zu verleihen, also wollte ich es mit Kartoffeln zubereiten. Dafür ist Luxemburg – neben Goldbarren – schließlich berühmt. Meine weise Gastgeberin wusste auch Rat, als ich ihr von meiner Sorge erzählte, um diese Jahreszeit keine Saubohnen vorzufinden, die ebenfalls typisch für Luxemburg sind und die ich in meinem Gericht verwenden wollte. Ein Anruf bei ihrem früheren Lieferanten, und mir waren feine und sogar bereits geschälte Bohnen versprochen. Frauensolidarität ist eben nicht zu unterschätzen!

Drei Tage dauerte der »Bocuse d'Or«. Am Montag trafen sich alle Kandidaten am Wettbewerbsort und zogen Karten, die über die Reihenfolge entschieden. Der Erste nahm eine Karte von oben – und gehörte zu den Ersten. Der Zweite, ein Südafrikaner, zog ebenfalls von oben – Platz 3. Die Karten waren also nicht gut durchmischt. Nun habe ich trotz meiner Naivität auch immer strategisch gedacht. Ich wollte gegen Ende servieren und so der Jury in Erinnerung bleiben. Das hatte ich mir vom Grand Prix Eurovision abgeguckt: Kein Mensch weiß mehr, welche Lieder die ersten Kandidaten geträllert hatten! Ich zog tief unten und erwischte die Nummer 24. Also sollte ich als Vorletzte servieren.

Mit den Kollegen war es ausnehmend nett. Ich war die einzige Frau, und da ich sehr kommunikativ bin, kam ich mit allen schnell ins Gespräch. Der Brasilianer, der Deutsche und der Holländer konnten nur ein paar Bröckchen Französisch, so dass ich für sie übersetzte. Auch die anderen waren sehr freundlich zu mir. Mir machte es große Freude, unter meinesgleichen zu sein, und natürlich war ich selig, endlich Paul Bocuse von Nahem zu erleben. Er war damals 63 Jahre alt und eine Autorität, die uns alle strammstehen ließ.

In der Nacht vor dem letzten Wettbewerbstag, an dem ich an der Reihe war, geschah allerdings eine kleine Katastrophe. Ich erwachte um zwei Uhr nachts von heftigem Pochen und Schmerzen in einem Auge. Selbst das schwache Licht der Straßenlaterne gegenüber blendete mich unerträglich. Eine Augenentzündung. Mitten in der Nacht musste ein Arzt kommen, der mir eine Salbe und eine Augenklappe gab. Schon um vier Uhr früh, zwei Stunden später, wurden wir Köche mit dem Bus zum Austragungsort gefahren. Der deutsche Kandidat musste mich an der Hand zum Bus führen, weil das eine Auge verdeckt war und das andere vor Müdigkeit immer zufallen wollte. Er war reizend und lachte: »Du wirst diesen Wettbewerb gewinnen, Léa. Du hast dieses schreckliche Auge und jammerst nicht, machst noch Späße und gibst uns allen Kraft.« Diese lieben Worte habe ich nie vergessen.

Und so habe ich den Wettbewerb mit einer Augenklappe bestritten. Das war sehr schwer, denn ich konnte nichts räumlich wahrnehmen. Trotzdem geriet ich nicht in Panik. Es war wie damals, als ich mit 19 Jahren mein erstes Hochzeitsbankett in Frisange gekocht hatte: Ich blendete die Angst aus und war hoch konzentriert. Und wenn mich kurz ein Schreck durchfuhr, sagte ich mir: Du hast doch schon gewonnen! Du gehörst zu den 25 besten Köchen der Welt, die sich hier bewähren dürfen.

Ich kochte meine Languste mit einem Crevetten-Jus, wie ich ihn bei Joël Robuchon gelernt hatte. Die Languste ist heikel, denn ihr Fleisch ist sehr fein und sie neigt zur Zähigkeit, doch ich muss sie hypnotisiert haben, denn sie blieb zart. Auch mein Lammrücken mit Rosmarinsoße war fantastisch. Ich wollte ihn mit Petersilienmantel und darübergelegter Kartoffelkruste machen, hatte mich aber immer darüber geärgert, dass die untere Seite im Ofen weich wird und nicht knusprig. Was tun? Ich erinnerte mich an die Lastwagen, die vor unsere Tankstelle vorgefahren waren. Die hatten die Last schön gleichmäßig auf ihre Reifen verteilt und so vom Boden ferngehalten. Wenn ich also den Lammrücken in seiner Kruste auf einen Rost legte, nicht auf ein Backblech – musste die Kartoffelkruste ringsherum schön knusprig bleiben. Voilà, da haben Sie das Geheimnis meines Siegerrezepts.

Oh, noch etwas: Ich verschwendete nicht viel Gedanken an eine prätentiöse Präsentation. Die war mir ziemlich egal. Ich dachte nur an den Geschmack.

Wir alle kochten vier, fünf Stunden an separaten Kochständen in einer großen Halle, während Kamerateams um uns herumkurvten und uns filmten. Ich servierte als Vorletzte, danach begann das Warten. Alle waren todmüde, nervös, angespannt, und mir tat zudem das Auge weh. Trotzdem sah ich, dass am Rande der Siegertribüne das Treppchen fehlte, das hatte man vergessen. Stattdessen standen dort zwei Bodybuildertypen, und während ich noch dachte: »Ach, die könnten mich mit meinem Röckchen dann wenigstens hochheben«, hörte ich den ehrwürdigen Paul Bocuse mit seiner tiefen Stimme sagen: »Sie ist die Königin des Geschmacks. Der erste Preis geht an Léa Linster.«

Dann hörte ich die Leute brüllen.

Bis heute wirkt dieser Augenblick in mir nach. Es war – zu viel. Man kann es gar nicht begreifen. Ich ging zur Tribüne, die Kraftmänner hoben mich auf die Bühne, ich bekam eine Weste übergezogen mit goldenen Knöpfen und viel zu langen Ärmeln, die mir Paul Bocuse hochstreifen musste, damit ich den César, die Trophäe, hochhalten konnte. Die Augenklappe hatte ich im letzten Moment abgestreift, Gott sei Dank, denn Hunderte von Kameras richteten sich auf mich. »Guck mal, ma chérie«, sagte Bocuse, »350 Journalisten. Die warten alle nur auf dich.«

Es war eine echte Sensation, dass ich gewonnen hatte, ganz explizit für den hervorragenden Geschmack meiner Speisen. Ich, die Außenseiterin, eine junge Frau von 33 Jahren. Das sagte mir auch Eckart Witzigmann, der mir außerdem das große Kompliment machte, dies sei ein Drei-Sterne-Lamm gewesen. Für die Frauen in der Spitzengastronomie war mein Sieg eine kleine Revolution.

Später bekam ich unzählige Mikrofone vor die Nase gehalten: »Was sagen Sie zu Paul Bocuses Äußerung über die Frauen? Bringt Sie das in Rage?« Lustig war, dass ich überhaupt nicht wusste, wovon sie sprachen. Ich hatte völlig vergessen, dass Bocuse irgendwann den Machospruch kundgetan hatte, Frauen gehörten ins Schlafzimmer, nicht in die (Spitzen-)Küche. Aber dass er wohl nichts Gutes über weibliche Kollegen geäußert hatte, war mir angesichts der aufgeregten Fragen klar. Also antwortete ich keck ins Blaue hinein: »Fragt ihn, ob er das immer noch findet!« Mit der Antwort lag ich auf jeden Fall richtig.

Ich hätte nie ein schlechtes Wort über ihn verloren. Zu mir war er voller Anerkennung, Großzügigkeit und Freundlichkeit. Ja, die Zeiten waren sexistisch und frauenfeindlich, aber ich bin Bocuse noch heute für seine Förderung dankbar. Und als später missgünstige Gerüchte im Umlauf waren, ich hätte den Preis nur gewonnen, weil ich mit Bocuse im Bett gewesen sei, entgegnete ich trocken: »Ach was, das täte man auch ohne den ›Bocuse d'Or‹.« Auf Frechheiten muss man manchmal frech antworten.

Ich gewann 40 000 Dollar und meine schöne Trophäe. In aller Welt berichtete man über mich, in Hochglanz- und Frauenmagazinen, in der »New York Times«, und das Magazin des »Figaro« brachte sogar ein vierseitiges Porträt. Wahrscheinlich war ich jetzt berühmter als die »Hirtzen Helène«! Ich bekam so viele Einladungen als Gastköchin in die besten Hotels der ganzen Welt, dass ich heute noch nicht zurück wäre, wenn ich alle angenommen hätte. Die Firma, bei der ich meinen teuren Herd bestellt hatte, erließ mir die Kosten und meinte, ich solle dieses Geschenk mit gutem Gewissen annehmen: Als kundige »Bocuse d'Or«-Gewinnerin hätte ich ihn so funktional entworfen, dass sie das Modell bereits 21 Mal verkauft hätten.

Die Siegestrophäe allerdings besitze ich heute leider nicht mehr, und das schmerzt mich sehr. Sie befand sich in jenem Tresor, der mir vor zwei Jahren gestohlen wurde, mitsamt vieler Familienfotos und anderer Schätze. Sollte also derjenige diese Zeilen lesen, der weiß, wo sich mein liebster Preis befindet: Bitte, schicken Sie ihn mir doch einfach zurück.

Der perfekte Lammbraten à la »Bocuse d'Or«
Rezept für meine preisgekrönte Spezialität, die ich noch heute in meinem Restaurant in Frisange serviere.

Für 4 Personen

Lamm
400–500 g Lammrücken, ausgelöst und geputzt
Salz
Pfeffer aus der Mühle
50 g frisch geriebenes Weißbrot (Semmelbrösel)
800 g festkochende Kartoffeln
Öl zum Braten
2–3 EL glatte Petersilie, grob gehackt

Soße
½ l Lammfond
1 Zweig Rosmarin
50 g kalte Butter in Stückchen
feines Meersalz

Lamm:
Backofen auf 220 Grad vorheizen. Den Lammrücken in zwei gleich große Stücke von 20 cm Länge schneiden, mit Küchenpapier trocken tupfen, salzen und pfeffern. Rundherum in den Weißbrotbröseln wenden, überschüssige Brösel abschütteln.
Für die Kartoffelkruste die Kartoffeln schälen, waschen, in feine Streifen raspeln, gut ausdrücken und zwischen zwei

Lagen Küchenpapier trocknen lassen. Eine große beschichtete Pfanne erhitzen. 3 EL Öl und die Hälfte der Kartoffeln hineingeben, so dass ein 0,5 cm dünner und 24 cm großer Kartoffelpfannkuchen entsteht. Den Pfannkuchen von einer Seite goldbraun backen. Achten Sie dabei darauf, dass kein Öl auf die Oberseite gelangt. Den einseitig gebratenen Pfannkuchen mit der gebratenen Seite nach unten auf ein Küchentuch gleiten lassen und mit der Hälfte der Petersilie bestreuen. Mit den restlichen Kartoffeln einen zweiten Pfannkuchen backen.
Jeweils ein Stück Lamm auf das untere Drittel eines Pfannkuchens legen und mithilfe eines Küchentuches darin einrollen. Drücken Sie die Kartoffeln gut an das Fleisch und die überstehenden Pfannkuchenenden fest aneinander.
Den Lammrücken mit etwas Abstand auf ein Gitter mit untergelegtem Backblech setzen und im vorgeheizten Backofen in 15 Minuten rosa garen.

Soße:
Den Lammfond mit dem Rosmarinzweig um die Hälfte einkochen lassen. Den Rosmarin entfernen und kurz vor dem Servieren die Butter in kleinen Stückchen unter Schwenken in der Soße schmelzen lassen, so dass sie leicht gebunden wird. Mit Salz abschmecken.

Anrichten:
Den Lammrücken aus dem Ofen nehmen und sofort in jeweils vier Stücke schneiden. Pro Person je zwei Stücke auf vorgewärmten Tellern anrichten (Teller sollten Sie stets vorwärmen!), mit der Soße umgießen und servieren.
Als Dekoration eignen sich karamellisierte Karotten und gedünstete Knoblauchzehen.

Bon appétit!

Kinder an den Herd!

Eigentlich verdanke ich Paul Bocuse nicht nur den »Bocuse d'Or«, sondern ein klein wenig auch meinen wundervollen Sohn Louis. Klingt das ein bisschen frivol? Dann will ich es gleich mal aufklären.

Nachdem Bocuse mir 1989 den ersten Preis seines Wettbewerbs verliehen hatte, behielt er mich im Auge, förderte mich mit seinem Lob und besuchte auch mein Restaurant in Frisange. Irgendwo liegt noch das Foto herum, auf dem Paul Bocuse und ich draußen auf der Terrasse stehen, von der Sonne angeleuchtet, ich ganz freudig und er mit einem weichen, fast väterlichen Lächeln auf dem strengen Gesicht. Er war sehr stolz auf mich ... vielleicht auch ein wenig auf sich selbst, weil er mich schließlich für eine große Öffentlichkeit entdeckt hatte. Und so schlug er mich für die Gästeliste vor, als eine Kreuzfahrt unter dem Motto »Französische Kultur« auf dem Ozeandampfer »France« geplant wurde, der heute »Norway« heißt. Die Gäste waren Leitfiguren französischer Musik, Literatur, Kunst. Und eben auch führende Köche. Ich war sehr erfreut, als die Einladung eintraf, denn sie verhieß etwas Rares für mich: Ferien! Das Tollste war, dass ich außerdem eine Begleitperson mitnehmen durfte, und so kam unser hervorragender Sommelier mit. Ich schätzte ihn natürlich nicht nur als Sommelier. Francis war seit einiger Zeit auch mein Lebensgefährte.

Francis war Franzose und bereits seit einigen Jahren in unserem Haus tätig. Er verstand sich nicht nur sehr gut auf Weine, sondern auch auf Winzer, Gäste und Kollegen. Alle schätzten ihn über die Maßen, weil er ein so höflicher und ruhiger Mann war – und er sah auch sehr gut aus. Er hatte dunkle Haare und ein besonders liebes, freundliches Lächeln. Und sehr schöne braune Augen. Es gab nicht eine Frau in unserem Lokal, der das entgangen wäre.

Francis war übrigens acht Jahre jünger als ich. Dass sich Frauen jüngere Männer nehmen, ist heute ja en vogue, aber damals war es noch keine Selbstverständlichkeit. Ich hatte mir das auch nicht ausgesucht. Francis hatte mich einfach bezirzt mit seinem warmherzigen Blick und seiner Aufmerksamkeit. Er schien immer zu spüren, wenn ich es besonders schwer hatte und angestrengt und erschöpft war. Dann wartete er oft am Durchgang auf mich, um mir die Tür aufzuhalten oder etwas abzunehmen, oder er machte mir mit einer freundlichen Bemerkung eine schwierige Situation leichter. Seine Gesellschaft tat mir gut. Und was mich zudem an ihm begeisterte, war, wie wunderbar er eine Flasche Beaujolais anfassen, wenden und kredenzen konnte. Er tat das so andächtig und sinnlich, da war es nicht schwer, sich in ihn zu verlieben.

Die meisten Gastronomen finden ihre bessere Hälfte im Haus, und das ist nur zu verständlich. Wir kommen ja nicht raus! Wer sonst sollte unsere verrückten Arbeitszeiten verstehen oder sogar einen ähnlichen Rhythmus teilen, wenn nicht Kollegen? Die anderen Menschen haben einfach andere Tätigkeitszeiten und Spielplätze. Und so fanden auch Francis und ich zueinander.

Da wir bei all der Arbeit so wenig gemeinsame Zeit hatten, freuten wir uns sehr auf den Ausflug an Bord, den wir Paul Bocuse verdankten. Ich habe mich dabei so gut erholt, dass ich nicht mal mehr weiß, wohin die Seereise ging. Waren wir in Belize, in Haiti, auf St. Barth? Ich erinnere mich nur, dass wir Miami verließen, durch die Karibik schipperten und nach herrlichen Tagen voller Sonne, würziger Seeluft und Baden in türkisfarbenem Wasser auch wieder in Miami ankamen.

Drei Monate nach dem Ausflug ging ich zum Arzt. Es gab da ein paar sonderbare Umstände, die ich auf den Stress schob. Außerdem dachte ich, ich hätte mir beim Schwimmen im Meer mitten im Winter vielleicht eine hartnäckige Blasenentzündung eingefangen, denn ich spürte im Unterleib immer wieder ein sanftes, aber nicht zu ignorierendes Ziehen. Der Arzt, den ich schon lange kannte, untersuchte mich eine ganze Weile schweigend, dann lehnte er sich zurück, lächelte mich an und sagte: »Du kannst deiner Blasenentzündung bald einen Namen suchen.« Ich war schwanger.

Da musste ich weinen.

Ich war 34 Jahre alt und würde ein Kind haben, und wahrscheinlich wäre das nie so gekommen, hätte ich es planen müssen. Ich hätte mir mit meinen Bedenken selbst die Courage abgekauft, je ein Baby zu bekommen: Die Konstellation ist nicht ideal, du hast gar keine Zeit für ein Kind, denk doch mal nach! Alles Mögliche wäre mir eingefallen, was nicht perfekt war für die Ankunft eines kleinen Menschen und ein guter Grund, es lieber sein zu lassen. Aber Gott sei Dank hatte mich Paul Bocuse zusammen mit Francis auf einem Luxusschiff in die Karibik geschickt, damit wir sorglos und heiter der Natur ihren Lauf ließen. Sonst gäbe es Louis nicht.

Trotzdem bekam ich im ersten Moment einen Schreck. Oje, dachte ich, jetzt würde sich alles ändern, und ich hatte mich doch gerade so gut in meinem Leben eingerichtet. Ich war so froh, ich zu sein. Es ist ein bisschen absurd, aber ich dachte sogar, ich sei doch eigentlich noch zu klein und unreif für ein Kind. Ich spielte doch selbst noch so gerne. Wenn es im Lokal gerade schön lief und viel los war, sagte ich immer scherzhaft: »Das ist ja fast wie in einem richtigen Restaurant!« Als ob unsere Arbeit bloß ein amüsanter Zeitvertreib sei. Und jetzt, so fürchtete ich, würde der Ernst des Lebens beginnen. Das machte mir Angst.

Aber nicht lange. Dann beschloss ich, mich unbändig zu freuen. Es gab schließlich Schlimmeres für ein kleines Kind, als in ein Sternelokal hineingeboren zu werden, nicht wahr? Es war ein schöner Gedanke, die Schwangerschaft als Krönung des euphorischen Jahres seit meinem Triumph beim »Bocuse d'Or« zu betrachten.

Francis freute sich auch sehr, er war ein emotionaler Typ und Familienmensch. Nie im Leben wäre mir aber eingefallen, ihn zu heiraten. Er war um so vieles jünger als ich, und außerdem war ich sein Chef. Ich wollte ihm nicht die offizielle Verantwortung für Frau und Kind aufbürden, das hätte ich ihm nicht antun wollen. Ich fühlte mich eher so, als trüge ich Verantwortung für ihn. Kurz schoss mir zwar der Gedanke an ein schönes Hochzeitsfest durch den Kopf und an das unvergessliche Menü, das ich auffahren würde, ein Menü, das sämtliche Feiern in unserem Haus in den Schatten gestellt hätte – ja, das hätte mir Spaß gemacht! Aber dann wusste ich doch im tiefsten Herzen, dass ich nicht fürs Heiraten gemacht war. Ich hatte einen Punkt in meinem Leben erreicht, als Köchin, als Chefin, als Frau, an dem ich mich frei fühlte. Das wollte ich nicht aufgeben.

Einmal traf ich den Generalvikar unserer Diözese, der unserer Familie sehr zugetan war, und weil mir so aufgedreht und überschäumend zumute war, sagte ich ihm: »Ich möchte aber nicht, dass Sie sich für mich schämen müssen! Eher heirate ich den Francis dann doch!« Da antwortete er sehr ernst: »Ich muss mit Ihnen reden, Léa. Sie sind zu alt, um solche Dummheiten zu machen. Ich werde Sie und Ihr Kind immer schätzen. Meinetwegen müssen Sie nicht heiraten, ich könnte das nicht verantworten.«

Nein, es war gut so, wie es war. Francis und ich waren ein Team und hielten zusammen. Wir wohnten in einem gemeinsamen Zimmer oberhalb der Küche in Frisange, die anderen Zimmer waren alle von meiner Mutter, Jean, Marianne und dem Personal in Beschlag genommen. Es war eng, aber wir hatten ohnehin kaum Zeit, auf dem Sofa die Füße hochzulegen.

Die Schwangerschaft verlief unkompliziert. Ich aß nur die feinsten Dinge, verzichtete sogar auf meinen geliebten Kaffee, fühlte mich großartig und nahm nur zehn Kilo zu. Da ich nicht die Schmalste bin, sah man die Schwangerschaft kaum. Als ich im Juli einem Gast erzählte: »Nächsten Monat bekommen wir unser Baby!«, fragte der verdattert: »Woher denn?« Er dachte, wir würden adoptieren. »Aber nein, Monsieur«, sagte ich, »das Kind ist hausgemacht, wie alles hier!«

Während der Untersuchungen erfuhren wir, dass wir einen Jungen erwarteten. Mich machte das sehr glücklich. Ich wünschte mir viel mehr einen Sohn als eine Tochter, das stellte ich mir leichter vor – vielleicht geht das allen Frauen so, die kein ungetrübtes Verhältnis zu ihrer eigenen Mutter hatten. Außerdem besaßen Söhne

Seltenheitswert bei den Linsters. Meine Mutter hatte drei Schwestern, mein Vater war der einzige Sohn neben drei Töchtern, wir hatten nur meinen Bruder Jean – aber jetzt würde es wieder einen Jungen geben, der den Namen Linster trug. Und zudem den Vornamen Louis. Louis Linster. Die beiden Initialen »L« fand ich natürlich magisch und verheißungsvoll.

Louis war das perfekte Restaurantkind, bereits in meinem Bauch. Das zeigte sich schon darin, dass er nie auch nur einen Mucks machte, wenn es in der Küche hoch herging und ich mich konzentrieren musste. Ich wusste natürlich, dass werdende Mütter sich während der Schwangerschaft nicht aufregen sollen, aber trotzdem ärgert sich ein Küchenchef eben manchmal zu Tode und schreit den Kellner an, weil etwas nicht klappt. Da war ich keine Ausnahme. In solchen Momenten hielt ich innere Zwiesprache mit dem Kind, beruhigte es und versuchte, nur mit dem Mund zu schreien und kein Fünkchen Zorn bis in meinen Bauch gelangen zu lassen. Louis sollte schließlich ein liebes, ausgeglichenes Kind werden.

Und tatsächlich war er äußerst rücksichtsvoll. Einen Monat vor der Geburt musste ich ein riesiges Bankett für die luxemburgische Großherzogin organisieren, und auch wenn es verrückt klingt: Ich beschwor das Ungeborene, sich bitte am 18. und 19. Juli ganz still zu verhalten. »Danach, mein Schatz, darfst du spielen, wie du willst!«, versprach ich. Was soll ich sagen: An den Tagen, an denen es heiß herging: absolute Ruhe. Und am Tag danach herrschte in meinem Bauch der reinste Fußballterror. Da wusste ich: Das Kind und ich passen perfekt zusammen.

Louis kam am 21. August 1990 auf die Welt, genau zu Beginn unserer zwei Wochen Sommerferien, als das Restaurant ohnehin geschlossen war, voilà. Mich wunderte das nicht. Ich glaubte bereits an unsere Komplizenschaft.

Francis fuhr mich ins Krankenhaus nach Esch, aber während der Geburt wollte ich ihn nicht im Kreißsaal dabeihaben. Schlimm genug, dass ich anwesend sein musste! Ich legte keinen Wert darauf, dass der arme Kindsvater meine Qual miterlebte. An die Freuden der sanften, natürlichen Geburt hatte ich nie recht geglaubt, also ließ ich mir eine Periduralanästhesie (PDA) geben. Sie wirkte kein bisschen. Ich lag in meinem weißen Krankenhemdchen in einem kargen Raum auf einer Pritsche und fühlte mich die ganze Zeit über so, als trete mir jemand mit äußerst spitzen Cowboystiefeln in die Hinterseite. Und lande jedes Mal einen Volltreffer. Es war schrecklich.

Aber ich konnte ja mit meinem Baby im Bauch kommunizieren. Weißt du was, Louis, dachte ich in mich hinein, ich bin müde, und du bestimmt auch. Halt mal die Luft an, dann werden sie dich schnell rausholen. Und schon ein paar Minuten später herrschte große Aufregung an meiner Liege, der Arzt rief etwas von Herztönen, die weißen Kittel der Krankenschwestern flogen hin und her, es gab einen Kaiserschnitt und zack – mein Kind war da. Unzerknautscht, bildschön, gesund. Ein warmes Bündel, weich, knuddelig, mit etwas Flaum auf dem Kopf. Er hatte winzige Fingerchen, die ich küsste, und er duftete nach Vanille.

»Sie haben einen Sohn, und er ist perfekt«, sagte die Hebamme. Da musste ich wieder weinen.

In den Jahren zuvor war mir so viel Glück zuteilgeworden. Ich hatte einen Michelin-Stern erhalten, den wichtigen »Bocuse d'Or« gewonnen, war gereist, interviewt und beglückwünscht worden und führte mit Liebe und Stolz mein Haus. Insgeheim, das wusste ich in dem Moment, in dem ich das gesunde Kind im Arm hielt, hatte ich die ganze Zeit gefürchtet, für all das doch noch die Rechnung bezahlen zu müssen. Meine Dankbarkeit war unendlich.

Es ist wie ein Zauber, wenn ein Kind geboren wird. Und meine Liebe für mein Kind war unbeschreiblich. Ich war die glücklichste Frau der Welt.

Louis kam in der ersten Woche unserer Sommerferien zur Welt, und seine zweite Woche auf Erden verbrachte er schon gleich im Luxushotel »Bareiss« im Schwarzwald. Ich dachte, ich gehe mit dem Baby am besten in Ruhe in ein gutes Hotel, um mich mit ihm zu befassen. Ich wusste ja nicht, wo vorne und hinten ist, und zu Hause wäre weder Platz noch Ruhe gewesen. Zum Essen besuchten wir natürlich auch die benachbarte »Traube Tonbach«, ein erstklassiges Haus. Küchenchef Harald Wohlfahrt erhielt wenig später seinen dritten Michelin-Stern, den er seither hält. Es ist wirklich kein Wunder, dass Louis solch eine Leidenschaft für feine Hotels und Restaurants entwickelt hat.

Die Zeit im Schwarzwald war sehr erholsam, aber auch sehr kurz. Wir mussten bald nach Hause, denn die Sommerpause war vorüber, und alles musste wieder seinen Gang gehen. Ich weiß nicht, wie ich das geschafft habe. In den Wochen nach der Geburt litt ich unter Schmerzen, die Kaiserschnittnaht verursachte große Probleme und musste noch einmal genäht werden. Außerdem konnte ich nicht schlafen und hatte Gedächtnisschwierigkeiten, beides führte ich auf die Chemie bei der PDA zurück. Trotzdem fing ich sofort wieder an zu arbeiten. Eine selbstständige Mutter hat gegenüber einer Angestellten gewisse Freiräume, aber trotzdem war es sehr anstrengend. Und Francis, der ein sehr, sehr lieber Vater war, hatte im Lokal ebenfalls alle Hände voll zu tun.

Aber wir hatten ja unsere »Nounou«, wie wir die Kindermädchen nennen. Elsa kannten wir bereits, sie war Portugiesin und hatte bei uns im Restaurant als Spülerin angefangen. Sie war klein, wunderschön, gelassen und wusch die prächtigen Porzellanteller immer so liebevoll und zärtlich, dass ich ganz sicher war, ihr auch meinen Sohn anvertrauen zu können. Sie blieb ganze sechs Jahre unser Kindermädchen, bis zu ihrer Heirat, und ich verdanke ihr viel. Wenn sie im Haus war, musste ich mich nie ängstlich fragen, ob Louis wohl nach seiner Mama weinte oder ob es ihm gut ging.

Außerdem gab es die Großmama Linster. Meine Mutter wohnte ja ebenfalls im Haus und kümmerte sich viel um Louis. Ich glaube, er war die einzige Person, die sie in ihrem Leben wirklich von Herzen liebte. Nie war sie ungeduldig mit ihm, wie sie es mit ihren eigenen Kindern gewesen war, sondern stets die Güte selbst. So hatte ich sie noch nie erlebt. Louis hing sehr an seiner Oma, und wenn ich mich über sie ärgerte, verteidigte er sie nach Kräften. Dank ihm entdeckte ich ungekannte Seiten an ihr: Sie konnte auch weich und großherzig sein. Ich hatte es gerne, wenn mein Kind den Anwalt meiner Mutter spielte.

Mich rührte es auch sehr, zu sehen, wie Louis in der Restaurantküche in Frisange aufwuchs, genau wie ich als Kind. Und wie sehr er sich, genau wie ich damals, für alle Abläufe interessierte. Ich zeigte ihm, was ich da tat, warnte ihn vor Gefahren und tatsächlich hat er sich nur ein einziges Mal mit der Hand am Herd verbrannt. So wie ich als kleines Mädchen eine Colakiste an den Herd gezogen hatte, um besser in die Töpfe gucken und umrühren zu können, nahm mein Sohn sich einen kleinen Hocker, um besser sehen zu können. Er liebte es, mitzuhelfen. Schon mit drei Jahren saß er in seinem Stühlchen am Küchentisch und schälte Karotten, hoch konzentriert, während ihm die braunen Locken in die Stirn fielen. Er durfte auch Gemüse klein schnippeln, und er schnitt sich dabei kein einziges Mal.

Natürlich nahmen wir ihn immer mit, wenn wir in Restaurants gingen, und nie schrie er herum oder warf gar mit Besteck oder mit Essen. Neugierig besah er, was auf seinem Teller lag und probierte Innereien oder Hummer. Er liebte die Gastronomie von Anfang an.

Louis war ein pflegeleichtes Kind, heiter und wunderschön mit seinen braunen Augen. Alle liebten ihn, und ich scherzte, er müsse eigentlich nie gebadet werden, so oft, wie alle Welt ihn abküsste.

Aber wie wir da über der Küche in Frisange hausten, in einem Zimmer mit Kammer und Bad, zu dritt, war einfach unerträglich. Privatsphäre oder gar ein Plätzchen, an dem man mal seine Ruhe gehabt hätte, gab es nicht. Wir hatten nicht einmal eine eigene Küche, alle Hausbewohner benutzten die des Restaurants. Lange redete ich mir ein, die Nähe zum Arbeitsplatz sei entscheidend, aber natürlich war es viel zu eng und kein Zustand. Als Louis ein paar Jahre alt war, meuterte Francis: Er werde seine Koffer packen und gehen, wenn wir uns nicht ein eigenes Heim für die Familie suchen würden. Nun war Francis eine solche Seele von Mensch, dass ich seine Drohungen nicht ernst nahm. Aber auch ich sah ein: So konnte es nicht weitergehen.

Also suchte ich uns ein neues Zuhause. Ich fuhr durch die Gegend und hielt Ausschau nach einem Platz, der mir die gleiche

Geborgenheit vermitteln könnte wie Frisange. Nichts war mir wichtiger als ein schöner Blick. Auch in Frisange entspannt es mich noch heute innerhalb kürzester Zeit, wenn ich vom Saal aus über die Terrasse ins Grüne schaue, wo kein Gebäude die Aussicht verschandelt.

Und dann fand ich es, das richtige Fleckchen Erde. Es lag nur zehn Autominuten vom Restaurant entfernt, in Remich, auf einer steil abfallenden Anhöhe. Hier stand ein Chalet, das nicht mehr bewohnt war. Wenn man ins Tal blickte, sah man nichts als Weinberge, und weit unten schlängelte sich die Mosel. Nachbarn gab es keine, dafür gehörte ein kleiner Weinberg zum Grundstück. Und ein uralter Walnussbaum, wie in Frisange. Das nahm ich als gutes Zeichen.

1995, Louis war fünf Jahre alt, ließ ich anstelle des Chalets ein großes Haus aus dunklem Holz und mit riesigen Glasfronten bauen, in dem ich noch immer lebe. Eine ausladende Veranda umgibt das Haus auf drei Seiten, und wenn man im Herbst oder Frühling morgens nach draußen tritt, reicht der Nebel manchmal von der Mosel empor bis zum Garten. Dann fühlt man sich, als stünde man auf Deck eines Ozeandampfers und blicke ins Graublau von Wasser und Horizont. Ich mag die Aura des Hauses bis heute: Sie ist durchsichtig, aber stabil.

Plötzlich hatten wir Platz in Hülle und Fülle. Ein Haus über drei Etagen, mit einer modernen Küche, einem einzigen großen Wohn-Essbereich mit einer umlaufenden Terrasse und einem spektakulären Blick ins Freie, mehreren Zimmern und Bädern für uns drei und für Gäste.

Aber das schönste Haus kann nicht verbergen, wenn etwas in der Familie nicht stimmt. Und zwischen mir und Francis stimmte es nicht mehr. Wahrscheinlich hatten wir nie recht zusammengepasst. Das Restaurant, die Arbeit, die Freundschaft, unser Kind hatten uns verbunden. Aber wir waren zu unterschiedlich. Ich hatte mich in den vergangenen Jahren durch meinen beruflichen Erfolg weiterentwickelt und steckte noch voller Ehrgeiz, Träume und Ambitionen.

Und Francis? Er träumte von einem stabilen Familienleben, von Ruhe und Muße mit Kind und einer Frau, die nicht permanent in ihrem Job herumtanzte, sondern sich mehr auf ihn konzentrierte. Ich war sein Chef, und anfangs schien er damit zurechtzukommen. Aber in Wahrheit konnten weder er noch ich uns damit so recht arrangieren. Er war acht Jahre jünger als ich – das war auch nicht ideal. Einmal habe ich ihn auf eine Gastro-Messe mitgenommen. Der Veranstalter, der mich herumführen wollte, sagte mit einem freundlichen Seitenblick auf Francis: »Nehmen Sie Ihren Sohn ruhig mit!« Da habe ich meinen ganzen Humor zusammengenommen und geantwortet: »Monsieur, das ist nicht mein Sohn, das ist mein Liebhaber!«

Nein, es konnte nichts werden. Francis hatte Besseres verdient, als bei mir die zweite Geige zu spielen. Nur zu oft hatte ich das gespürt und ihm gesagt, er solle sich eine Frau suchen, die besser zu ihm passe: eine Blonde, 54 Kilo, ganz normal! Eine, die ihm das Familienleben schenken würde, das er sich wünschte.

Es gab noch einen Grund für unser Scheitern. Ich schätzte Francis über die Maßen, aber er konnte mir nicht diese Facette der Liebe geben, die mich so fasziniert: dieses Quäntchen an Kampf, die Dramatik, diese Leidenschaft, die so berauschend sein kann. Wahrscheinlich sehnte ich mich immer noch nach einem mysteriösen Draufgänger wie Zorro, dem Helden meiner Mädchenzeit.

In kränkelnden Liebesbeziehungen schwelen grundsätzliche Konflikte oft jahrelang vor sich hin, und dann genügen ein paar Worte, und alles fliegt in die Luft. Bei uns war es eine Boshaftigkeit von Francis, die er mir eines Abends entgegenschleuderte: »Du dicke Kuh!« Da war's aus. Die Wirkung solcher Demütigungen ist immens, sie macht der Lust auf zukünftige Zärtlichkeiten für immer den Garaus. In dem Moment war unsere Beziehung vorbei.

Wir trennten uns, als Louis sieben Jahre alt war. Sobald der Entschluss gefasst war, gingen wir wieder ganz und gar kameradschaftlich miteinander um. Unsere gemeinsame Verantwortung für unseren Sohn und unsere Freundschaft waren immer das stärkste Band zwischen uns gewesen, und das half. Francis verließ das

Lokal, und Louis blieb bei mir. Darüber gab es keine Diskussion. Mir war wichtig, dass das Kind weiß, wo es zu Hause ist, und sich nicht zwischen zwei Stühle setzen muss – und am Ende gar nicht gewusst hätte, wo es nun Platz nehmen dürfe. Francis blieb ein guter Vater für Louis, auch wenn er nicht mehr so nahe bei ihm lebte. Umgangsrecht, Besuchszeiten, Papa-Zeit jedes zweite Wochenende und jeden Mittwoch – so einen bürokratischen Unsinn gab es bei uns nicht. Wenn Louis seinen Vater sehen wollte, konnte er das.

Nun war ich also eine alleinerziehende Mutter. Aber so hatte ich mich seit jeher gefühlt, wenn ich ehrlich war. Ich war immer verantwortlich für unsere kleine Familie gewesen, allein deshalb, weil das Geschäft an mir allein hing. Auch der netteste Mann hätte mir das nicht abnehmen können.

Louis kannte auch die weniger schönen Seiten meines Berufs. Natürlich hatte ich für ihn nicht so viel Zeit wie die Mütter seiner kleinen Freunde aus der Spielgruppe, die halbtags arbeiteten, wenn überhaupt. Schon als er ein Baby war, hatte ich ihn manchmal nur nachts für mich allein, wenn ich aus dem Restaurant ins Schlafzimmer kam und er aufwachte. Dann konnte ich ihn füttern und an mich drücken und war so froh um diese innigen Momente.

Und dann meine unendliche Müdigkeit. Wenn ich nachmittags nach oben ging, um vor dem abendlichen Ansturm im Restaurant nach ihm zu sehen, hockte er oft auf dem Teppich und schob zufrieden seine kleinen roten Rennwagen und Feuerwehrautos hin und her. Dann setzte ich mich zu ihm auf den Boden, spielte ein bisschen mit, streckte mich auf dem weichen Teppich aus und war nach wenigen Minuten fest eingeschlafen. Einmal schlug ich ihm vor, an unserem Ruhetag etwas Schönes mit ihm zu unternehmen, nur wir zwei. Aber er musste mir leider mit ernstem Blick absagen: Es ginge nicht, er habe schon ein Rendezvous mit Elsa, der Kinderfrau. Und ich könne da nicht mitgehen, ich solle lieber schlafen.

Das versetzte mir einen Stich. Aber genau das ist der Moment, in dem berufstätige Mütter einen Riesenfehler machen: Sie werden eifersüchtig auf die Nanny. Das machst du jetzt nicht, beschwor ich mich. Und antwortete meinem Sohn: »Hauptsache ist, dass du glücklich bist, dann kann ich richtig gut schlafen. Amüsiert euch schön und erzähl' mir später alles!«

Oftmals fehlte mir die Ruhe für gemeinsame Momente mit Louis, aber nie hörte er den Spruch, den ich aus meiner Kindheit zu gut kannte: »Ich habe jetzt keine Zeit für dich«. Ich hatte sehr darunter gelitten, wenn ich das von meiner Mutter zu hören bekam. Und ich hatte mir geschworen, mir lieber die Zunge abzubeißen, als es je selbst über die Lippen zu bringen. Ich ließ mir in solchen Momenten einen Trick einfallen, mit dem ich Louis so lange beschäftigte, bis ich meine Sache erledigt hatte.

Aus heutiger Sicht war ich sicher eine Rabenmutter: immer im Geschäft und wenig Muße für das Kind. Aber die meisten alleinerziehenden Mütter haben es sich nicht ausgesucht, ohne Partner für die sichere Existenz ihrer kleinen Familie verantwortlich zu sein. Sie brauchen Stärke, um ihrem Kind Vertrauen zu geben, und es führt zu nichts, wenn sie sich leidtun und den Kindern vorjammern, wie schwer sie es doch haben. Es wäre mir wirklich zu blöd gewesen, mir selbst Vorwürfe zu machen, dass ich meinem Kind ein schönes Leben aufbauen wollte und deswegen viel arbeitete! Was ist das für eine Dummheit.

Das Restaurant war unsere Lebensgrundlage, und es hing nur von mir ab. Es wäre gar nicht anders gegangen. Wäre ich keine selbstständige Geschäftsfrau gewesen und hätte jeden Tag ins Büro gemusst, wäre ich acht Stunden außer Haus gewesen. Dann hätte ich nicht zwischendurch mit Louis Mittagessen können und hätte keine Möglichkeit gehabt, während des Tages nach ihm zu sehen, weil er mir eine Erkältung auszubrüten schien. Ich war immer da, wenn mein Sohn mich brauchte.

Gott sei Dank besaß ich die Fähigkeit, schnell abschalten und mich in einen anderen Film versetzen zu können. In meinem Restaurant war ich Chef, in meiner Freizeit Mama.

Louis fand das alles auch normal, bis er in die Schule kam und plötzlich hörte, er sei ein ganz Armer, weil seine Mutter so wenig Zeit für ihn habe. Da sagte ich zu ihm: »Hier hast du ein Blatt

Papier. Schreib mal auf, welche Vorteile es hat, wenn die Mutter einen nicht von morgens bis abends belauert. Und wenn du fertig bist, wirst du wissen, wie wertvoll das ist.«

Wäre es nicht überhaupt besser, man würde Kindern berufstätiger Mütter nicht dauernd einreden, sie seien bemitleidenswerte Schlüsselkinder? Ich habe Louis immer mithelfen lassen, um ihm zu zeigen, wie wichtig er mir ist. Er hat sehr oft für uns beide gekocht, und ich habe ihm immer freie Hand gelassen. Anschließend habe ich mich über sein Ergebnis gefreut, und wir waren beide glücklich, weil wir ein so gutes Team waren. Nur beim Soßeaufgießen griff ich ein und bat Louis, er möge dafür bitte nicht den Mouton Rothschild verwenden.

Habe ich ihn verwöhnt, weil er ein Einzelkind war und ich eine hart arbeitende Frau? Und wie! Ich bin fast froh, dass ich selten Zeit hatte, so konnte ich ihm nicht dauernd etwas kaufen gehen. Aber ich überschüttete ihn mit Zärtlichkeiten, und er hörte nie ein hartes Wort von mir. So selten meine Mutter mich in den Arm genommen hatte, so weich und zärtlich und auch nachgiebig verhielt ich mich nun als Mutter. Aber wenn man verwöhnt wird, ist das nichts Schlechtes. Man muss es aber dafür nutzen, um schneller voranzukommen, und darf sich nicht darauf ausruhen. Das habe ich Louis vermittelt.

Man sagt oft, die Kinder berufstätiger Frauen würden schneller selbstständig, und das habe ich auch an Louis beobachtet. Er hielt sein Zimmer picobello in Ordnung und konnte es gar nicht leiden, wenn jemand etwas durcheinanderbrachte. Auch auf seine Garderobe achtete er penibel und hielt seine Sachen pikfein. Schon als er vier war, eröffnete er mir, er brauche neue Strümpfe und würde sie jetzt mit Elsa kaufen gehen. Einmal hatte ich ihm ein bunt bedrucktes T-Shirt verwaschen, das wir während der Ferien in Rom gekauft hatten. Mon Dieu! Er war ganz niedergeschmettert. Und ich war so zerknirscht, dass ich anbot, in den nächsten Ferien wieder nach Rom zu fliegen und ein neues zu kaufen. Da sagte er: »Aber Mami, das war das letzte, das sie hatten. Bitte, du brauchst nicht mit mir nach Rom zu fliegen. Versprich mir einfach, dass du nie wieder meine Wäsche anfasst.« Da war er vielleicht acht Jahre alt. Und nur wenig später konnte er waschen, kochen und den Haushalt führen.

Louis entschied auch selbst, auf welche Schule er gehen wollte. Ich hatte sehr auf ein Internat gedrängt, denn ich wollte, dass er Zeit und Muße zum Lernen fand. Er sollte kein Gastronomiekind werden, das je nach Trubel im Lokal hin und her geschubst wird, mithilft und zwischendurch die Hausaufgaben erledigt. So hatte ich es erlebt, und Louis sollte es leichter haben. Er suchte sich das schöne Internat in Echternach im Norden Luxemburgs aus. Dort fuhr ich ihn am Montag hin und holte ihn zum Wochenende wieder ab. Inzwischen durfte ich auch wieder seine Wäsche bügeln. Er stand dann neben mir am Bügelbrett und beobachtete genau, dass ich auch keine Falten in die Hemden machte.

In der Zwischenzeit hatte Francis, Louis' Vater, geheiratet und mit seiner neuen Frau einen kleinen Sohn bekommen. Ich freute mich für ihn. Es hatte zwischen uns keinen bösen Streit gegeben, und so sah ich es gern, dass Francis jetzt das Familienidyll leben konnte, nach dem er sich immer gesehnt hatte. Und ich empfand eine leise Erleichterung, dass ich von der moralischen Verpflichtung für sein Glück entbunden war.

Louis mochte die neue Frau seines Vaters gerne und fuhr auch mit ihnen in die Ferien in die Bretagne. Eines Tages, er war etwa zehn, sagte er zu mir: »Mami, mach dich am Sonntag schön. Um elf Uhr stellen wir dir meinen Bruder vor.« Und als ich mich zur angegebenen Zeit einstellte, um die neue Familie zu begrüßen, geschah etwas Außergewöhnliches. Louis trug mir seinen kleinen Bruder Quentin, der ein knappes Jahr alt war, entgegen und starrte mich mit großen Augen an. Mit einem Mal wusste ich, wie bedeutsam dieser Moment für Louis' Seelenfrieden war. Und dieser kleine Quentin war wirklich zum Fressen, bezaubernd und rund wie ein kleiner Apfel. Er saß auf meinem Arm und drückte mich, als ob ich die liebste Person auf der Welt wäre, und es war vollkommen unmöglich, etwas anderes zu verspüren als Glück und Friedlichkeit. Denn um ehrlich zu sein: Wir Großen hatten uns vor dieser Situation trotz allen guten Willens etwas gefürchtet. Der Kleine knuddelte mich und ich ihn, und dann sagte Louis nach ein paar Minuten: »So, Mami, jetzt kannst du aufhören. Gib ihn wieder zurück.« Und dann musste ich Louis drücken und alle waren froh.

Ich hätte natürlich auch Bella Figura gemacht, wenn der kleine Quentin mich nicht so angerührt hätte. Nichts war mir wichtiger als das Glück meines Sohnes. Ich hätte es nicht ausgehalten, ihn zerrissen zu sehen.

Einen großen Kummer konnte ich ihm jedoch nicht ersparen: Als Louis 15 war, starb seine geliebte Großmutter, meine Mutter Marie-Antoinette, mit 76 Jahren an Krebs. All die Jahre hatte sie im oberen Stockwerk in Frisange gewohnt, fast ihr gesamtes Leben. Louis hatte ihr Herz zum Schmelzen gebracht, aber mir gegenüber blieb sie spröde bis zum Schluss.

Seit dem Tod des Vaters sprach man in der Familie nicht mehr so offen über Gefühle und schon gar nicht über Spannungen. Doch eines Tages habe ich sie tatsächlich gefragt, warum sie immer so hart zu mir gewesen war, härter als zu ihren anderen Kindern. Ich fuhr sie zu einer ihrer fürchterlich sinnlosen Krebsbehandlungen, und sie saß neben mir auf dem Beifahrersitz. Ich hatte schon meine Wunschantworten im Kopf: Sie würde mir sagen, wie leid es ihr tat, dass sie mich als kleines Mädchen so hart für mein Zuspätkommen bestraft und behauptet hatte, ich könne gar nicht ihre Léa sein. Dass sie mich nicht weinend vor der Tür hätte stehen lassen dürfen, die Mütze in den Händen. Vielleicht würde sie sagen, dass sie auf mich stolz gewesen sei, obwohl sie mir weder zum Michelin-Stern noch zum »Bocuse d'Or« gratuliert hatte. Und dass sie mich immer lieb gehabt hatte.

Doch meine Mutter guckte starr nach vorne und zählte all die Gründe auf, deretwegen ich ihre Strenge verdient hatte, weil ich so anstrengend, so eigensinnig, so egoistisch gewesen sei.

Ich hielt das Steuer in der Hand und schwieg. Ich versuchte, nicht aufzunehmen, was ich da hörte, so wie ich als kleines Mädchen im Café die Erwachsenengespräche ausgeblendet hatte, die nichts für Kinderohren waren. Ich fuhr meine Mutter still zum Arzt, wartete dort auf sie und brachte sie wieder nach Hause. Dort weinte ich zwei Nächte lang darüber, dass meine Mutter den Moment verpasst hatte, mir ihre Liebe und Anerkennung zu zeigen. Als sie starb, hatte ich mich bereits verabschiedet.

Heute empfinde ich großes Mitgefühl für sie, sogar Bewunderung. Ihre Verbitterung richtete sich eigentlich nicht gegen mich, sondern gegen die Enttäuschungen in ihrem Leben. Als die Zeiten für Frauen leichter wurden, war sie nicht mehr jung genug gewesen, um davon zu profitieren. Es war ihr ergangen wie vielen Ehefrauen und Müttern ihrer Generation.

Ich weiß nicht, wie ich mich an ihrer Stelle entwickelt hätte. Vielleicht genauso. Am Schicksal meiner Mutter konnte ich sehen, wie wichtig es war, im Leben selbst die Weichen stellen zu dürfen und für seine Träume zu kämpfen.

Aber sie hatte ihre letzten 25 Jahre ohne Schufterei verbringen können, und ich wollte mich darüber freuen, dass ich meinen Anteil daran hatte. Und darüber, dass sie meinem Sohn eine so zärtliche Großmutter gewesen war. Ich wollte Frieden mit ihr, also schloss ich ihn eben allein.

Wissen Sie, was hilfreich ist, wenn man sich aussöhnen möchte? Wenn man versucht, in sich selbst Dankbarkeit zu finden für den anderen. So verdanke ich zum Beispiel meiner Mutter drei Dinge: mein Durchhaltevermögen, die Kunst des perfekten Salzens – und meine tadellose, glatte Haut. Das alles habe ich von ihr geerbt. Wenn ich heute eine Fingerspitze Salz nehme und in einen Topf gebe, um eine Soße abzuschmecken, denke ich auch an meine Mutter und ihre Sicherheit, mit der sie diese Handgriffe ausführte. Und das ist schön.

Louis war inzwischen fast ein junger Mann. Er besuchte das Internat, und an den Wochenenden kam er nach Frisange. Das gute Verhältnis zwischen ihm und mir wurde nicht einmal durch die Pubertät ernsthaft auf die Probe gestellt. Obwohl, eine seltsame Phase gab es da schon. Louis wurde vom Hip-Hop-Fieber erfasst und trug lange Rastazöpfe und Hosen, deren Schritt in Kniehöhe saß. Was daran schick sein sollte, erschloss sich mir nicht. Ich verlor kein Wort darüber, aber dann sagte ich einmal beiläufig: »Weißt du, Louis, ich werde dich bald mehr im Restaurant brauchen. Dann solltest du einen feinen Anzug haben, damit du unser Haus gut vertrittst. Würde dir das Freude machen?« Und schon standen wir bei der besten Herrenschneiderin Luxemburgs und ließen ihm einen feinen blauen Nadelstreifenanzug anfertigen. Er durfte sich dafür das feinste Tuch aussuchen.

Auf Louis' Leidenschaft für unseren Familienbetrieb war eben Verlass. Er liebt schöne Restaurants, und besonders unser Haus in Frisange. Louis liebt es so sehr wie ich. Es mag sein, dass ich manchmal von einem friedlichen Familienleben anstatt eines hektischen Geschäftsalltags träumte, aber wenn ich dann meinen Sohn sah, wusste ich immer, wozu meine ganze Plackerei gut war. So wie der Duft unseres Familiencafés mich zur Köchin gemacht hatte, hat unser Restaurant Louis Sicherheit und Glück vermittelt. Er hat mich immer motiviert. Weil ich mir dachte: Sei ihm eine starke Mutter, und es wird später auch ein starker Mann aus ihm.

Warum Profiköchinnen Biss brauchen

Ich wollte immer stark sein. Schon die Angst vor dem Scheitern kann einen lähmen. Aber man darf ihr nicht nachgeben, sonst erreicht man vor lauter Verzagtheit nichts. Schon gar nicht als Unternehmerin. Und ich wollte ja immer mein eigenes Geschäft haben.

Aber was habe ich in meinem Leben geflucht und gehadert: Da hast du dir ja etwas Schönes eingebrockt mit der Arbeit! Die ganze Wahrheit des Profikochdaseins lautet nämlich: Es ist ein Knochenjob, und er verlangt Härte und Biss. Es ist genau wie in jeder wahren Liebe, nicht jeder Tag bedeutet Honeymoon. Alles andere ist eine Lüge.

Meinen Job habe ich immer geliebt – aber seine Nebenwirkungen habe ich bisweilen gehasst.

Ich musste meinen Michelin-Stern und das Renommee des Restaurants aufrechterhalten. Die Küche und das Personal leiten, die Einkäufe erledigen. Die Kunden zufriedenstellen und die Banken. Ich hatte nie einen Berater, und ich profitierte auch nicht von modernen Marketing- und Managementkenntnissen, wie sie heute an Hotelfachschulen unterrichtet werden – ich hatte nichts als mein Talent, meine Courage und meinen Enthusiasmus. Ich hatte nie jemanden an meiner Seite, der mir einen Teil der Verantwortung abgenommen hätte, schon gar nicht finanziell. Ich trug das alleinige Risiko. Auch wenn ich meinen Job als Spiel betrachten wollte: Seit ich Mutter war, hing unsere Existenz an meinem Können. Das war sehr anstrengend.

Es gab Momente, in denen ich alles hinwerfen wollte. Sogar Louis hat das als kleiner Junge gespürt. Er merkte, wie mich die tagtägliche Arbeit erschöpfte – denn eine Mutter, die beim Spielen einschläft, mit der ist wohl nicht viel los. Bei uns kamen immer wieder Männer vorbei, die in ihrem Anzug mit Schlips und Aktenkoffer aussahen wie Gerichtsvollzieher oder böse Onkel, so kam es ihm jedenfalls vor. Dabei waren das nur die Weinvertreter. Einmal klingelte wieder ein Geschäftsmann, im Mantel, ganz seriös, und mein dreijähriger Sohn zog mich am Kragen und rief: »Dem verkaufst du aber nicht das Restaurant! Das ist nämlich auch meins!«

Ich habe es geliebt, als der kleine Louis mich fast anschrie, denn er rüttelte damit wieder den Kampfesgeist in mir wach. Das war unser Haus, und es wurde nicht verkauft, fertig, aus.

Heute führe ich sogar drei Häuser: zum einen Frisange, dann das Bistro »Pavillon Madeleine« im Nachbarort Kayl und außerdem das kleine Café »Boutique« in Luxemburg-Stadt, schräg gegenüber vom herzoglichen Palais, wo es meine Madeleines zum Kaffee gibt. Und zehn Jahre lang führte ich noch das »Kaschthaus« in Hellange, dem Dorf nebenan, ein rustikales Gasthaus, das ursprünglich meiner Tante Anny gehört hatte, der älteren Schwester meines Vaters. Dort servierten wir so herrlichen Schinken, wie ich ihn aus meiner Kindheit kannte – und wie ich ihn selbst während der Schwangerschaft so gerne gegessen hatte. Meine luxemburgischen Wurzeln wollte ich nie verleugnen, auch nicht als Sterneköchin.

Ich bin stolz darauf, wie sich alles entwickelt hat. Aber ich kann weiß Gott nicht behaupten, dass dieser Erfolg geradlinig verlaufen wäre. Meine Karriere als Unternehmerin kannte nicht nur Flauten, sondern auch wahre Orkane.

Trotzdem hätte ich nie für irgendeinen Chef arbeiten wollen, das wusste ich schon auf dem Gymnasium. In der Schule befassten wir uns im Wirtschaftsunterricht mit Arbeitsmärkten, Tarifen und den Schwierigkeiten für Akademiker, eine Stelle zu finden, und das missfiel mir alles sehr. Vor allem, weil Frauen als Angestellte noch unfreier sind, wenn sie Kinder haben möchten. Warum arbeiten denn so wenige Frauen in der Spitzengastronomie von Hotels oder Restaurants? In Deutschland, ich habe einmal nachgeschaut, gibt es 274 Sternerestaurants, und nur in acht davon steht eine Küchenchefin am Herd. Und warum wohl? Weil man in dieser Position zwischen Job und Kindern wählen muss – anders geht es nicht bei 16-Stunden-Tagen. Diese harte Entscheidung hätte ich nicht treffen wollen.

Mir gefiel das Rollenvorbild meiner Familie: Die Eltern haben ihr Geschäft, sind aber immer daheim, und ob in einem großen Haus zwei oder fünf Kinder herumspringen, ist eigentlich egal. Wie schön, wenn Arbeit und Familie an einem Fleck sind. Früher wohnten sogar die Großeltern bei ihren Nachkommen, diese Konzepte gibt es ja heute kaum mehr. Sie haben aber allen Familienmitgliedern das Leben sehr erleichtert.

Selbstständigkeit bedeutete für mich also eine grundsätzliche Lebenseinstellung, eine Entscheidung für die Unabhängigkeit. Für mich war das richtig. Aber wie das mit der Freiheit so ist: Im Ernstfall ist man ganz auf sich gestellt.

Auf der einen Seite war ich stolz, meinem Elternhaus durch ein preisgekröntes Restaurant so viel Glanz verliehen zu haben. Mich beglückten die Momente, in denen ich durch die Tür von der Küche zum Saal ging und alle Gäste sich freuten: »Ah, da kommt sie!« Das war mein Kindheitstraum gewesen.

Aber ich musste eben auch an all den Abenden als gut gelaunte Chefin an die Tische mit den erwartungsvollen Gesichtern treten, an denen mich die Sorgen fast niederrangen und ich am liebsten im Bett die Decke über den Kopf gezogen hätte. Wie gut, dass ich so gerne Menschen um mich habe!

Denn der Beruf des Kochs und Restaurantinhabers ist so schön, wie er schwer ist. Es bricht mir das Herz, wenn ich erlebe, wie ein Kollege scheitert und vor dem Nichts steht. Weil ich genau weiß: Für diesen Job muss man so viel aufgeben. Mich wundert es kein bisschen, dass die Branche über Nachwuchssorgen klagt. Dieser Beruf bedeutet pure Schufterei, er lässt kaum Zeit für Hobbys und ein geregeltes Familienleben. Und wenn es dann nicht klappt, ist das eine Tragödie. Denn so gerne wir Gastronomen uns als Meister in der Kunst der Lebensfreude betrachten: Es muss auch finanziell laufen. Sonst ist man mit seiner Kunst am Ende.

Gerade in der Spitzengastronomie ist der wirtschaftliche Erfolg eine Gratwanderung. Man muss gar nicht viel falsch machen, und schon war's das – fini! Es reicht eben nicht aus, preisgekrönte Gerichte auf den Tisch zu bringen, damit der Laden läuft. Hinter den Kulissen, gleich hinter unseren hohen Profikochtöpfen, da lauern die Gefahren.

Der größte Fehler, den ein Spitzengastronom machen kann, ist, sich auf seinen Lorbeeren auszuruhen. Im ersten halben Jahr nach der Verleihung eines Michelin-Sternes ist das Lokal brechend voll, aber schon währenddessen muss man sich schleunigst etwas Neues einfallen lassen, sonst wird es den Gästen langweilig. Nicht alle sind nämlich treu wie eine bescheidene Ehefrau, die allabendlich gerne am heimischen Tisch sitzt. Die meisten möchten bei Laune gehalten werden wie eine verwöhnte Geliebte.

Gäste wollen zwar ihre Lieblingsspeisen auf der Karte wiederfinden, sich aber auch vom allerneuesten Sommerdrink überraschen lassen, vielleicht in Korallenrot, wenn das gerade die Farbe der Saison ist. Sie wollen sich an ihrem bevorzugten Tisch am Fenster wie zu Hause fühlen, aber gelegentlich neues Porzellan oder ein anderes Bild an der Wand vor sich sehen, oder beim Blick auf die Terrasse genau die eleganten Gartenmöbel, die sie in der letzten Nummer der »Elle Déco« entdeckt haben. Es darf nicht immer alles gleich bleiben, das ödet daheim ebenso an wie im Lieblingsrestaurant.

Ein angesagtes Restaurant muss immer auf der Höhe der Zeit sein, sowohl kulinarisch als auch ästhetisch!

Auch ein Wirt muss im Gespräch bleiben. Er muss auf sich aufmerksam machen können, sympathisch sein. Früher galten Auszeichnungen durch den »Guide Michelin« und den »Gault-Millau« als einzig relevante Reklame. Heute gehört Medienpräsenz fast schon zu den Pflichten eines Chefs: Es bestätigt die gute Wahl der Gäste, wenn sie ihren Lieblingskoch in der Zeitung oder im Fernsehen gesehen haben, wenn er eine positive Bewertung im Internet erhalten oder wieder ein besonders schönes Kochbuch herausgebracht hat.

Ein guter Chef muss Ruhe bewahren, wenn eine Weile lang nicht alle Tische ausgebucht sind. Aber länger als ein halbes Jahr sollte diese Phase nicht dauern. Sonst wird das Gegensteuern sehr schwer.

Und in der Zwischenzeit müssen ja die Löhne weiterbezahlt werden! Auch das kann ein Fallstrick sein. In der Spitzengastronomie liegen die laufenden Kosten viel höher als in einem normalen Restaurant: Man beschäftigt für den Saal einen Maître d'Hôtel, der die Bestellungen entgegennimmt, mindestens einen Sommelier, Chefs de Rang und die ihnen zuarbeitenden Commis, die die Bedienung übernehmen. Für die Küche einen guten Souschef, einen Patissier, mehrere Chefs de Partie für die Zubereitung und das Anrichten von Fisch, Fleisch, Vorspeisen und Gemüse sowie weitere Commis, also Jungköche.

Das allein erklärt aber übrigens nicht die hohen Preise für die Menüs, über die sich unerfahrene Gäste manchmal wundern. Viele begreifen einfach nicht, weshalb sie in einem Sternelokal für ein Fleischgericht mit Kartoffeln das Vierfache dessen zahlen sollen, was das nette Bistro um die Ecke verlangt. Schließlich verwenden doch alle Köche sozusagen das gleiche Material, oder?

Nein, stimmt nicht. Nehmen wir als Beispiel ein Hähnchen. Ein Bistro kauft ein normales Exemplar zum Preis von 5 oder 6 Euro, das für drei Personen reicht. Mit Wein für die Soße (zu oft eine Fertigsoße!) und Gemüse kostet ein Coq au Vin pro Portion etwa 3 Euro. Diesen Warenwert multipliziert man klassischerweise mit 3 – manchmal auch mit 3,5 oder mit 4 – und kommt auf 9 Euro Lokalpreis.

Voilà, jetzt machen wir die Rechnung für ein Spitzenlokal auf: Da geht es schon mal damit los, dass man kein einfaches Huhn kauft, sondern ein stolzes, glückliches Bressehuhn zum Preis von 30 Euro. Man nimmt richtig guten Wein zum Kochen und frisches Biogemüse. Und schon beläuft sich der Warenwert auf 14 Euro pro Person. Mal 3 genommen ergibt das einen Lokalpreis von 42 Euro.

Planen, einrichten, neu dekorieren, fürs Geschäft trommeln, kalkulieren und das Team zusammenhalten – es sind nicht wenige

Aufgaben, die man neben der eigentlichen Beschäftigung jonglieren muss: dem Kochen. Und allein das ist eine Tätigkeit, die einen mehr als fordert.

Ich bin jetzt seit fast 35 Jahren Köchin. 17 Jahre davon führte ich das Lokal ohne einen zweiten Küchenchef, und in diesen Jahren war ich am Herd für alles allein zuständig. Ich musste den Metzger spielen und das Fleisch von den Sehnen befreien, wie ein Fischverkäufer putzte ich die Fische, und wie ein Bäcker buk ich Brot und Petit Fours. Die Arbeit begann vormittags, wenn ich in der Küche die Zutaten kontrollierte, die Gerichte vorbereitete und überwachte, ob die Tische ordentlich aussahen. Und sie dauerte bis spätnachts, wenn die Vorbereitungen für den nächsten Tag getroffen werden mussten. Man muss schon mal den Teig für die Brötchen kneten, oder einen Hühnerfond ansetzen ... Ich war immer auf den Beinen und immer todmüde.

Die Müdigkeit ist überhaupt meine einzige Feindin. Das merkte ich immer in den großen Ferien im Sommer. Danach wieder in den Alltagsrhythmus zu kommen, kostete mich unendlich Kraft. Hätte ich je länger pausiert, ich hätte wahrscheinlich nie wieder aufgemacht.

Ich war nämlich nicht nur Köchin, sondern auch Finanzchefin. Der bürokratische Aufwand nahm mit den Jahren mehr und mehr zu, und ich hasste es. Ich bin ein euphorischer Typ, und wenn ich mit Begeisterung koche, möchte ich nicht darüber nachdenken: Habe ich überhaupt die Zeit für eine derart aufwendige Kreation, oder kann ich mir so viel Blattgold überhaupt leisten? Rechnen zerstört die Kreativität. Ich richtete mich lieber nach meinem Bauchgefühl. Dafür hatte ich mir ein eigenes System ausgedacht.

Meine Pi-mal-Daumen-Rechnung lautete: Der Umsatz einer Woche sollte die gesamten Personalkosten decken. Hatte ich das erreicht, musste ich mir keine Sorgen machen. Mir erschien dieses Prinzip verhältnismäßig einfach. Denn nichts quälte mich mehr als Buchhaltung.

Einen Geschäftsführer, der mir das abgenommen hätte, konnte ich mir anfangs nicht leisten. Ich sehnte mich ebenso sehr nach einem, wie ich ihn fürchtete: Ein Geschäftsführer wird nämlich schnell zum Geschäftsverführer! Der kennt deinen Laden bald besser als du selbst, und irgendwann denken alle, er gehöre ihm, vor allem er selbst.

Einmal hatte ich eine Weile einen Maître d'Hôtel engagiert, der den Luxemburger Gästen ihre Verlegenheit ersparen sollte, französische Gerichte falsch auszusprechen. Davor fürchteten sich die schicken Städter sehr, obwohl sie ja als Luxemburger drei Amtssprachen beherrschen, Lëtzebuergesch, Deutsch und Französisch ... aber mit dem feinen Küchenfranzösisch standen manche auf Kriegsfuß. Dann schwiegen sie lieber, als mit den falschen Begriffen um eine Kartoffel mehr zu bitten, und das wollte ich nicht. Dieser Luxemburger Oberkellner kam kurz nachdem wir einen Stern erhalten hatten und nahm mir gleich so viele Fäden aus der Hand, dass ich am Ende das Gefühl hatte, ich arbeite für ihn. Ich hoffte, entlastet zu werden, und fürchtete plötzlich, entmachtet zu sein. Der blieb nicht lange.

Personalleiter war ich in all den Jahren natürlich auch. Es heißt ja immer, in der Gastronomie herrsche ein Ton wie auf einer Galeere, und für manche Abende traf das möglicherweise auch auf uns zu. Es ist sicher schwer, als Angestellter für einen Chef zu arbeiten, aber es muss mal gesagt werden: Es ist auch schwer, Chef zu sein! Wissen Sie eigentlich, warum ein Küchenchef brüllt? Er brüllt, wenn er sieht, dass sein Werk gefährdet ist.

Einmal gab ich einem Küchenjungen die Anweisung, Kartoffeln für meinen »Lammrücken à la Bocuse d'Or« zu schälen. Da ich mit anderen Dingen beschäftigt war, hatte ich allerdings vergessen, ihm zu sagen, wann er aufhören sollte. Als ich wieder nach dem Jungen sah, hatte er fast unsere ganzen Kartoffeln geschält. Damit hätten wir zwei Monate lang Kartoffelpuffer anbieten können – als Hauptgericht! »Aber Chef, Sie haben doch gesagt« ... Da kann man sich schwer beherrschen.

Als junge Köchin war es für mich leichter, für mein Geld ein gutes Rind oder einen fantastischen Steinbutt zu erstehen, als einen guten Koch zu finden, der bereit war, unter einer Chefin zu arbeiten. Oft war ich jünger als die Herren, die sich vorstellten, und das kränkte ihre Männlichkeit. Hatte man sich dann geeinigt, durfte ich nur ganz zart Kritik andeuten. Wenn man als Frau sagt: »So nicht! Die Soße muss länger reduziert werden oder die Zwiebel feiner gehackt!«, riskiert man, dass der Kollege die Arme verschränkt und antwortet: »Dann machen Sie es doch selbst, wenn Sie alles besser wissen, Madame, ich gehe.« Das habe ich oft zu hören gekriegt. Und draußen saßen 50 Gäste und freuten sich aufs Essen. Ich hielt dann erst mal den Mund, denn ich konnte mir nicht leisten, dass der Mann jetzt hinschmiss. Druck vom Personal und Druck von den Gästen, das ist viel.

Ich war nach heutigen Maßstäben vielleicht nicht gerade ein perfekter Chef, denn ein moderner Chef kann delegieren, und das liegt mir nicht. Ich erkenne schnell das Potenzial meiner Leute und setze sie entsprechend ein, und es macht mich stolz, dass aus allen meinen Lehrlingen hervorragende Köche mit Expertise geworden sind, um die man sich reißt. Aber Meetings, Personalentwicklung und so, das war nie meine Sache. Mit wem hätte ich mich früher denn »meeten« sollen, mit den zwei portugiesischen Küchenmädchen, die kein Wort Französisch oder Luxemburgisch verstanden?

Ein guter Chef muss auch beschwichtigend vermitteln, wenn sich in der Küche zwei junge Köche in die Haare bekommen, weil der eine dem anderen nicht schnell genug zugearbeitet hat oder weil sie aufeinander eifersüchtig sind. Da musste ich auch noch in die Rolle eines Psychologen schlüpfen, obwohl ich nur wollte, dass das Essen gelang! Das hat mich, ehrlich gesagt, schon geärgert.

Ich werde gerne geliebt, aber man muss sich entscheiden. Wenn du von deinem Personal geliebt werden willst, musst du es verwöhnen. Und wenn du von deinen Gästen geliebt werden willst, musst du die verwöhnen. Beides gleichzeitig zu meistern, ist schwer.

Gelegentlich kam ich mir vor wie eine Schauspielerin, die in New York auf dem Broadway in zwei Stücken gleichzeitig spielt und allabendlich über die Straße ins andere Theater eilen muss. In der Küche wurde ein Psychodrama gegeben, und bei den Gästen eine heitere Komödie. Und die Bühnen wechselten an der Tür zwischen Küche und Saal. Sobald ich die durchschritten hatte, vergaß ich, dass ich Köchin war – und verwandelte mich in eine Entertainerin. Übrigens gibt es diese Tür inzwischen nicht mehr. Heute können die Gäste einen Blick auf unsere Arbeit beim Kochen und Anrichten werfen, und ich finde das sehr gesund für alle Beteiligten.

Kürzlich habe ich gehört, dass die amerikanische Spitzenmanagerin Sheryl Sandberg in ihrem Buch »Lean in« geschrieben habe: Ein erfolgreiche Frau macht sich unbeliebt. Und ehrgeizige Frauen müssen sich mehr reinhängen als Männer.

Früher hätte ich solche Thesen für absurd gehalten. Emanzipation, Feminismus ... mich interessierte das alles nicht. Ich war es gewohnt, in einem Männerberuf allein bestehen zu müssen, und mein Vater hatte mich einen professionellen Blick auf die Dinge gelehrt. Ich hätte es peinlich gefunden, besondere Bedingungen einzufordern, weil ich eine Frau war. In meiner Jugend galten erfolgreiche Damen schnell als »Mannsweiber«, und ich hielt es für ein Schreckensszenario, mich in solch ein unweibliches Flintenweib zu verwandeln. Der Trick besteht gerade darin, feminin zu bleiben, auch wenn man Großes vorhat. Deshalb war ich übrigens auch immer dankbar für meinen großen Busen, auch wenn er mir manchmal eine rechte Last war. Mit einem solchen Busen, dachte ich mir, wirst du nie zum Mannsweib. Ausgeschlossen.

Heute muss ich Mrs. Sandberg aber zustimmen. Frauen haben es schwerer als Männer, zumindest in einer Männerdomäne. Männer nutzen dort ihre Netzwerke, zu denen weibliche Konkurrentinnen keinen Zugang finden.

Ich glaube inzwischen auch, dass einer ambitionierten Frau mehr Widerstand entgegenschlägt als einem ehrgeizigen Mann. Wenn eine Frau mit Biss ihren Weg geht, findet man das am Anfang belustigend. Aber als ich meinen ersten Stern bekam, war das Lächeln schnell aus den Gesichtern verschwunden. Dafür schienen viele nur darauf zu warten, dass ich an meine Grenzen stoßen würde.

Vor Louis' Geburt, ich war frischgebackene Chefin, vermieteten wir in Frisange noch Gastzimmer. Zu der Zeit waren Deutsche auf

Montage hier, und sie erhielten schon um sechs Uhr ihr Frühstück. Wenn es abends spät geworden war, hatte ich gerade vier Stunden Schlaf bekommen. An einem dieser Morgen war mein Körper schwer wie Blei, und nachdem ich das Frühstück serviert hatte, legte ich mich ausnahmsweise wieder hin. Da schaute mein Bruder ins Zimmer und sagte etwas süffisant: »Du bist also schon am Ende mit deinen Kräften.« Ich öffnete die Augen, stand auf und machte weiter.

Jean hatte mich an meinem wundesten Punkt erwischt. Genau diesen Vorbehalt hatte ich schon zuvor bei den Leuten im Dorf, bei manchem Gast, bei einigen Kollegen gespürt. Ins Gesicht gesagt hatte es mir keiner. Ich hörte nur kleine Spitzen, wie: »Einen teuren Weinkeller hast du auch noch angelegt? Alles totes Kapital.« Da antwortete ich: »Aber es liegen meine Lieblingsleichen drin.« Es lag etwas in der Luft, was mich warnte. Wenn ich hier durchstarten wollte, würden viele sagen: Das möchte ich sehen, das schafft sie nicht.

Nur mein Vater hatte auf mich gesetzt. Aber seit er nicht mehr lebte, spürte ich: Von jetzt an bist du allein.

In dieser Zeit habe ich Härte entwickelt. Und Wut. Ich war wütend, als es hieß, meinen hart erkämpften »Bocuse d'Or« verdanke ich nur meinem weiblichen Charme und einer Affäre mit Paul Bocuse. Dank dieser Auszeichnung hatte ich eine Medienpräsenz erreicht, die die Presse normalerweise nur Drei-Sterne-Köchen zuteilwerden lässt. Da wuchs auch Eifersucht in den Gremien, die Gastro-Sterne und Punkte verteilen.

Ich war wütend, als mich der »Guide Michelin« über zehn Jahre nicht mehr besuchen kam. Man gab mir zwar regelmäßig meinen Stern wieder, guckte aber vorsichtshalber nicht persönlich nach, ob ich womöglich einen zweiten verdient hatte. Sonst wäre ich ja Anfang der Neunziger die einzige junge Köchin Europas mit zwei Sternen gewesen. Das hat man mir nicht gegönnt.

Und ich war wütend, dass es in meinem eigenen Land Luxemburg so wenige Unterstützer gab. Ich gehöre ja aufgrund meines Temperaments zu den Zirkuspferden, über die sich jeder freut. Ich habe manchmal gescherzt: Alle mögen mich! Aber manchen fällt es schwer, das zuzugeben. Einige hätten sich gefreut, wenn ich mir beruflich das Genick gebrochen hätte. Hier in Luxemburg ist alles so klein, jeder kennt jeden, und alles wird kritisch beäugt. Bei uns sagt man: Hier werden die Hecken auf 1,50 Meter Höhe gestutzt. Manchen war es ein Dorn im Auge, dass ich so gerne den Kopf dahinter vorstreckte.

Ich höre gleich auf zu klagen. Und bei der nächsten Geschichte fasse ich mich kurz, denn ich bin wirklich die Letzte, die sich gerne daran erinnert.

Im Jahr 1997 bekam ich die Chance, in Luxemburg-Stadt ein Restaurant zu eröffnen, und ich ließ mich verführen. Einmal von der Aussicht auf eine zusätzliche feine Adresse in der Stadt. Und zweitens von einem Mann. Die Sache endete im kläglichsten Debakel meines Lebens, und ihr Ende kam einer Vierteilung gleich.

Um den Bahnhof in Luxemburg aufzuwerten, sollte ich das große Lokal darin übernehmen. Die Bahnhofsgesellschaft hatte mir dieses Angebot gemacht, und die Miete war annehmbar. Das Gebäude selbst war ein imposanter Bau im neobarocken Stil mit einem Glockenturm, erbaut von deutschen Architekten und in allen Architekturbüchern abgebildet. Ein schöner Platz für eine Brasserie, und zentral genug für die Mitarbeiter von der luxemburgischen Regierung, die sich immer über die lange Anfahrt nach Frisange beschwert hatten. Außerdem entfiel künftig der logistische Aufwand, wenn ich in der Stadt für eine der Luxemburger Banken ein Bankett ausrichtete. Ich konnte mein Glück kaum fassen.

Was soll ich sagen: Alles ging schief. Wir feierten eine schöne Eröffnung, mit dem berühmten Alfred Biolek als Ehrengast, und am Tag danach begann man, mir Steine in den Weg zu legen. Aus heutiger Sicht schüttele ich über meine Naivität den Kopf. Eines hatte ich völlig unterschätzt: die Missgunst derjenigen, die mein Renommee höchstens schön weit weg auf dem Dorf duldeten, und nun darüber aufgebracht waren, dass ich mich ins Hauptstadtgeschäft einmischen wollte. Ich bedeutete Konkurrenz, und die wollte man bekämpfen. War es wirklich nur Pech, dass regelmäßig abends die Gasleitung versiegte, wenn die Arbeit auf Hochtouren lief, und meine Köche verzweifelt in kalt werdende Pfannen guckten? Daran glaube ich noch heute nicht! Und auch nicht daran, dass es Zufall war, wenn immer wieder Sirenen einen Fehlalarm starteten und mit ihrem Krach meine Gäste vertrieben.

Zum ersten Mal in meinem Leben hatte ich Feinde. Du brauchst Selbstbewusstsein, sonst kannst du als tüchtige Frau gleich einpacken. Aber auf die Ablehnung, die meinem Ausflug in neues Territorium entgegenschlug, war ich nicht gefasst.

Hinter meinem Rücken waren Gerüchte im Umlauf, mit dem Luxemburger Lokal hätte ich mich übernommen. Ein großes Haus auf dem Lande könne ich gerade noch schaffen, aber mit einem zweiten in der Stadt sei ich überfordert. Solche Gerüchte wirken wie Zündstoff. Sie dichten einem Restaurant Probleme an, die es gar nicht hat, und schaffen sie dadurch erst. Gehen Leute gerne in ein neues Lokal, das angeblich schon ums Überleben kämpft? Nein, sie meiden es. Die Brasserie kam nicht in Schwung.

Ich hörte die Gerüchte von denen, die mir wohlgesinnt waren, von Freunden, Lieferanten, Stammgästen. Aber tun konnte ich nichts dagegen. Mich erschütterte, dass ich viele derjenigen, die schlecht über mich redeten, kannte. Es waren auch Kollegen darunter, die nun meinen guten Ruf bedrohten. Aber von wem wird man wohl lieber überfallen: von jemandem, den man kennt, oder von einem Wildfremden?

In Frisange hatte ich ein bestehendes Familienlokal ausgebaut – aber ein nagelneues Restaurant zu etablieren, ist unendlich viel schwerer, wie ich einsehen musste.

Die eigentliche Katastrophe war aber, dass ich im Bahnhofsrestaurant zum ersten Mal einen Geschäftspartner hatte. Freigeister wie ich, denen nichts über ihre Unabhängigkeit geht, sollten das niemals tun. Dass ich mit diesem Partner sogar eine amouröse Affäre unterhielt, war tödlich. Auch über diese Affäre zerriss man sich in der Stadt genüsslich das Maul.

Dieser Mann war der einzige echte »bad boy«, an den ich als Frau je geraten bin. Er stammte aus dem Maghreb und hatte in Paris gelebt, ein glutäugiger, schlanker Mann mit enormer erotischer Ausstrahlung. Er war der geborene Verführer und umgarnte mich mit seinem Charme und seinen internationalen Kontakten. Er schien das zu sein, worauf ich gehofft hatte: ein Berater, ein Partner, jemand, der mir endlich ein wenig Verantwortung abnehmen würde. Es erschien mir sehr verlockend, mit ihm eine Beziehung einzugehen – beruflich und privat. Es dauerte nicht lange, da ließ ich ihn bei mir und Louis in unser Haus auf dem Land einziehen.

Eine frischgetrennte Mutter, die täglich im Job ihren Mann steht und darüber fast vergessen hat, eine Frau zu sein – bitte, wer will mir meine Dummheit verdenken? Diese »bad boys« sind unwiderstehlich für erfolgreiche Frauen. Sie fragen nicht lange, sie greifen zu. Nein, nicht alles an dieser Liaison kann ich bedauern.

Aber natürlich war dieser Mann mehr am Geschäft interessiert als an mir. Das konnte ich ihm nicht übel nehmen, denn meine Priorität war es ja auch. Unser Verhältnis entpuppte sich sehr schnell als das, was es von Anfang an war: ein Riesenfehler! Da saß ich nun mit einem schicken Bahnhofslokal, das mir nur Ärger machte, und einem Partner, der das Gleiche tat. Irgendwann wünschte ich mir nur noch eines: beide loszuwerden, und zwar so schnell wie möglich.

Aber längst war aus unserer geschäftlichen und privaten Verquickung ein Machtkampf entstanden. Ich saß in der Falle: Die Brasserie aufgeben konnte ich nur, wenn dieser Mann zustimmte. Das tat er aber nicht, weil er mich quälen wollte. Er wollte sich nicht abschieben lassen, und er setzte mich unter Druck. Das konnte er leider, denn ich war so dumm gewesen, als alleinige Bürgin mit meinem Haus in Frisange für alles finanziell zu haften. Also drohte er mir, mich ausbluten zu lassen.

Das wäre nicht schwer gewesen: Wenn er nicht freiwillig aus dem gemeinsamen Vertrag aussteigen würde, musste ich allein die bitteren Verluste tragen. Verluste, für die ich mit allem einstand, was ich in den vergangenen Jahren aufgebaut hatte. Wäre das Luxemburger Bahnhofslokal wirklich den Bach hinuntergegangen, hätte ich unter Umständen mein Elternhaus in Frisange verloren.

Diese Jahre waren die schlimmste Zeit meines Lebens. Sorgen kennt jeder Unternehmer, aber jetzt erlebte ich Existenzängste. Ich fürchtete, nicht in diesem winzig kleinen Land Luxemburg bleiben zu können, wenn mir schon seine Hauptstadt so verleidet wurde. Die Angst vor dem wirtschaftlichen Desaster war das eine, aber schlimmer war für mich die Schmach, es nicht geschafft zu haben. Natürlich durfte ich mir nicht anmerken lassen, wie mir zumute war. Jammern ist in prekären geschäftlichen Situationen streng verboten: Solange du nicht jammerst, ist deine Niederlage nur ein Gerücht.

Aber insgeheim wusste ich nicht, wie ich überhaupt weiterleben sollte. Ich bekam schlecht Luft und litt unter Panikattacken. Nachts lag ich zitternd im Bett, weinte und fand keinen Schlaf. Konnte ich doch die Augen schließen, quälten mich Albträume. Und natürlich aß ich zu viel. Jeden Abend fühlte ich mich, als sei ich den ganzen Tag verprügelt worden.

Schläge kassierte ich auch buchstäblich. Der »bad boy« mochte es nicht, wenn ihm widersprochen wurde, und in meiner Wut brachte ich ihn zur Weißglut. Einmal schlug er zu. Ich habe in dieser Situation instinktiv gewusst, dass ich sofort Ruhe geben musste, um Schlimmeres zu vermeiden. Aber seither stockt mir immer der Atem, wenn ich höre, wie ein Mann seine Frau in hartem Ton anherrscht. Dann weiß ich: Der wird auch handgreiflich.

Wie bin ich nur aus dieser Misere wieder herausgekommen? Ich kaufte mich frei. Ich gab dem »bad boy« eine Summe Geld, und er verschwand auf Nimmerwiedersehen. Ich akzeptierte meine verlorene Investition in das Bahnhofslokal und meldete im Jahr 2001 Insolvenz an. Ich habe viel in meinem Leben bezahlt, aber die beste Investition war immer die in meinen Seelenfrieden.

Wie hat mein Vater stets gesagt? »Um dumm zu sein, brauchst du nicht viel zu wissen.« Nie habe ich mich so dumm gefühlt wie bei dieser Geschichte. Heute weiß ich, dass auch ich meinen Anteil an ihrem Ausgang hatte. Mein allzu strotzendes Selbstbewusstsein, mit dem ich die Sterneköchin zur Schau gestellt hatte – vielleicht war ich zu provokant gewesen.

Und dann kehrte ich heim nach Frisange. Dort war ich hergekommen. Hier war ich Chef, hier liebte ich jeden Ziegelstein. Zwar war ich nun wieder allein, aber zu Hause. Was für ein Glück, dass ich Frisange hatte!

Das Schlimmste am Fiasko mit dem Bahnhofsrestaurant war, dass ich einen Teil meiner Leichtigkeit eingebüßt hatte. Meine Lebensfreude, meine Verspieltheit und meinen Sinn für Späße hatte ich tief in mir versteckt. Während eines Kampfes ist dafür kein Raum. Aber ich hoffte, sie eines Tages, in besseren Zeiten, wieder herausholen zu können. Denn ich wollte nicht weiter unglücklich sein.

Man kann manche Dinge nicht vergessen, aber man kann sie verdauen. Und manche schlechten Erfahrungen bringen einem das Glück. Bei mir war das so. Denn dann kam Sam.

Sam oder die Liebe

Von Sam hätte ich schon viel früher erzählen können, ich kenne ihn nämlich bereits seit fast vier Jahrzehnten. Aber ich finde, ihm gebührt ein eigenes Kapitel, denn dies ist eine Liebesgeschichte.

»Waiting for Sam« – das wäre auch eine passende Überschrift gewesen. Mir kommt es vor, als hätte ich Ewigkeiten damit verbracht, auf ihn zu warten! Als junges Mädchen habe ich darauf gewartet, dass ihn sein Weg wieder nach Frisange führen würde, und später musste ich ganze 22 Jahre warten, bis ich ihn nach langer Pause wiederfand, und noch heute warte ich voller Ungeduld auf unsere Wiedersehen – denn Sam und ich lieben uns über einen Ozean hinweg: Er lebt in Amerika, ich in Europa. Neben meinem Sohn Louis ist er der wichtigste Mensch in meinem Leben.

Die allererste Begegnung gehört zu der Handvoll Momente, die sich für immer einprägen. Ich kann mich jedenfalls noch ganz genau an unsere erste Begegnung erinnern. Es war ein Nachmittag im Sommer 1976, ich war 21 Jahre jung, ungeschminkt, mit kurzen Haaren, und ich steckte wie meistens in meiner Kochschürze. Meine Schwester Maryse und ich richteten in der Küche in Frisange das Besteck, und Maryse schaute zum großen Fenster auf die Straße hinaus. Plötzlich sagte sie: »Komm' mal gucken! Das ist ein Typ, der mir gefallen könnte.« Den musste ich mal genauer in Augenschein nehmen. Ich trat zu ihr und sah hinaus.

Vor dem Haus parkte ein leuchtend blauer, extravaganter Fiat Coupé. Er sah aus, als sei er von einem anderen Stern auf unsere kleine Straße gefallen. Neben dem Auto stand ein mittelgroßer, schlanker Mann mit einem Cowboyhut auf dem Kopf und blickte sich um. Als er sah, dass wir ihn beobachteten, lachte er zu uns herüber. Und das war ein Lachen, wie wir es gar nicht kannten aus unserem Dorf. So ein Lachen hatten wir höchstens mal in amerikanischen Spielfilmen gesehen: offen, strahlend, selbstbewusst und mit blitzblanken weißen Zähnen. Der Mann hatte ein schmales, edles Gesicht mit dunklen Augen, und auch seine Haut war dunkel wie die eines Südamerikaners. Er sah exotisch aus und wunderschön.

Er machte eine Geste zum Haus hin: Hotel? Essen? Maryse winkte ihn herein, und dann trat er auch schon ins Café, mit langen, unbeschwerten Schritten und immer noch mit seinem schönen Lächeln im Gesicht. Er sprach Englisch, und er brachte einen ganzen Schwung weiter Welt mit in die Stube.

Das war Sam. Es stellte sich heraus, dass er Amerikaner war und für kurze Zeit auf der US-Base in Bettembourg arbeitete, wo er die Sicherheitssysteme der Flugzeuge kontrollieren sollte. Bettembourg liegt nur ein paar Kilometer von Frisange entfernt, und er war vom Weg abgekommen. Er hatte zwar gerade an einer Tankstelle nach der Strecke gefragt, aber die Leute dort nicht richtig verstanden, so dass er nun bei uns gelandet war.

»Kann ich hier essen, trinken, schlafen?«, fragte er. »Natürlich«, antwortete Maryse, »das Getränk kommt gleich, und meine Schwester wird für Sie kochen. Aber erst zeigt sie Ihnen das Zimmer.« Er lächelte mich an, und ich strahlte zurück. Dann ging ich vor ihm die Treppe hinauf, öffnete die Tür zu einem winzigen Gästezimmer mit zwei einzelnen Betten und blieb stehen, während er hineintrat und zum Fenster ging. Dort drehte er sich um, sah mich an und sagte: »Komm' doch mal her.« Da wurde ich plötzlich sehr kurzatmig.

Ich ging zu ihm ans Fenster und schob den Vorhang zur Seite. Das Zimmer ging nach hinten hinaus zu den Wiesen, die sommerlich satt und grün vor uns lagen. »Wem gehören denn die Kühe auf der Weide?«, wollte er wissen. Später erzählte er mir, dass ihn das nicht im Geringsten interessiert hätte. Er wollte nur, dass ich neben ihm stehe. Und ich räusperte mich und sagte, das seien die

Familienaufstellung: meine Mutter Marie-Antoinette, meine großen Geschwister Maryse und Jean – und ich, natürlich an der Hand meines Vaters Emile

Meine Eltern Marie-Antoinette und Emile Linster

Mein Vater (rechts) bei seiner zweiten Leidenschaft:
dem Trompetespielen

Feierabend in den Sechzigerjahren: Die Eltern, die
Großmutter, meine kleine Schwester Marianne und ich
in der Küche unseres Familiencafés im luxemburgischen
Dorf Frisange. Man beachte: Ich trage bereits Schürze

Das erste richtige Küchenteam am ersten richtigen Profiherd

Bei der Arbeit – mit ungeliebter »Toque«, der wenig kleidsamen Kochmütze

Der große Moment: Paul Bocuse, Vater der »Nouvelle Cuisine«, überreicht mir 1989 in Lyon den »Bocuse d'Or«

Ich finde, Paul Bocuse, Stifter des »Oscars« der Kochzunft, sieht fast so stolz aus wie ich

In bester Gesellschaft: Joséphine Charlotte, Großherzogin von Luxemburg, nimmt die ehrgeizige Jungköchin in Augenschein

Inmitten der Vereinigung von Spitzenköchinnen und kulinarischen Netzwerkerinnen

Posieren im Jahr 1906: Seit mehr als 100 Jahren ist
das Restaurant Linster im Familienbesitz

Zwischenstopp auf der Durchreise in die große Welt:
1953 baut mein Vater eine Tankstelle ans Café

1987 als frischgebackene Sterneköchin im Restaurant
»Léa Linster Cuisinière«

»Le débacle«: das Bahnhofslokal in Luxemburg-Stadt, schick, aber glücklos

(Speise-)Zimmer mit Aussicht: das Restaurant »Léa Linster Cuisinière« in Frisange

Im »Pavillon Madeleine«, meinem Bistro im luxemburgischen Kayl; hier esse ich häufig zu Mittag

Außen industriell anmutende Fassade, innen handgefertigte Köstlichkeiten im »Pavillon Madeleine«

Die nächste Generation Linster: Der kleine Louis guckt sich erste Küchentricks ab

Die stolze Mutter und ihr Sohn

Francis, der Vater meines Sohnes Louis

Avec amour:
Sam, von mir
fotografiert

»Happy New
Year« für Louis
und mich

Freunde fürs Leben: Die Leidenschaft für die gute
Küche hat Alfred und mich zusammengeführt

Alfred Biolek bei der Feier seines 60. Geburtstags
in Frisange. Unter den Gästen: Alice Schwarzer

Noch ein enger Freund: Jacques Schneider, Fotograf und Künstler

Bei der Begutachtung meines eigenen Weins

Mittagessen in Ruanda: Meine Freundin Louisella
unterstützt hier Schulen und Krankenhäuser

Glücklich in New York

Meine Madeleines und ich

Kühe des Nachbarn. Wir sahen uns in die Augen, und dann war's passiert: Ich war verliebt.

Ganz verwirrt begab ich mich in die Küche, um zum ersten Mal für Sam zu kochen. Er bekam eine frische, große Seezunge nach Müllerinnenart, in der Pfanne liebevoll mit heißer Butter übergossen. Dazu machte ich Kartöffelchen und gab noch etwas Zitrone dazu, fertig. Das richtete ich auf einem vorgewärmten Teller an – ich kann nicht oft genug wiederholen, wie wichtig vorgewärmte Teller und Tassen in der guten Küche sind! –, und Maryse servierte ihm mein Gericht. Sam saß an einem kleinen Tisch in der Nische neben unserer Eingangstür. Und aß mit Genuss, was ich für ihn gekocht hatte. Als Maryse den Teller abräumte, sagte er zu ihr: »Das war der beste Fisch, den ich jemals gegessen habe.« Sie gab das Lob an mich weiter und schickte mich an seinen Tisch: Er wolle es mir auch selbst sagen. Und obwohl ich mir denken konnte, dass er als Amerikaner nicht gerade verwöhnt war von französischer Küche und wenig davon verstand, wusste ich seine Botschaft an mich zu deuten. Es war sein erstes Kompliment. Und er hatte meine Seezunge auch begriffen: Sie war ein kulinarischer billet d'amour – ein kleiner Liebesbrief.

Nach dem Essen setzte sich der Vater an Sams Tisch. Er war damals noch gesund und lebhaft und freute sich wie immer, dass ein so interessanter Gast aufgetaucht war, der aufregende Geschichten aus der Ferne verhieß. Mit Sam konnte er zusammen eine Zigarette rauchen und pokern, was beides zu seinen größten Freuden gehörte. Danach erzählte Sam von seinen Reisen und zum Schluss war mein Vater ganz vernarrt in ihn.

Das registrierte ich genau, und es gefiel mir. Wenn dieser Fremde die Gunst des Vaters hatte, war er wohl ein guter Typ.

Als die anderen Gäste an diesem Abend längst das Lokal verlassen hatten, saß unsere Familie noch bei Sam am Tisch. Alle redeten und lachten. Es war angenehm und lustig wie selten. Auch meine Mutter setzte sich ein Weilchen zu uns und lächelte, wenn Sam in seinem humorvollen Amerikanisch scherzte. Er hatte eine besonders gütige, fast liebevolle Art allen gegenüber und für jeden ein freundliches Wort.

Wir gingen erst spät zu Bett, es war sicher zwei Uhr nachts. Ganz gegen unsere Gewohnheit hatten wir im Gastraum nicht aufgeräumt und gelüftet, so müde waren wir. Aber als ich in meinem Zimmer war, konnte ich nicht schlafen. Es ließ mir keine Ruhe, dass dieser Fremde, der uns alle so bezaubert hatte, morgen verschwunden sein sollte. Ich zog meinen Kochkittel wieder an, schlich am Zimmer der Eltern vorbei und flüsterte ins Dunkel: »Ich seh' mal nach dem Amerikaner, ob er alles hat.«

Die beiden schliefen fest und hörten natürlich kein Wort. Aber ich hatte jetzt meine offiziellen Mitwisser. Ich hatte sie eingeweiht, weil ich solche Angst hatte.

Ich war kein leichtfertiges Mädchen. Mit meinen 21 Jahren war ich noch sehr unerfahren und unreif – eine Spätpubertierende. Romanzen waren mir unheimlich, und ich fürchtete mich vor meinen eigenen Gefühlen. Sie bedeuteten auch Kontrollverlust. Es hat mich auch später immer misstrauisch gemacht, wenn mir ein Mann Komplimente machte, die nichts mit meinem Kochen zu tun hatten. Oder wenn er mir gar schmeichelte, ohne je bei mir gegessen zu haben. Dann dachte ich, der Mann könne mich überhaupt nicht meinen, nichts von mir begriffen haben.

Ich habe mich nie leichtgetan mit der Liebe. Ich war auch nie der Typ für Affären, in denen es nur um Sex ging – und zwar gerade, weil ich sehr leidenschaftlich bin. Intimität bedeutete für mich, dem anderen ein bisschen zu gehören. Das kann schön sein, aber auch gefährlich. (Sehr gefährlich, wie ich mit dem »bad boy« erfuhr.)

Dieser Sam, er zog mich wie magnetisch an. Er hatte die maskuline Ausstrahlung von Zorro, meinem Helden, und doch hatte er uns eine herzliche Seite gezeigt. Ich liebe Machos mit einer weichen Seite, und es gibt nicht viele Männer, die mit ihren sanften Anteilen umgehen können. Ich hatte das Gefühl, Sam konnte es.

Und dann hatte er ja meine Seezunge gegessen und zu schätzen gewusst. Und er hatte mit meinem Vater an einem Tisch gesessen und mit ihm gelacht. Also traute ich mich weiter bis vor seine Zimmertür und klopfte leise an. Er öffnete sofort. Und sagte: »Ich wusste, dass du kommen würdest. Ich habe auf dich gewartet.«

Ach, diese Sommernacht mit ihm! Mit Sam zu sprechen, war so anders als die oberflächlichen Unterhaltungen mit Jungs, die ich bisher geführt hatte. Der hübsche Trompeter aus der Band meines Bruders hatte mich auch angezogen, aber Sam berührte mich im Herzen. Er sprach zu mir mit seiner tiefen, weichen Stimme, die mir noch heute durch und durch geht, wenn er mich jeden Abend aus Kalifornien anruft, wo er gerade seinen Tag beginnt, wenn ich in Frisange zu Bett gehe. Seine Haut war so schön dunkel, weil er ursprünglich aus Palästina stammte, wie er mir erzählte; er war ein arabischer Jude. Er duftete so wunderbar. Noch heute könnte ich seinen Geruch unter tausend Männern herausschnuppern: würzig, aber mit einer leisen Zitronennote. Und seine Körpertemperatur war so angenehm wie die Wärme einer Brioche, die vor einer kurzen Weile aus dem Ofen gekommen ist.

Beschreibe ich Sam gerade wie ein perfektes Brot? Ich bin Köchin, mit Leib und Seele! Bei mir funktioniert alles über den Geruch und den Geschmack.

Ich blieb die ganze Nacht, und natürlich haben wir nicht eine Sekunde geschlafen. Wir wollten keinen Moment unseres Zusammenseins verpassen. Sam war sehr liebevoll zu mir. Und sehr, sehr anständig. Er wusste genau, dass er ein unerfahrenes Mädchen vor sich hatte, und es blieb bei Küssen. Aber was für welchen! Diese Gleichzeitigkeit von Leidenschaft, Respekt und Anstand kannte ich nicht. Es war uns ernst, von Anfang an.

Plötzlich war es sechs Uhr früh. Draußen zwitscherten schon die Vögel, und es wurde wieder ein warmer, sonniger Tag. Sam musste sich fertig machen und rasieren, und ich lief schnell nach unten ins Café, um das Frühstück herzurichten. Im Gästeraum roch es nach Bierhefe und Aschenbecher, überall stand unaufgeräumtes Geschirr herum – wir hatten ja gestern alles stehen und liegen lassen. Ich riss erst mal die Tür zur Straße auf, um frische Luft hereinzulassen und deckte einen kleinen Tisch mit einer weißen gebügelten Decke und frischem Geschirr. Und dann machte ich ihm ein Liebesfrühstück.

Von meinem Vater wusste ich, dass die Amerikaner morgens frisch gepressten Orangensaft mögen, darum kümmerte ich mich als Erstes. Dann setzte ich Wasser für den Kaffee auf, stellte getoastetes Baguette auf den Tisch und Käse, unseren guten Schinken und Konfitüre. Der Tisch sah traumhaft aus, umso mehr, weil drumherum die schönste Unordnung herrschte. Als Sam die Treppe herunterkam, hatte ich gerade die Spiegeleier auf den Teller gelegt und frisch gemahlenen Pfeffer und Salz darübergegeben. Ganz behutsam, denn ich wusste ja, dass Köche in meinem Zustand gerne das Essen versalzen. Und weil alles vom Feinsten sein sollte, lief ich schnell barfuß in den Garten, um frischen Schnittlauch für die Eier zu schneiden. Der schmeckt doch am leckersten, wenn man ihn gerade von draußen geholt hat, am besten frischverliebt und mit nackten Füßen, die vom Morgentau der Wiese nass werden.

Das war Sams erstes Frühstück bei mir. Er trank seinen Kaffee und aß die Spiegeleier. Den schönen Schinken ließ er liegen – ich hatte nicht bedacht, dass er als Jude kein Schweinefleisch anrührte. Sam frühstückte, und ich legte meine nackten Füße auf seine Knie, denn sie waren kühl vom Garten und dem Mosaikboden im Saal. Um uns herum war es ganz still, so früh schliefen die anderen noch. Diese stille Einigkeit, die uns beide verband an diesem Morgen, sie war wunderschön.

Dann sah Sam auf die Uhr und sprang auf. Er musste los. Ich sah, dass meine Mutter die Rechnung auf die Theke gelegt hatte. Zu zahlen waren das Zimmer und das Abendessen, insgesamt 350 Franken. Das wären heute neun Euro. Die gab er mir, umarmte mich fest, küsste mich, und weg war er.

Hatte ich ihm gerade wirklich eine Rechnung vorgelegt für ein Zimmer, in dem er durch meine Schuld keine Sekunde Schlaf gefunden hatte? Ich war ganz erschrocken über mich selbst, aber jetzt war es zu spät.

Mittags um Viertel vor zwölf klingelte das Telefon. »Für dich«, sagte Maryse, zwinkerte mir zu und hielt mir den Hörer hin. Und da war seine weiche Stimme: »Ich wollte mich nur bedanken für das beste Essen und die schönste Nacht meines Lebens.« Und ich schämte mich noch so wegen der Rechnung! Da lachte er nur: »Aber mein Schatz, wie hättest du deinem Vater erklären wollen, dass ihr kein Geld bekommt von einem Gast?« Er wusste genau, wie wichtig die Achtung des Vaters war. Er ließ alle grüßen, bald käme er wieder.

Und einen Monat später war er da. Ich gab ihm dann ein Zimmer mit nur einem Bett, einem großen.

In den nächsten drei Jahren sahen wir uns regelmäßig, wenn Sam nach Europa kam. Mal machte er einen Schlenker nach Frisange, mal besuchte ich ihn auf den amerikanischen Stützpunkten. Einmal war ich auf dem Stützpunkt in Bitburg, ein anderes Mal fuhr ich nach Zweibrücken. An diese Fahrt erinnere ich mich gut, weil der Schnee meterhoch lag. Mein Auto rutschte und gab schließlich den Geist auf, und ich musste die letzten Kilometer zu Fuß zurücklegen, in dünnen Halbschuhen. Das machte mir nichts aus, im Gegenteil: Ich fand es romantisch, mich durch Schnee und Eis zu meinem Liebsten durchzukämpfen.

Meine Familie wusste genau, was zwischen Sam und mir lief. Aber wir sprachen nicht darüber. Ich spürte, dass Maryse Sam sehr mochte, vor allem aber, dass mein Vater ihn schätzte und sich immer freute, wenn er wieder bei uns im Café saß. Das genügte mir. Ich wusste allerdings noch nicht, dass mein Vater Sam gebeten hatte, gut auf mich aufzupassen, und dass Sam ihm das versprochen hatte.

Allerdings glaube ich nicht, dass mein Vater damals wusste, was Sam mir gestanden hatte: dass er in Amerika verheiratet und Vater war und dass er von seiner Frau getrennt lebte. War das eine Belastung für mich? Es änderte zumindest nichts an meinen Gefühlen. Dass er sich für seine Familie verantwortlich fühlte, bewies mir nur seinen Anstand.

Im Oktober 1979 besuchte ich Sam in Amerika. Er arbeitete inzwischen für eine amerikanische Fluggesellschaft und hatte beruflich in New Mexico zu tun, dort wollten wir uns treffen. Ich buchte einen Flug nach Albuquerque, doch als ich einchecken sollte, war das Ticket ungültig. Ich erinnere mich nicht mehr genau an den Grund – ich glaube, das Flugunternehmen war bankrott. Jedenfalls musste ich in Windeseile in Brüssel ein neues Ticket nachkaufen, und das verschlang fast meine ganze Reisekasse. Das Geld reichte gerade für den Hinflug. Ich musste diesen Flug erwischen, denn in Albuquerque wartete Sam am Flughafen auf mich. Damals gab es keine Handys, und seine Telefonnummer hatte ich eh nicht. Ich hätte ihm auch keine E-Mail schicken können.

Während des Flugs hatte ich viel Zeit darüber nachzudenken, wie wenig ich von diesem Mann überhaupt wusste, für den ich diese Reise ins Ungewisse unternahm. Aber als er nach der Landung dastand mit seinem unwiderstehlichen Lachen, »here I am!«, war ich mir wieder ganz sicher.

Dies waren die ersten richtigen Ferien meines Lebens. Im Sommer zwei Wochen mit der Familie an der Nordsee oder am Strand in Südfrankreich, das kannte ich nicht. Ich hatte wenig gesehen von der Welt, und nun fuhren Sam und ich mit einem riesigen amerikanischen Schlitten durch New Mexico und Arizona. Es gab keinen Fahrer- und Beifahrersitz, sondern eine durchgehende Sitzbank, und ich lehnte mich an ihn, während wir schnurgerade, einsame Straßen entlangfuhren, vor uns die Wüste und dahinter schneebedeckte Berge. Amerika, das Land der großen Freiheit! So kam es mir wirklich vor. Aber damals standen auch noch nicht überall Verbotsschilder herum, die es untersagen, im Park ein Bier zu trinken, öffentlich eine Zigarette zu rauchen oder womöglich über den Rasen zu laufen.

Wir waren in Las Cruces, wo es so heiß war, dass meine Kontaktlinsen zu vertrocknen drohten, und am Grand Canyon, von dem ich nicht das Geringste zu sehen bekam vor lauter Nebel. In einem kleinen Ort machte ich sogar das Lokal einer Österreicherin ausfindig, die dort Gulaschsuppe und Gugelhupf anbot. Die Restaurants durfte immer ich aussuchen, da war ich der bessere Scout. Die Landschaften waren überwältigend, aber kulinarisch fand ich Amerika damals recht unterentwickelt. Einmal machten wir halt in einem »Kentucky-Fried-Chicken«-Lokal, von dem ich erst keinen guten Eindruck hatte. Aber das Hühnchen war sehr gut, zart im Fleisch und umhüllt von einer knusprigen Panade, und weil ich das so gewohnt war, ließ ich den Koch an unseren Tisch holen. In Amerika war das aber nicht üblich, und es tauchte ein verdutzter kleiner Mann auf, der, als ich ihn lobte, nasse Augen bekam und so schnell sprach, dass ich kein Wort verstand. »Was ist denn los?«, fragte ich Sam. »Der arbeitet seit 13 Jahren hier«, sagte er, »und du bist die Erste, die ihm ein Kompliment macht.«

Zwölf Tage verbrachten Sam und ich zusammen, Tag und Nacht. Es waren die freiesten Tage meines Lebens, glücklich und voller Lebenslust. Die einzige Zeit, in der ich mich in völligem Einklang mit einem anderen Menschen fühlte. Sam sprach mit mir wie ein Freund, und er küsste mich wie ein verliebter Mann. Diese Mischung kannte ich nicht, und ich habe sie auch nie wieder mit einem anderen erlebt.

Mit ihm konnte ich über alles reden: meine Träume und meine Ängste, und nie hatte ich das Gefühl, er würde mich auslachen oder schlecht von mir denken. Bei ihm war ich, wie ich sein wollte, mal übermütig, mal verzagt, und ich fühlte mich gut aufgehoben.

So haarscharf Sam Dinge analysieren konnte, so liebevoll war er auch. Er war ein ernsthafter Mann, der an mir meine Verspieltheit mochte. Einmal balancierte ich auf einer ziemlich hohen Mauer, als wir eine Straße entlanggingen, und Sam blieb immer dicht an meiner Seite, mit ausgestreckter Hand. Hinterher erzählte er mir, er habe die ganze Zeit still gebetet, dass ich nicht hinunterfallen möge: »Aber ich wollte dir auch nicht den Spaß verderben. Ich habe ja gesehen, wie viel Freude es dir macht.«

So ist Sam. Er lässt mich spielen und passt auf mich auf.

Und dann ging unsere Zeit zu Ende. Die letzte Strecke führte nach San Francisco, dort sollte ich mich in den Flieger nach Hause setzen. Als wir uns am Flughafen verabschiedeten, fing ich an zu weinen. Ich konnte überhaupt nicht mehr aufhören. Das war der Abschied, und es war klar, dass wir uns nicht wiedersehen würden.

Wie hätte das auch funktionieren sollen? Er lebte in San Diego, und ich war nicht bereit, nach Amerika zu gehen. Was hätte ich dort tun sollen? Ein kleines Bistro eröffnen und mein Talent vergeuden wie die Österreicherin, die hart kämpfen musste, um den Amerikanern ihr Gulasch schmackhaft zu machen? Und dann war er auch noch verheiratet. Er hatte ein kleines Kind. Er lebte zwar in Trennung, trotzdem wollte ich mich nicht in eine andere Familie drängen. Und ich fürchtete mich davor, eine ungeliebte Stiefmutter zu werden.

Die Hürden, die wir hätten überwinden müssen, schreckten uns. Vielleicht zu sehr, denke ich heute.

Andererseits: Wäre ich damals bei Sam geblieben, wäre ich heute keine Sterneköchin. Und nie hätte ich den »Bocuse d'Or« gewonnen.

Auf dem Flug von San Francisco nach New York dachte ich an die letzten zwölf Tage und weinte weiter. Dann dachte ich daran, dass ich in New York nach Brüssel umsteigen musste und die zweite Hälfte meines belgischen Tickets wahrscheinlich immer noch ungültig war, und ich weinte noch mehr. Ein paar Reihen vor mir saß eine schicke, korpulente Dame in einem teuren Cape, die sich meiner erbarmte und mich tröstete. Wenn mich die belgische Fluggesellschaft nicht mitnehmen würde, sagte sie resolut, solle ich sie anrufen.

Am JFK-Airport in New York kam es wie befürchtet. Bis in den Abend saß ich herum und wartete vergeblich darauf, dass man mich umbuchen würde, während die Hallen sich leerten. Wer schon einmal über Nacht auf einem menschenleeren Flughafen festgesessen hat, weiß, wie schrecklich einsam man sich da fühlen kann. Wieder ein Grund zum Weinen. Irgendwann gab ich auf und rief bei der freundlichen Fremden an, die mich tatsächlich von ihrem Fahrer abholen ließ. Zwei Tage durfte ich bei ihr bleiben, bis ich ein neues Ticket ausgestellt bekam.

Das Geld für die Tickets bekam ich zurückerstattet. Von den Reisekomplikationen habe ich zu Hause allerdings niemandem erzählt. Ich betrachtete den holprigen, demütigenden Heimweg als

Strafe für das Glück in den Tagen davor, und dachte, alle würden das so sehen.

Sam rief noch ein paar Mal an. Das waren traurige Gespräche. Dann wurde mein Vater krank, und ich entschied mich, das Geschäft zu übernehmen. Als Sam wieder einmal am Telefon war, sagte ich ihm, dass ich in Frisange einsteigen würde. Dass ich durch unsere Gespräche immer wieder aus der Sicherheit gerissen würde, die richtige Entscheidung getroffen zu haben. Dass ich nicht in zwei Welten leben könne. Und dass er mich nicht mehr anrufen solle.

Dann hörten und sahen wir 22 Jahre nichts voneinander.

Was ich in der Zwischenzeit erlebte, habe ich ja erzählt: Ich übernahm das elterliche Café, servierte dort Lammrücken und Hummersalat, bekam einen Sohn, gewann ein paar Auszeichnungen und steckte jetzt in meiner größten Krise. In Luxemburg-Stadt ging mein geschäftliches Abenteuer, die Brasserie im Bahnhofslokal, einer grandiosen Niederlage entgegen, wahrscheinlich würde ich einen Haufen Geld verlieren und mich wie ein geprügelter Hund aus der Stadt schleichen müssen. Nachts lag ich schlaflos im Bett und betete zu meinem Vater, er möge mir Kampfgeist schicken oder noch besser jemanden, der mir aus der Misere heraushelfen würde.

Und jetzt beginnt der zweite Teil meiner Liebesgeschichte mit Sam. Er ist wahrscheinlich etwas kitschig, und vielleicht werden Sie mir manches daran nicht glauben, aber jedes Wort ist wahr.

An einem Sonntagmittag im Juli 2001 stand ich in der Küche in Frisange, als Louis' Vater Francis, der inzwischen wieder bei uns arbeitete, zu mir kam. Er machte mit dem Kopf eine Bewegung zum Eingang hin und sagte etwas skeptisch: »Draußen steht ein komischer Typ an der Tür, der möchte dich sehen. Sieht aus wie ein Clochard. Spricht Englisch.«

Das war Sam, gerade von einer Reise nach Jordanien zurückgekehrt. Seine Kleidung war noch voller Staub. Er stand am Eingang und lächelte so schön wie eh und je.

»Kannst du dich an mich erinnern?« Was für eine Frage! Aber was machte er hier? Da sagte er: »You need my help.« Das waren seine Worte. Er habe gespürt, dass ich seine Hilfe brauche.

Ist es nachvollziehbar, dass ich wie benommen dastand, fast erschrocken? Ich hatte in den vergangenen zwei Jahrzehnten keinen Kontakt zu diesem Mann gehabt. Wir hatten keine gemeinsamen Freunde. Ich bin wahrlich keine esoterische Frau, aber für mich stand fest: Der Himmel hatte mir Sam geschickt. Genauer gesagt: mein Vater.

Heute gefällt mir diese Vorstellung sehr. Ich will zwar nicht ausschließen, dass Sam von einem früheren Buddy aus seiner Zeit in Europa gehört hatte, wie es mir in der Zwischenzeit ergangen war, und daraus seine Schlüsse gezogen hatte. Aber für mich ist die tiefere Wahrheit noch immer, dass mein Vater mir den Mann geschickt hatte, von dem er wünschte, dass er auf mich aufpasse. Und die schönere Wahrheit ist es allemal, nicht wahr?

Es ist übrigens nicht so einfach, sich nach einer so langen Zeit wie 22 Jahren wieder zu begegnen. Vor allem, wenn sofort wieder die alte Anziehungskraft spürbar ist. Man sieht sich verlegen an und sucht nach Spuren der Veränderung, und nach dem, was man wiedererkennt. Ich war so ratlos, wo ich anfangen sollte, zu erzählen, dass ich ihm mein Pressebuch gab. Es stand auf der Anrichte, und ich hatte darin in den vergangenen zwei Jahrzehnten alle Artikel über das Restaurant und meinen Werdegang gesammelt. Dann servierte ich Sam ein schönes Mittagessen. Essen ist auch immer eine gute Maßnahme gegen Verlegenheit. Meine Mutter setzte sich zu uns, sie freute sich über das Wiedersehen. Und erst als sie aufstand und wir allein auf der Terrasse beim Kaffee saßen, begannen wir, wirklich miteinander zu sprechen. Wir verbrachten den ganzen Tag miteinander. Ich erzählte ihm von der schrecklichen geschäftlichen Situation, in der ich steckte. Von dem Mann, der mich so übel behandelt hatte, und der endlich im Begriff war, aus meinem Leben zu verschwinden. Von meinem Sohn Louis, der jetzt zehn war. Und ich sagte ihm, dass ich nie geheiratet hatte.

Er erzählte, er habe auch nicht wieder geheiratet. Und dann sagte er: »Küss mich.« Aber ich war zu verwirrt. Meine Sorgen hatten mich regelrecht erstarren lassen. All meine Lustigkeit und Unbekümmertheit hatte ich in dieser schweren Zeit verloren. Ich war so hart geworden, dass ich fürchtete, gar nicht mehr lieben zu können. Für die Liebe braucht man schon auch einen freien Kopf, und Kraft und Muße. All das hatte ich nicht mehr.

Als ich Sam am nächsten Morgen im Hotel abholte, in das ich ihn einquartiert hatte, saß er noch immer auf demselben Stuhl wie am Abend zuvor. Der Arme hatte wieder einmal eine schlaflose Nacht in Luxemburg verbracht! Ich fuhr ihn zum Bahnhof. Da stand er mit seiner Tasche auf dem Bahnsteig, etwas hagerer als früher, aber so leuchtend wie eh und je. Beim Abschied sagte irgendetwas in mir, und es war eher mein Bauch als mein Kopf: »Ich liebe dich auch noch.«

Und ein weiteres Mal war er nach einem Monat wieder da. Das Lokal schloss für die Sommerferien, und Sam hatte sich fünf ganze Tage freinehmen können. In diesen fünf Tagen fand ich endlich wieder zurück zu meinem alten, zuversichtlichen, euphorischen Selbst. Sam gab mir mein Selbstvertrauen zurück, er war wieder mein Freund und der Mann, der mich liebte. Er hat mich erlöst. Ich habe in diesen fünf Tagen fast nie seine Hand losgelassen.

Es ist alles ganz einfach, wenn man mit dem Menschen zusammen ist, den man wirklich liebt. Ein bisschen Drama kann auch ganz schön sein, zumindest ist es leidenschaftlich, aber richtige Liebe ist doch die, die einen stark macht, nicht schwach. Seit Sam wieder in meinem Leben war, sah ich klarer. Ich ließ die Niederlage mit meiner Brasserie in Luxemburg hinter mir und war wieder frei.

Seit damals sind wir ein Liebespaar. Alle, die mich mögen, haben sich darüber gefreut. Auch mein Sohn Louis liebte Sam vom ersten Augenblick an; man kann gar nicht anders. Ich erinnere mich an Louis' zwölften Geburtstag. Es war Sommer, und wir saßen in Straßburg im Garten an einer langen Tafel: Louis, sein Vater Francis, dessen Frau mit dem kleinen Quentin und den Großeltern, Sam und daneben ich. Louis war so glücklich. Er hatte all seine Mütter und Väter um sich. Nichts machte mich froher als das.

Jetzt haben wir uns schon vierzehn Jahre wieder, Sam und ich. Immer noch leben wir auf zwei Kontinenten, er erfüllt seine beruflichen Pflichten in Kalifornien, ich meine in Luxemburg. Immer noch ist er der ruhige, verantwortungsbewusste Mann, der es genießt, mit mir, die so gerne frech und lustig ist, unvernünftig sein zu dürfen. Immer noch gibt es zwischen uns diese besondere Mischung aus Ernst und großer Leidenschaft, und es stimmt mich besonders zärtlich, dass wir ineinander immer noch den jungen Mann und das junge Mädchen sehen, die wir vor langer Zeit waren.

Wir telefonieren jeden Tag miteinander, und mehrmals im Jahr treffen wir uns, entweder in Europa oder in Amerika, oft in New York, das auf halber Strecke liegt. Gerade habe ich mich eine Woche vom Betrieb davongestohlen und mit Sam Ferien in New Orleans verbracht, wo wir Musik gehört und köstliches Soulfood genossen haben. Sie könnten häufiger sein, diese Begegnungen. Manchmal überlege ich, ob ich meine Abneigung gegen die Ehe nicht doch überdenken sollte. Vielleicht später, wenn wir ganz grau und alt sind?

Einstweilen verwöhne ich Sam nach Kräften. Und zum Frühstück serviere ich ihm immer noch gerne Spiegeleier wie damals nach unserer ersten romantischen Nacht. Oder diese Eggs Florentine:

Verliebte Frühstückseier à la Sam oder Eggs Florentine

Für 2 Personen

Toast und Spinat
2 Scheiben Toastbrot
geklärte Butter zum Braten
1 Handvoll frischer junger Blattspinat
¼ Schalotte

Sauce hollandaise
65 g Butter
1 Eigelb
2½ EL Champagner, Crémant oder guter Sekt
1 Prise Meersalz
1 winziger Spritzer Zitronensaft

Pochierte Eier
2 sehr frische Eier
½ EL Essig

Außerdem
Ausstechring (8 cm Durchmesser)
Schlagkessel (Metallschüssel mit rundem Boden)

Toast und Spinat:
Aus den Toastscheiben mit einem Ausstechring zwei Kreise ausstechen. Etwas geklärte Butter in einer Pfanne erhitzen, die Kreise darin knusprig braten und warm stellen. Den Spinat waschen, trocken schütteln und die Stiele abknipsen. Die Schalotte schälen und fein würfeln. Die restliche Butter in einem Topf erhitzen und Schalotte und Spinat darin dünsten, bis der Spinat zusammenfällt. Den Spinat in einem Sieb abtropfen lassen und warm stellen.

Soße:
Die Butter bei schwacher Hitze in einem Topf schmelzen lassen, den an der Oberfläche entstandenen Schaum abschöpfen. In einem hohen Topf wenig Wasser erhitzen. Eigelb, Champagner und Meersalz im Schlagkessel mit dem Schneebesen verquirlen. Die Schüssel auf den Topf mit dem zuvor erhitzten Wasser setzen und die Eigelbmasse über dem heißen Wasserbad cremig aufschlagen. Aber passen Sie gut auf: Die Eigelbmasse darf nicht zu heiß werden oder kochen, sonst gerinnt sie. Die flüssige Butter und den Zitronenspritzer unterrühren.

Pochierte Eier:
In einem großen Topf reichlich Wasser aufkochen. Die Eier einzeln in Tassen aufschlagen. Sobald das Wasser kocht, die Hitze reduzieren, den Essig dazugeben und mit einem Kochlöffel kräftig umrühren, so dass sich ein kleiner Strudel bildet. Die Eier nacheinander in den Strudel gleiten lassen und bei mittlerer Hitze zwei Minuten pochieren. Sie werden sehen: Durch die Drehbewegung des Wassers legt sich das Eiweiß wie von Zauberhand gleichmäßig um das Eigelb. Den Toast auf zwei Tellern anrichten, jeweils etwas Spinat, ein pochiertes Ei und einen Löffel Hollandaise daraufgeben und sofort mit einem zauberhaften Lächeln servieren.

Nicht vergessen: Wenn Sie frischen Schnittlauch darübergeben möchten – am besten schmeckt er, wenn man ihn erst kurz zuvor im Garten geschnitten hat, barfuß und verliebt.

Wenn das Leben dir Zitronen gibt ...

Viele Gäste kommen bestimmt nicht nur wegen meines guten Essens zu mir, sondern auch deshalb, weil bei mir noch etwas anderes serviert wird: gute Laune. Und ich habe es sehr gerne, wenn sich alle davon eine schöne Scheibe abschneiden.

Kürzlich sprach mich eine Dame im Lokal an, die mit ihrer Freundin gerade bei uns zu Abend gegessen hatte. Sie hatten Kaffee bestellt, und ich stand noch ein bisschen an ihrem Tisch, wie ich das bei sympathischen Gästen gerne mache. »Sie wirken immer so optimistisch und bringen so vieles fertig«, sagte die Dame, »wie schaffen Sie das nur?« Ich guckte sie mir an: Sie war nicht mehr ganz jung und etwas rundlich, so wie ich, und sie wirkte hübsch, aber etwas verzagt. »Können Sie gut laufen?«, fragte ich sie zurück. »Laufen? Sind Sie verrückt? Sehen Sie mich doch an, ich kann ja kaum mehr richtig gehen.« – »Dann stellen Sie sich vor, im dunklen Park ist plötzlich eine riesige Gestalt mit einem Messer hinter Ihnen her«, sagte ich, »da fangen Sie von allein an zu laufen, ob Sie können oder nicht. Und wenn Sie ein schönes Tempo erreicht haben, werden Sie sich umdrehen und sich bei Ihrem Verfolger bedanken! Ohne ihn hätten Sie nicht gewusst, wie schnell Sie sind, wenn's darauf ankommt.«

Ich glaube, die meisten schaffen viel mehr, als sie selbst denken. Und deshalb sollten wir mit Krisen und Rückschlägen auch nicht hadern. Dankbar sollten wir ihnen sein! Sie zeigen uns nämlich, was in uns steckt. Nur in schlechten Zeiten kann man über sich selbst hinauswachsen und erfahren, dass man zu viel mehr fähig ist, als man sich zutraute. Dieses Wissen rüstet einen für die ruhigeren

Zeiten, schon schafft man wieder etwas mehr und ist außerdem guter Dinge.

Es gibt diesen amerikanischen Spruch, den ich so gerne habe: »When life gives you lemons, make lemonade!« Es ist doch sinnlos, sich zu grämen und zu resignieren, wenn das Leben einem saure Zitronen gibt. Das geschieht öfter, als uns lieb ist, und es lässt sich durch nichts vermeiden. Aber auch aus Zitronen lässt sich etwas Gutes machen. Limonade, oder sogar ein prächtiges Sorbet.

Manchmal allerdings, das gebe ich zu, sind die Zitronen so sauer, dass man etwas länger nach einem passenden Rezept suchen muss.

Ich kenne das alles natürlich auch: Probleme, Ärgernisse, Durchhänger. Während der Pleite mit dem Bahnhofsrestaurant habe ich bestimmt zwei Jahre lang nicht gelacht. Das war eine Ausnahme, da war ich nicht ich selbst. Ich hatte zwischenzeitlich meine eigene Regel vergessen: Man darf die Dinge nicht erzwingen wollen!

Aber ganz grundsätzlich habe ich mich in meinem Leben doch dafür entschieden, ein glücklicher und optimistischer Mensch zu sein. Ich habe wirklich selten schlechte Laune, und wenn doch, rede ich mir so lange ein, dass ich ganz fidel bin, bis ich mich auch wieder so fühle. Wäre ich nicht überwiegend heiter, könnte ich gar nicht als Gastronomin arbeiten. Wer in ein Restaurant kommt, möchte doch verwöhnt und aufgeheitert werden. Und Freude wirkt ansteckend, genau wie Unglück. Das schönste Restaurant wird zum Misserfolg, wenn ein schlecht gelaunter Chef mit seiner sauren Miene das Personal infiziert und das auf die armen Gäste übergeht, die sich in einer solchen Atmosphäre unwohl fühlen.

Es ist sicher eine Frage der Veranlagung, ob jemand froh sein kann. Wer wie wir in einer Wohlstandsgesellschaft mit einem Dach über dem Kopf, sauberer Wäsche und gutem Essen leben darf, hat schon mal beste Voraussetzungen.

Aber wenn ich mir die Menschen in meiner Umgebung ansehe, die Frohen und die Traurigen, denke ich mir: Vielleicht ist Glück auch eine Frage der Haltung. Und für die kann man einiges tun. Ich zum Beispiel verliebe mich furchtbar gerne in Pläne, in amüsante Menschen, in die Sonne, wenn sie schon morgens scheint und meinen Frühsport in den Weinbergen zu einem Vergnügen macht. Wer sich selbst leicht begeistern lässt, kann auch andere begeistern, und das ist für alle Beteiligten eine Freude.

Pläne beflügeln, sie entwickeln ein Eigenleben und reißen einen dadurch mit. Man sollte deshalb unbedingt immer welche haben! Es müssen ja nicht so ehrgeizige sein wie die, zu denen ich oft neige. Ich hatte immer diesen Drang in mir, voranzukommen – deswegen bin ich manchmal auch auf Widerstand getroffen. Aber eigentlich macht jeder Plan Spaß: mal wieder zum Friseur zu gehen, endlich richtig zeichnen zu lernen oder einfach nur, heute Nachmittag einen saftigen Käsekuchen zu backen.

Auch kleine Pläne machen Vergnügen und spornen die Fantasie an, das sieht man schon an Kindern. Als ich sieben oder acht Jahre alt war, wollte ich unbedingt einmal einen Blick in ein Haus in der Nachbarschaft werfen. Genauer gesagt in seinen rechten Trakt, denn den linken kannte ich wie alle anderen in der Gegend. Im linken Teil hatte die Bauernfamilie ihren Betrieb, und da sah es so schlimm aus, dass keiner je aus einem angebotenen Glas getrunken hätte. Die Hühner standen in der Butter auf dem Tisch, es war so unhygienisch und schmutzig wie bei den Höhlenmenschen. Im rechten Trakt hingegen sah es angeblich aus wie im Pariser Élysée-Palast, aber das wusste ich nur vom Hörensagen: Ich selbst hatte ihn nie zu Gesicht bekommen. Es gab dort wohl mit Seide bezogene Ottomanen und edle, darauf abgestimmte Vorhänge, dazu Silberbesteck, bemaltes Porzellan und Kristallleuchter. Die Bäuerin hätte man unter der Woche nicht mit der Mistgabel angefasst, aber sonntags verließ sie den schönen Teil ihres Gebäudes in den elegantesten Schuhen von Christian Dior und im Leopardenmantel, in Seidenstrümpfen mit Naht und mit Lippenstift, auch wenn ihr einige Zähne fehlten. Ich starb vor Neugierde und musste die Pracht dieses geheimnisvollen Hauses unbedingt mit eigenen Augen sehen.

Als das Kind der Bäuerin Kommunion feierte, waren einige auserwählte Spielkameraden zum Kaffeekränzchen eingeladen – in den prunkvollen Trakt. Und wer hatte keine Einladung bekommen? Mein Bruder, ich und noch ein paar Nachbarskinder. Die anderen ärgerten sich, wollten die Sache aber hinnehmen. Ich nicht. Ich fasste einen Plan.

Zu Hause fand ich eine Kiste mit kleinen weißen Stöckchen. Die erhielt man immer, wenn man für die Blinden gespendet hatte. Und mit dieser Kiste spazierten wir zum mysteriösen Haus und behaupteten frech: »Wir sammeln für die Blinden ...« Schon waren wir drinnen.

Auf so eine Idee musste man erst einmal kommen. Aber genau diese Fantasie hat mich oft vor dem Unglücklichsein gerettet, wenn ein Vorhaben nicht aufging.

Man darf nicht gleich klein beigeben. Wenn man nicht wenigstens versucht, auf anderem Weg sein Ziel zu erreichen, ist man nämlich frustriert, und Frustration hasse ich sehr. Sie führt dazu, dass man sich ohnmächtig fühlt, ausgeliefert, und sie lähmt.

Vielleicht kommt es überhaupt mehr auf den Schwung und das Vergnügen an, mit dem wir etwas betreiben – und weniger auf das Resultat. Das wird meistens von allein gut, wenn wir voll bei der Sache sind. Und man selbst hat dann ohnehin mehr Freude. Sich lasch und auf Nummer sicher an der Mittelmäßigkeit entlangzuschleppen, hat mich nie interessiert.

Ich finde es inzwischen nicht mehr so schlimm, wenn etwas nicht klappt. Im Moment spiele ich zum Beispiel mit dem Gedanken, ein schönes Bistro in Berlin zu eröffnen. Darauf hätte ich große Lust – ich finde, Berlin und ich passen gut zusammen. Aber wer weiß, ob ich die Räumlichkeiten bekomme, auf die ich ein Auge geworfen habe? Vielleicht wird nichts aus der Sache. Dann hätte ich immerhin ein paar Reisen in diese tolle Stadt unternommen und dabei nette Leute kennengelernt.

Warum haben die Menschen nur so viel Angst vor dem Scheitern? Scheitern ist kein Problem. Ein Problem ist die Scham, die man dabei empfindet. Weil es leider oft Schadenfreude erregt, wenn man auf die Nase fällt. Was ist das doch für eine armselige Gesellschaft, die Abenteurer zu Versagern erklärt, nur weil ihnen etwas nicht gelingt! Es gibt nur einen Weg, Scheitern zu verhindern – erst gar nichts in Angriff nehmen. Ist das nicht die schlimmste Niederlage von allen?

Ich versuche immer, das Beste aus einer schlechten Erfahrung zu machen. Wenn mir einer der jungen Köche aus Versehen den guten Rinderjus weggießt, der seit Stunden das schönste Aroma verbreitet, und das Gemüse darin übrigbleibt, statt andersherum, dann rufe ich zwar: »Wer war das?!« Aber nicht, weil ich einen Schuldigen suche. Ich brauche keinen Sündenbock, den ich einen Kopf kürzer mache, weil der feine Fond verloren ist. Ich muss aber unbedingt wissen, wie das passiert ist, damit wir so ein Missgeschick in Zukunft vermeiden können.

Ich suche immer nach einem Grund, der dem Ärger eine positive Seite abringt. Da gibt es bestimmt etwas! Manchmal muss man sich das fest einreden, damit man überhaupt weitermachen kann. Aber Gott sei Dank gehört das zu meinen Talenten: Ich kann mir Dinge wunderbar schönreden, und das macht mein Leben leichter. Ich glaube mir nämlich tatsächlich die Geschichten, die ich mir selbst erzähle.

Als zum Beispiel mein Sohn Louis im vergangenen Jahr seinen Führerschein für eine Weile abgeben musste, hätte ich einfach nur schimpfen können. Immerhin war sein neues Auto Schrott, und das nur, weil er sich spätnachts nach Tanzen und Feiern noch selbst hinters Steuer gesetzt hatte, statt ein Taxi zu rufen. Weiß man doch, dass das besser ist!

Ja, wir Erwachsenen wissen das. Unsere Kinder müssen ihre eigenen Erfahrungen machen, nur dann nehmen sie sie ernst. Nachdem ich mich eine Weile geärgert hatte, suchte ich nach Gründen, weshalb der Unfall etwas Gutes haben könnte. Und ich fand welche: Niemand, auch er nicht, hatte eine Schramme abbekommen. Da er nun eine Weile sehr immobil war und ohne Fahrer nirgendwo hin konnte, hing er in unserem Restaurant mehr oder weniger fest. Also entkam er mir nicht, und so konnte ich ihn alle Feinheiten der Küche und des Betriebs lehren. Das tat ihm sicher gut, auch wenn er schon das Linster'sche Gastronomie-Gen in sich trägt.

Und außerdem gewann ich plötzlich viel Zeit mit meinen Sohn. Voilà, da hatte sich der Unfall doch schon gelohnt.

Mit dieser Sicht auf die Dinge bin ich immer gut gefahren. Ich kann Ihnen dafür noch ein paar Beispiele geben. Als Ende der Siebzigerjahre die internationale Route in den Süden verlegt worden war und nicht mehr direkt an unserem Haus vorbeiführte, sah es für unsere Tankstelle düster aus. Bisher waren uns die Durchreisenden als Gäste ins Haus gefallen, damit war nun Schluss. Stattdessen stand plötzlich ein Fernsehteam eines Privatsenders bei uns im Haus, einfach so in der Küche, mit Kamera und Tonmann. Ich kochte gerade ein Ragout fin für die Königinpastete, als ich hinter mir die Frage hörte: »Ihr Café ist von einem Tag auf den anderen vom großen Geschäft abgeschnitten – wie stehen Sie dazu?«

Die Frage fand ich ziemlich unverschämt. Sie klang auch so hämisch, und darauf reagiere ich allergisch. Aber das ließ ich mir nicht anmerken. Ich drehte mich kurz um, strahlte in die Kamera und lachte: »Wie wir dazu stehen? Froh sind wir! Jetzt können wir endlich mal was anderes machen!« Und dann rührte ich weiter im Topf.

Übrigens war meine Antwort die reinste Wahrheit. Wenn Saison war und das Geschäft mit den Durchreisenden brummte, ärgerten wir uns regelmäßig, dass unsere eigenen Ferien ins Wasser fielen. Die anderen fuhren mit Badesachen und Sonnenhüten an uns vorbei, und wir mussten Benzin verkaufen. Das ging uns schrecklich auf die Nerven. Und tatsächlich haben wir dann endlich etwas anderes gemacht – etwas Besseres. Aus dem Café mit Tankstelle wurde ein Haus der Spitzengastronomie.

Wie heißt es so richtig? Eine verlorene Liebe ist auch eine gewonnene Freiheit. Und am freiesten fühlt man sich, wenn man denkt, man habe nichts zu verlieren. Man lernt seine Lektion, zahlt den Preis, und dann geht's weiter. Gerade in diesen Momenten entwickelt man eine fantastische Kraft. Allein das ist unbezahlbar.

Vorher muss man freilich meist eine bittere Pille schlucken. Der »bad boy« hat mir, alles in allem, viel Getratsche und Ärger eingebracht. Das muss man dann aushalten, mit erhobenem Haupt! Immerhin verdanke ich dieser Affäre wenigstens einen lustigen Spruch. Den bringe ich immer an, wenn ein Gast bei uns Geburtstag feiert und gerade die Kerzen auspusten will: »Und passen Sie gut auf, was Sie sich da wünschen! Bei mir gehen alle Wünsche in Erfüllung. Ich möchte in drei Wochen keine Reklamation!«

Es war wirklich nicht schön, als ich meinen geschäftlichen Nackenschlag mit dem Bahnhofsbistro einstecken musste. Aber auch hier hatte ich Glück im Unglück: Mitten in der Misere meldete sich das renommierte deutsche Frauenmagazin »Brigitte« und bot mir eine Kolumne an. Ich wusste nicht einmal richtig, was ich als Kolumnistin machen sollte, aber ich sagte gleich zu. Nur weil ich keine falschen Rücksichten mehr nehmen musste, konnte ich so beschwingt und frei von der Leber weg von mir, meinem Leben und meinen Rezepten erzählen. Genau das kam an. Zwölf Jahre lang schrieb ich für die »Brigitte«, eine ungewöhnlich lange Zeit für solch ein Arrangement, wie man mir sagte. In dieser Zeit habe ich mich neu erfunden.

Plötzlich lief alles wieder gut: Durch die »Brigitte«-Kolumne wurde das deutsche Fernsehen auf mich aufmerksam und engagierte mich für eine kleine Rolle in der Saarland-Reihe des »Tatorts«, als Wirtin natürlich, das war lustig. Danach bot mir der Sender SWR eine eigene Fernsehsendung an, und ich durfte 156 Sendungen »Léas Kochlust« moderieren. Manche Luxemburger konnten das gar nicht fassen. Einer sagte mal zu mir: »Du bist wirklich dreist, Léa! Sprichst nicht mal richtig Deutsch und trittst mit deinem Akzent im Fernsehen auf!« Dem habe ich geantwortet: »Ach was, im Saarland bekomme ich sogar 30 Prozent mehr, extra für den Akzent.« Den Spaß an meinen Auftritten ließ ich mir nicht verderben.

Nach einiger Zeit kamen die Einladungen zu den Kochsendungen bei Johannes B. Kerner und Markus Lanz, außerdem kamen dann meine ersten »Brigitte«-Kochbücher heraus, und ich erhielt mehr Zuspruch aus Deutschland, als ich mir je erträumt hatte. Das hat mich sehr glücklich gemacht.

Sehen Sie? Man soll sich nie in alte Träume verbeißen. Wenn etwas nicht zu retten ist, muss man es abhaken und auf etwas Neues hoffen. In der Küche läuft das genauso. Es gibt zwei Situationen, in denen Sie ein Gericht aufgeben müssen, nämlich dann, wenn es versalzen oder wenn es angebrannt ist. Versuchen Sie gar nicht erst, daran herumzudoktern. Schmeißen Sie es weg und fangen Sie von vorne an. Deswegen muss man nicht lange hadern, das erschüttert nur den Seelenfrieden.

Ich habe sogar versucht, dem ersten Einbruch bei mir vor ein paar Jahren etwas Gutes abzugewinnen. Da kam ich eines Abends nach Hause, und mein schönes Heim glich einem Trümmerfeld. Die Schubladen standen offen, alles lag wüst herum. Meine teuren Handtaschen waren noch da, daran erkannte ich, dass die Diebe keine Frauen und außerdem Banausen gewesen waren. Wahre Profis hätten erkannt, dass sie hier moderne Klassiker der Modeindustrie vor sich hatten, und dass man eine Hermès-Handtasche im Internet bestens zu Geld machen konnte.

Aber all mein Schmuck war weg, den ich in mehreren Jahrzehnten zusammengetragen hatte. Das waren Geschenke der Familie und von meinem Sam, an denen ich sehr hing. Und weg war auch die schöne Cartier-Damenuhr, die ich mir selbst zum 50. Geburtstag geschenkt hatte. Das haben wir Luxemburger uns von den Franzosen abgeguckt: Zum Fünfzigsten bekommt eine Dame ein großes Schmuckstück. Die Arme ist zwar jetzt schon 50, aber immerhin hat sie diesen Trost-Klunker!

Diese Uhr habe ich sehr geliebt, vielleicht, weil ich sie mir selbst überreicht hatte. Ich war stolz auf sie. Aber ehrlich gesagt: Ich trug sie nur selten, weil sie so empfindlich war. Ich hatte Angst, sie zu verlieren oder beim Händewaschen mit Wasser zu bespritzen. Ein paarmal hatte ich sie am Arm, wenn ich zu besonderen Gesellschaften eingeladen war, oder an Weihnachten. Danach verstaute ich sie wieder sorgfältig in ihrem samtenen Etui.

Aber jetzt war sie weg.

Am nächsten Morgen, die Polizei war nachts angerückt und hatte alles aufgenommen, stand ich im Bad vor dem Spiegel, färbte mir die Lippen hübsch rot und dachte über den Einbruch nach. Ich guckte mich im Spiegel an und dachte mir plötzlich: Für eine frisch Ausgeraubte siehst du aber relativ gut aus! Schon war ich wieder viel besserer Laune. Der einzige Trost, wenn man etwas Wertvolles verloren hat, ist doch der: Man braucht endlich nicht mehr darauf aufzupassen.

Manchmal, das muss ich zugeben, muss auch ich mich mühen, mir die Dinge schönzureden. Beim zweiten Einbruch hatten die Diebe mir das genommen, woran ich am meisten hing: meine Trophäe für den »Bocuse d'Or«. Sie bedeutete mir wirklich viel. Der Preis stand erst im Restaurant auf dem Kamin, dann hatte ich die Statue in den Tresor des Lokals geräumt. Und genau den hatten die Diebe weggeschleppt.

Aber mein Können und mein Talent hatten sie nicht gekriegt! Das kann uns keiner nehmen, und das müssen wir uns immer wieder sagen.

Während ich über all das nachdenke, fällt mir gleich noch ein Grund ein, aus dem wir all die Zumutungen und Rückschläge mehr schätzen sollten: Sie geben unserem Leben Höhen und Tiefen und damit Profil. Und uns selbst etwas zu erzählen. Wäre es nicht sterbenslangweilig, es liefe immer alles glatt?

Sogar den Menschen, die uns das Leben manchmal sauer machen, schulden wir Dank – an ihnen können wir wachsen. Solche Menschen kennen wir alle, es sind die kleinmütigen, missgünstigen, unfreundlichen Zeitgenossen, die nur Freude empfinden, wenn sie uns einen Schlag versetzen können. Oft gelingt ihnen das schon mit einer kleinen, bösartigen Bemerkung. Und leider kommt uns nicht immer die passende Replik über die Lippen. Dann liegt man abends wütend im Bett und kann nur seinem Kopfkissen erzählen, was der böse Mensch gesagt hatte und was man so gerne geantwortet hätte, wenn es einem nur gleich eingefallen wäre – und nicht erst jetzt, Stunden später. Aber »hätten« und »hatten« sind zwei armselige Staaten, sagte meine Mutter immer. Recht hatte sie. Gleich auf Zack sein, darauf kommt es an. Und Schlagfertigkeit kann man trainieren.

Die erste schöne Antwort, die richtig gut saß, gab ich einer Bekannten, die mich immer wieder mit ihren spitzen Bemerkungen geärgert hatte. Und eines Tages sagte sie schmallippig zu mir: »Du hältst dich wohl für eine Diva.« Da reichte es mir aber. »Ich halte mich nicht für eine Diva – ich bin eine Diva!« Das tat gut! Der Frau fiel die Kinnlade herunter. Und ich musste mich schnell umdrehen und gehen, damit sie nicht merkte, dass mir selbst die Luft wegblieb angesichts meiner eigenen Arroganz.

Aber man muss sich wehren. Meine Regel lautet: Erzähl' nicht immer abends deinem Kopfkissen, was du hättest sagen sollen oder können – sag' es! Aber sage es so, dass du dich nicht bei deinem Kopfkissen entschuldigen musst. Dann lässt es dich wunderbar schlafen.

Die Schlagfertigkeit einer Frau darf aber nicht zu hart sein, finde ich. Sie gilt sonst schnell als unsympathische Schreckschraube, die sofort pikiert ist. Ich habe immer versucht, diese gewisse Art von Schlagfertigkeit zu trainieren, die dem Gegenüber die Möglichkeit lässt, sein Gesicht zu wahren. Den anderen mit Witz zu entwaffnen, ist charmant und immer erlaubt.

Selbst Gästen gegenüber! Nicht alle sind nämlich reizend. Es gibt die Mäkeligen, denen der große Saal zu laut ist, wenn voll, aber der Nebenraum zu einsam, weil leerer. Die Foie Gras ist ihnen zu schwer, das Lamm zu rosa, und wenn man ihnen, um sie aufzuheitern, ein Glas Champagner serviert, trinken sie selbstverständlich nur Rotwein. Ein guter Wirt bleibt gelassen und sensibel den Gästen gegenüber, er will sie schließlich nicht vertreiben. Aber alles muss er sich nicht gefallen lassen.

An einem Sonntag aß einmal eine ungemein elegante, groß gewachsene ältere Dame aus Hamburg bei uns zu Mittag, die mir wegen ihrer Stilsicherheit gleich aufgefallen war. Solche Damen, die auf sich halten und eine strenge Aura ausstrahlen, imponieren mir sehr. Aber besonders liebenswert sind sie manchmal nicht. Diese Dame sagte nach einem schönen Menü zu mir: »Frau Linster, wir haben wirklich sehr gut bei Ihnen gegessen, und das Restaurant gefällt uns auch. Aber nehmen Sie doch um Himmels willen ein bisschen ab, Sie sind ja so dick!« Ich weiß ja nun selbst, dass ich nicht die Allerdünnste bin, aber das ging doch ein bisschen weit, nicht wahr? Auf so etwas darf man nicht bitterernst reagieren. Ich antwortete also ganz liebevoll und mit einem Schmunzeln: »Aber Madame, wie sprechen Sie denn von meinem luxuriösen Körper! Was denken Sie, wie viele Köstlichkeiten er schon ausprobieren durfte und wie sehr er mich in meiner alltäglichen Arbeit unterstützt! Nein, auf ihn lasse ich nichts kommen, das werden Sie verstehen.« Sie ließ aber nicht locker, es missfiel ihr, wie entspannt ich blieb. Da saß sie auf ihrem Stuhl, wie ein dünner Spazierstock, dem man ein feines Kostüm angezogen hatte, und zischte mich leise an: »Dann ziehen Sie sich doch wenigstens vorteilhafter an!« Ich neigte mich ein wenig nach unten zu ihr und sagte ebenso leise: »Aber Madame! Dann sieht man ja gar nichts mehr!«

Mit Höflichkeit und Humor ist man immer gut beraten. Das gilt auch für echte Feinde. Ich liebe es, mit offenem Visier zu kämpfen. Ganz unangenehm sind mir Menschen, die einem schmeicheln und freundlich tun, aber hinter dem Rücken kein gutes Haar an einem lassen. Ein richtig schöner ehrlicher Feind hingegen ist eine feine Sache, da weiß man, woran man ist. Für solche Gegner habe ich so viel Hochachtung, dass es an Sympathie grenzt. Fast möchte ich sagen: Solche Feinde liebe ich! Einen solchen hatte ich einmal, er hatte mich bei einem großen Geschäft hereingelegt und mächtig übervorteilt. Gelegentlich liefen wir einander über den Weg, das ist in unserem kleinen Land Luxemburg unumgänglich, dann ignorierten wir uns nach Kräften, und wenn sich unsere Blicke doch begegneten, schauten wir beide ganz streng.

Und eines Tages, nach Jahren des Schweigens, rief mich dieser Mann überraschend an: Er wolle das Kriegsbeil begraben. »Das kannst du mir nicht antun!«, rief ich, »du bist doch mein Lieblingsfeind! Darauf kann ich nicht verzichten.« Ich meinte das ganz ernst. Und wir näherten uns auch nicht wieder an. Aber unsere Begegnungen sind jetzt ein bisschen weniger harsch. Ich bin nicht gerne nachtragend, es bindet zu viel Energie.

Feindschaften ein Augenzwinkern verleihen, Problemen einen tieferen Sinn abluchsen, Niederlagen eine wichtige Lektion abgewinnen – darum geht es doch. Das Leben ist ganz von allein schwer genug, da dürfen wir ruhig ein wenig Leichtigkeit dagegenhalten.

Denn kein Preis ist zu hoch, wenn er dir deinen Seelenfrieden erhält.

Über die Liebe habe ich noch gar nicht gesprochen, dabei tut es uns besonders weh, gerade hier Zitronen zu ernten, oder? Es hat lange gedauert, bis ich erkannte, dass ich selbst meinen Anteil daran hatte. Ich litt am Problem vieler willensstarker, erfolgreicher Frauen, die sich danach sehnen, verwöhnt zu werden – aber so im Kampfmodus sind, dass sie dazu neigen, die Männer eher niederzumachen. Dabei ist es doch so: Wenn du etwas willst, musst du es geben. Am besten funktioniert das in der Liebe. Aber damit ich das begriff, musste erst Sam wieder in mein Leben treten.

Was täten wir nur ohne die Menschen, die wir lieben?

Aber eines muss auch gesagt sein: Am wichtigsten für unseren Seelenfrieden ist wahrscheinlich, dass wir eine gute Beziehung zu uns selbst führen. Und mein Geheimnis ist: Ich liebe mich sehr!

Mein Trostgericht: Luxemburger Mehlkniddelen

Wenn uns das Leben übel mitspielt, hilft manchmal nur eine Schüssel ordentliches Trost- oder Frustessen. Das sind Gerichte, deren Geschmack und Duft uns schlagartig wieder in die Kindheit holen, als gut für uns gesorgt wurde, wenn wir uns klein und schwach fühlten. Für manche sind diese Lieblingsgerichte Schokoladenpudding oder Milchreis, für mich sind und bleiben es die luxemburgischen Mehlnocken, die Kniddelen. Sie helfen garantiert, wenn gar nichts mehr geht.

Rezept für 4–6 Personen

500 g Mehl
6 Eier
200 ml Milch
Salz
20 g zerlassene Butter

Teigvariation
2 Scheiben Weißbrot
100 ml Milch
1 EL saure Sahne

Das Mehl wird mit den Eiern, der Milch, etwas Salz und der zerlassenen Butter zu einem halbfesten Teig verrührt. Die Kniddelen mit einem Esslöffel ausstechen und in reichlich Salzwasser kochen, bis sie oben schwimmen. Danach noch zwei bis drei Minuten im Topf ziehen lassen. Fertig!

Teigvariation:
Um den Teig luftiger zu bekommen, können Sie gerne noch etwas Weißbrot (ohne Rinde), das in Milch eingeweicht und gut ausgedrückt wurde, und etwas saure Sahne dazugeben. Die Knödel schmecken besonders gut mit knusprigen Weißbrotcroûtons oder in einer Speck-Sahne-Soße, die mit etwas Petersilie abgerundet wird. Sticht man die Kniddelen mit einem Teelöffel aus, machen sie sich auch ganz wunderbar als Beilage zu Kalbs- oder Rinderbraten.

Mein Sohn Louis, der die Kniddelen schon als Kind selbst zubereiten konnte, liebt besonders die ganz simple Variante: Die Knödel kommen aus dem kochenden Wasser, und sofort gibt man ordentlich kalte Butter und ein paar Spritzer Maggi dazu. Und sollten Knödel übrig bleiben, lassen sie sich am nächsten Tag gut in Butter aufbraten.

Ziemlich beste Freunde

Was täten wir im Leben nur ohne die Menschen, die wir lieben? Damit sind nicht nur unsere Familien gemeint. Das sind auch unsere Freunde.

Wer in der Gastronomie arbeitet und sein Metier beherrscht, hat besonders viele Freunde. Auf manche kann er allerdings nur zählen, wenn er etwas Gutes kocht. Vor allem, wenn er dazu einlädt ...

Ich meine das natürlich ein bisschen ironisch. Aber es ist schon so: Als Wirt hat man einen größeren Freundes- und Bekanntenkreis als andere. Man hat jeden Tag mit vielen Menschen zu tun, und die Grenzen zwischen Gästen, Kollegen und Freunden verwischen im Laufe der Jahre. Da gibt es diejenigen, die nie fehlen, wenn gefeiert wird. Die haben auch ihre Berechtigung in meinem Leben; sie wurden Freunde, weil uns die Lebenslust zusammengeführt hat. Dann gibt es Gäste, für die ich ihre Hochzeit, die Kommunion der Kinder und später auch deren Hochzeit ausgerichtet habe. Da wächst man zusammen. Wenn diese Familien mich besuchen, freue ich mich so, als kämen Jugendfreunde zur Tür hereinspaziert. Und auch viele Kollegen stehen mir sehr nahe. Uns alle eint doch eine gemeinsame Leidenschaft: Gutes Essen!

Andere Köche lade ich sehr gerne ein. Denen tischt man selbstverständlich etwas Gutes auf und fachsimpelt mit ihnen darüber, wo man die Ware gekauft und wie man sie zubereitet hat, und dann erzählen wir von unseren Plänen und schwindeln uns gegenseitig vor, wie prächtig alles läuft und wie einwandfrei unsere Küche funktioniert, dass es die reinste Freude ist.

Es ist lustig, ein bisschen anzugeben, aber wir wissen alle, dass die kleine Prahlerei auch ihren Sinn hat. Wer nicht mehr mit seinem Geschäft angibt, der muss ja wohl am Ende sein, vor allem, was seine Energie betrifft. Und Energie kann man bei solchen Treffen auftanken. Aber glaube keiner, dass die Profis dabei grundsätzlich groß auffahren, wir schätzen die Einfachheit. Ich freue mich fast am meisten, wenn man mir ein paar Austern anbietet oder einen besonders würzigen Schinken wie den aus meiner Kindheit, und dazu einen guten Wein.

Ich genieße es, mit meinen Kollegen zusammen zu sein, das verbindet einander sehr. Keiner versteht dich wie ein anderer Koch. Diese Art Solidarität ist wie die einer Familie – oder, denke ich manchmal, wie die von Soldaten. Wie eine eingeschweißte Truppe muss man in der Küche zusammenarbeiten, damit 40 Teller zur gleichen Zeit angerichtet werden können. Ich habe nach solch durchkämpften Abenden schon gescherzt, jetzt könne man mich auch an die Front schicken – ich würde jede Kanonenkugel mit der Suppenkelle zurückschießen!

Früher haben wir Köche einander oft besucht, das war schön. Ich habe bei meinem verehrten Mentor Paul Bocuse in Lyon gegessen und er bei mir in Frisange, ich hatte Besuch von Antonio Bretti, der hier in Luxemburg das Zwei-Sterne-Lokal der »Hirtzen Hélène« übernommen hatte, die immer mein Vorbild einer Erfolgsfrau gewesen war. In Hamburg habe ich bei meiner Freundin Cornelia Poletto vorbeigeschaut, und in München bei Alfons Schubeck, den ich nun auch schon seit 25 Jahren kenne: Damals wurde er vom »Gault-Millau« zum »Koch des Jahres« gekürt. Ach, mir fallen noch viele ein, die ich nennen könnte und deren Gesellschaft mir Ansporn und großes Vergnügen ist.

Aber unsere Branche ist ja leider so furchtbar seriös und hektisch geworden. Wir Spitzenköche kommen nur noch selten dazu, uns gegenseitig zu besuchen, miteinander zu essen und uns gegenseitig zu inspirieren. Wir haben kaum mehr Zeit für Späße dieser Art. Alle Kollegen sind im Stress.

Ich bin auch immer in Eile, und das gefällt mir manchmal gar nicht. Erst musste ich als junge Frau rund um die Uhr arbeiten, weil ich das Restaurant übernommen hatte, dann gewann ich meine Auszeichnungen und nahm Einladungen als Gastköchin in aller Welt an. Später eröffnete ich meine anderen Lokale und fing außerdem an, meinen eigenen Crémant und Riesling herzustellen – das bedeutet mir viel, frisst aber auch wieder Zeit. Ich schrieb zwölf Kochbücher und Kolumnen und trat in Kochshows im Fernsehen auf. Neben alldem hatte ich meinen Sohn, um den ich mich ja auch kümmern wollte.

Es blieb wirklich kaum Muße, nicht einmal für die guten, die richtigen Freunde, die mit mir durch dick und dünn gehen. Mit denen ich lachen und keck sein kann, weil sie mich so gut kennen. Denen ich bedenkenlos mein Herz öffne und die dunkelsten Gedanken offenbare. Das sind doch die wahren Freundinnen und Freunde, die unser Leben reich machen, und von denen gibt es nicht viele.

So gestresst oder bedrückt kann ich gar nicht sein, dass ich nicht augenblicklich aufblühe, wenn ich solch einen Freund vor mir habe. Dann überkommt mich urplötzlich ein spontanes Glücksgefühl, und alles andere vergesse ich sofort. Ich liebe meine Freunde schon deshalb so sehr, weil sie in mir diese Begeisterung auslösen können.

Das sage ich ihnen auch oft. Ich geize nicht mit Komplimenten, denn ich weiß ja selbst, wie glücklich sie machen. Meinen Köchen und Mitarbeitern sage ich immer, dass ich an sie glaube, und wie stolz es mich macht, wenn sie durch mein Vertrauen über sich hinauswachsen. Und auch in einer richtigen Freundschaft werden wir stärker, weil jemand an uns glaubt. Es macht uns besser – das ist wie in der Liebe.

Meine Freundin Elisabeth Bourgeois ist so eine, die immer hinter mir gestanden hat. Wir verstehen uns blind, vielleicht, weil auch sie ein Restaurant führt, das »Le Mas Tourteron« in der Provence. Ihr verdanke ich große Solidarität – und nebenbei die allerbesten Trüffel für meine Küche. Im Herbst besuche ich sie immer in Gordes und lade meinen ganzen Kofferraum voll mit diesen aromatischen Knollen, und wenn ich von ihr wieder nach Hause fahre, bin ich vom Trüffelduft im Auto halb benebelt.

Eine weitere Kollegin, die mir eine echte Freundin wurde, ist Béatrice Cointreau. Sie stammt aus der berühmten Cointreau-Familie in Frankreich und ist eine Champagnerexpertin, eine schöne brünette Frau, etwas jünger als ich. Béatrice hat mich sehr unterstützt in der Zeit, als ich gerade die elende Bahnhofsbrasserie aufgegeben hatte. Das fand ungefähr in dem Jahr statt, als ich das Haus in Frisange seit 20 Jahren führte, 2001, und eigentlich war mir nicht nach einem Jubiläum zumute.

Béatrice aber sagte: »Doch, es wird gefeiert, jetzt erst recht!« Und ehe ich mich versah, hatte sie mich dazu animiert, die Räume in Frisange neu streichen zu lassen – alles in Pastellfarben. Wie mit Lippenstift schrieben wir gemeinsam auf eine Wand: »Wer liebt, ist immer 20!« Riesengroß, und in leuchtendem Pink. Den Spruch hatte sie mir geschenkt, er platzte schier vor Optimismus. Er sollte sagen: Wer andere Menschen liebt und das, was er tut, der bleibt nicht nur jung, er ist auch unverwundbar. Dieses Gefühl war ihr Geschenk an mich. Und draußen im Garten pflanzten wir dazu die knackigsten Tulpen in Rosa, Weiß und Gelb, es war ein Bild der Lebensfreude.

Wir luden zu einem großen Champagnerfestmahl nach Frisange, Béatrice ließ ihre Kontakte spielen und charterte ein Flugzeug für die gesamte französische Presse, »Le Monde«, »Figaro«, alle waren da. So einen Auftritt hatte ich gebraucht. Wir dekantierten einen großartigen Champagner zum Kalbsbries, und einige Journalisten regten sich darüber auf, dass ihnen nun der Sprudel fehle. Mon Dieu, als ob wir uns dabei nichts gedacht hätten! Ich war sehr empfindlich zu der Zeit und wollte mich gleich echauffieren, aber Béatrice, die Önologin, erklärte ihnen sehr gelassen, dass man bei solch einem extraordinären Champagner den Weingeschmack herausarbeiten muss, wenn er zum Fleisch gereicht wird. Ach, es war herrlich. Als ich ihr danach danken wollte, weil ich mich zuletzt so klein gefühlt hatte, winkte sie gleich ab: »Léa, ich bewundere, wie du es immer wieder wagst, deine Kunststücke ohne Netz aufzuführen. Du bist eine wahre Akrobatin!«

Daran erkennt man einen echten Freund: Er hilft dir, in schwachen Momenten dein Selbstwertgefühl wiederherzustellen. Er lässt dich ein bisschen klagen, ohne dich zu verachten, und erinnert dich dann an deine Stärken, an die du gerade selbst nicht glaubst. Er aber schon, denn er hat dich gerne.

Diese Art der Unterstützung schätze ich über die Maßen. Es gibt ja die Sorte Freunde, die nur dann zur Höchstform aufläuft, wenn es einem schlecht geht. Ich finde, bei solchen Menschen ist Vorsicht geboten. Manche freuen sich vielleicht insgeheim über deine Schwäche, weil sie sich dann wichtig machen können und sich in der souveränen Rolle gut gefallen. Selbst wenn sie ehrlich traurig sind, weil man so daniederliegt, und einen trösten wollen – mir persönlich hilft Mitleid nicht im Geringsten. Es mag gut gemeint sein, aber es bedeutet doch immer: Du Arme, es ist alles tatsächlich so schlimm, wie du meinst! Stärker macht mich das nicht, denn ich werde nicht gerne bedauert. Noch nicht einmal von Freunden.

Zu denjenigen, auf die vielleicht nicht hundertprozentig Verlass ist, gehören auch die, bei denen man überhaupt keine Schwäche zeigen darf. Mit denen tue ich mich schwer. Sie schätzen einen ausschließlich dafür, dass man immer stark ist. Vielleicht bewundern sie einen sogar ein bisschen. Da weiß ich genau, denen kann ich nicht mit meinen Schreckensgeschichten kommen! Meist zweifeln sie an sich selbst, und wenn sie auch noch an dir zweifeln müssen, macht sie das fix und fertig.

Echte Freunde erkenne ich daran, ob ich mich bei ihnen auch mal gehen lassen kann. Damit meine ich nicht, dass ich schreien und zetern darf, obwohl das wohl auch schon einmal vorgekommen sein mag. Nein, ich meine damit, dass man in ihrer Gegenwart nicht dauernd auf der Hut sein muss, ob man sie nicht etwa mit einer unbedachten Bemerkung verstört und sie deswegen ein strenges Urteil über einen fällen.

Ich beobachte diese Vorsicht an mir, wenn ich mit sehr perfekten Menschen zusammen bin, die sich und ihr Leben immer unter

Kontrolle haben. Solche Menschen sind mir unheimlich. Sie rauben mir buchstäblich die Luft – ich kann in ihrer Gegenwart schlecht atmen, wie immer, wenn ich mich bedroht fühle. Bevor ich etwas sage, überlege ich dann, ob ich sie jetzt nicht in ihrer Perfektion schockiere oder ob sie jetzt ein komisches Bild von mir haben. Und wenn ich mir dann gut zurede: »Ist doch egal, was die denken, Léa!«, weiß ich, dass ich meine Worte trotzdem nicht unbekümmert wählen darf. Ich muss also permanent aufpassen, und das habe ich nicht gerne.

Bei echten Freunden kann ich mir sicher sein: Ich darf mein Hirn auch mal ausschalten und einfach nur nach Gefühl gehen. Und zwar nicht nur montags und dienstags, wenn das Geschäft geschlossen hat und meine Gehirnregionen für strategisches Denken gleich dazu. Sie sind nicht zu streng mit mir, und sie werden mich wegen keiner Dummheit sofort verurteilen. Für mich ist dieses Vertrauen die Basis einer Freundschaft.

Sonst könnte man überhaupt nicht streiten, und das muss hin und wieder möglich sein, ohne dass alles gleich den Bach hinuntergeht. Und am schönsten streiten kann ich mit Anna.

Dr. Anna Rinneberg ist meine Leibärztin, mit der ich mich vor bald zwanzig Jahren sehr angefreundet habe. Anna hat ihre Praxis nicht weit von hier, hinter der deutschen Grenze, und anfangs hatte ich sie deshalb so gerne, weil sie mir beteuerte, ich sei kerngesund. Dann lernten wir uns besser kennen und heute könnten wir nicht mehr aufeinander verzichten.

Obwohl wir so unterschiedlich sind! Anna gibt sich in meinen Augen viel zu viel Mühe, um es anderen recht zu machen. Sie ist so höflich und so freundlich und sagt noch hundertmal Danke, obwohl alle anderen ihr zu danken hätten. Natürlich ärgert sie sich dann. Mir geht das sehr gegen den Strich, und ich stachele sie gerne zum Widerspruch auf: Allez, jetzt lass dir nicht alles gefallen!

Anna weiß es nämlich eigentlich besser. Andauernd liest sie Bücher, Biografien, Ratgeber, Romane: Sie liest alles. Aber sie nutzt es nicht! Bei mir ist es genau umgekehrt: Ich stoße auf einen Satz, der mich berührt, und schon setze ich ihn um. Aber die kluge Anna, die so viel belesener ist als ich, die zaudert, obwohl sie alles weiß – aber eben nur in der Theorie! Das macht mich rasend. Ja, darüber streiten wir, es ist ganz wunderbar und bringt uns weiter und am Schluss zum Lachen.

Auch meine Freundin Christine Ferber ist ganz anders als ich: sanft, ruhig und liebevoll. Es hat sicher auch mit ihrem schönen Wesen zu tun, dass man sie die »Fee der Konfitüren« nennt. Obwohl sie auch in der Küche wahrlich Zauberkünste vollbringt, nur ist sie keine Köchin wie ich, sondern Konditorin und Marmeladengöttin. Ihre Konfitüren sind so gut, dass der Drei-Sterne-Chef Alain Ducasse einmal bekannt hat, er esse überhaupt nur die Konfitüren von Christine. Ihr »Maison Ferber« ist seit Generationen ein Familienunternehmen, genau wie meines, und wie man die fruchtigen Marmeladen aus Schwarzer Johannisbeere und Himbeeren von den Hecken im Elsass zubereitet, hat sie von ihrer Großmutter gelernt.

Zu ihrem Laden im Elsass, in Niedermorschwihr am Fuße der Vogesen, kam sogar einmal der Hollywoodstar Brad Pitt vorgefahren, der in Südfrankreich ein Anwesen besitzt. Das ist noch gar nicht so lange her, und im Laden stand an diesem Tag Christines Tante. Leider! Die erkannte den schönen Kerl nicht, und so rief sie Christine nicht aus der Backstube. Ist es zu fassen! Brad Pitt kaufte 60 Gläser Marmelade und fuhr unbehelligt wieder ab, und Christine rührte ahnungslos in ihren Kupferkesseln, bis ihr jemand aus dem Dorf steckte, was für einen prominenten Kunden sie da gerade verpasst hatte. Ich wäre ja geplatzt vor Ärger, aber Christine lächelte nur entspannt und ruhig, wie es ihre Art ist.

Christine und ich, wir ergänzen uns: Ich gucke mir etwas von ihrer Gelassenheit ab, sie sich etwas von meiner Angriffslust. Wir lieben uns wirklich sehr, vom ersten Augenblick an. Das erlebt man selten, dass man mit einem Menschen sofort Seelenverwandtschaft fühlt. Als ich Christine kennenlernte, war es mir, als hätte ich eine Schwester wiedergefunden, so offen und selbstverständlich fühlte sich diese neue Bekanntschaft an.

Wir trafen uns Anfang der Neunzigerjahre im elsässischen Colmar. Ich war zu einem Showkochen eingeladen und plauderte danach in der Halle mit einem sehr netten Herrn, während an der Wand ein Video von den Auftritten aller Köche lief. Plötzlich dachte ich, ich sehe nicht recht: Da hatten die mir doch für den Film so eine blöde Toque aufgesetzt, diese hohe weiße Kochmütze, mit der ich aussehe wie ein aufgeregter Hahn! Deswegen trage ich sie nie, schon gar nicht zu solchen Gelegenheiten. »Aber nein«, beruhigte mich der nette Herr, »das sind Sie doch gar nicht, das ist meine Tochter! Die möchte Sie übrigens so gerne mal kennenlernen!«

Das war Christine Ferber, und sie hätte glatt als meine Schwester durchgehen können. Nein, eigentlich sah sie ganz genauso aus wie ich! Sie trug eine weiße Kochschürze, einen ganz ähnlichen Kurzhaarschnitt und hatte ebenfalls ein freundliches, lachendes Gesicht. Und außerdem boxten wir beide auch schon damals in derselben Gewichtsklasse, und zwar nicht im Fliegengewicht. Das fand ich grundsympathisch.

Als Christine und ich dann zusammenstanden, sprachen wir gleich so vertraut miteinander, als hätten wir uns gestern zum letzten Mal gesehen und würden nun einfach unser Gespräch wiederaufnehmen. Wir lachten über unsere Ähnlichkeit und stellten fest, dass sie vielleicht kein Zufall war: Wir sind beide vom Sternzeichen Stier. Sie wollte alles vom »Bocuse-d'Or«-Wettbewerb erfahren, denn sie war wie ich von den großen Meistern unserer Zunft fasziniert.

Christine und ich waren vom ersten Augenblick an Freundinnen. Und weil wir gleich so ehrlich miteinander sprachen, ist mir mit ihr auch etwas ganz Sonderbares passiert. Ich kannte sie nicht einmal eine halbe Stunde, da hatten wir uns schon anvertraut, was wir an unserem Beruf liebten und was weniger, wovon wir träumten und was uns Sorge machte. Ich fragte sie, ob sie eigentlich verheiratet sei. Nein, antwortete sie, aber sie werde in einem halben Jahr vor den Altar treten, im kommenden Mai.

Da höre ich mich urplötzlich fragen: »Sag' mal, hat er schon mal gesagt, dass er dich zu dick findet?« Das war Francis nämlich ungefähr zu der Zeit herausgerutscht. Diese Kränkung hatte mich unbeschreiblich getroffen. Man kriegt so etwas nicht mehr aus dem Kopf, und was sehr gefährlich ist für eine Beziehung: Man kann danach nicht mehr zärtlich sein zu dem Mann, der einen so gedemütigt hat. Ach, sagen wir es ruhig, wie es ist: Man kann danach nie wieder mit ihm ins Bett gehen! Wahrscheinlich fühlte ich mich Christine auch gleich so verbunden, weil wir beide rundlich waren, und weil ich spürte, dass auch sie verletzlich war, was ihren Körper betraf.

Ihr fiel die Kinnlade herunter, und sie sah mich überrascht an. »Ja«, sagte sie traurig, »schon ein paarmal. Wenn wir streiten.« Und ich höre mich antworten, schneller, als ich denken kann: »Dann heirate ihn nicht.«

Christine nahm mir diese spontane Einmischung, die viele als Unverschämtheit betrachtet hätten, und die mir einfach aus dem Mund gepurzelt war, nicht übel. Sie sagte nichts dazu. Aber sie hat ihren Verlobten von damals tatsächlich nicht geheiratet. Sie hat überhaupt nie geheiratet, ebenso wie ich.

Wir reden häufig über diese Geschichte. In meinem Leben gab es oft Augenblicke, in denen ich sehr traurig war, weil ich keinen Mann an meiner Seite hatte, mit dem ich alles teilen konnte. Später fand ich Sam wieder, das war ein großes Glück, aber auch Sam ist die meiste Zeit nicht bei mir. Fast hätte Christine jemanden gehabt, mit dem sie leben konnte – und ich hatte sie davon abgehalten! Nahm sie mir das wirklich nie übel? »Nein«, sagt sie heute fest, wenn ich sie danach frage, »das wäre nichts geworden. Und er hätte mich auch nicht arbeiten lassen.«

Ist das nicht interessant? Ich kenne viele erfolgreiche Frauen meiner Generation, die Single sind und mutmaßen, dass sie mit einem Ehepartner nicht so weit gekommen wären. Ein Mann wäre früher oder später auf den Erfolg eifersüchtig geworden und auf dessen Begleiter, die Preise und die Auszeichnungen, die Öffentlichkeit und Journalisten. So sind sie auf der einen Seite erleichtert und stolz auf ihre Selbstständigkeit, und auf der anderen Seite ein bisschen traurig.

Ich kenne diese zweischneidige Situation gut. Ich wollte immer meine Freiheit und gleichzeitig nicht einsam sein. Es ist nicht so einfach als Karrierefrau, oder wie man Frauen wie Christine und mich nennen mag. Wahrscheinlich haben es die jungen ehrgeizigen und viel beschäftigten Frauen heute leichter. Da sind auch viele Single – aber wenigstens dürfen sich diese modernen Frauen den Luxus eines Liebhabers leisten, wenn sie wollen, ohne schief angesehen zu werden, nicht wahr? Die Frauen meiner Generation konnten noch nicht so selbstbewusst auftreten. Wenn sie ihr Leben der Arbeit widmeten, bedeutete das fast immer, dass sie erotisch darben mussten.

Ich selbst habe mir mit dem »bad boy« einmal eine Liaison erlaubt, die etwas leicht Skandalöses hatte. Aber man ist anfällig, wenn man allein ist und sich nach Leidenschaft sehnt. Unsere Wünsche sind eben nicht immer comme il faut, und dafür bekommt man die Quittung.

Apropos junge Frauen: Ich habe Freunde, die um einiges jünger sind als ich, und das macht mir viel Spaß. Zum einen ist da die zweite Anna in meinem Leben. Sie ist die Friseurin meines Vertrauens und eine große Hilfe. Ich gehöre nämlich zu den Frauen, die nicht die geringste Freude dabei empfinden, sich die Haare zu machen. Waschen, föhnen und all das ist mir lästig. Ich finde, es dauert zu lange. Gott sei Dank habe ich diese prachtvollen, dicken Haare, die nur einmal in der Woche gewaschen werden müssen. Dafür gehe ich in Annas Salon, wo sie mich so schön macht, dass es für sieben Tage reicht. Sie sorgt dafür, dass ich immer gut aussehe, und lobt mein festes, kräftiges Haar mit Inbrunst. Auch deshalb habe ich mein Café in der Stadt gegenüber dem herzoglichen Palais eröffnet – direkt neben ihrem Friseursalon. So haben wir mehr voneinander und treffen uns regelmäßig entweder in ihrem Salon oder nebenan in der »Boutique«, meinem Café, auf eine Madeleine. Ich finde es großartig, wie erfolgreich Anna ihren Laden schmeißt – sie ist eine tolle, taffe Frau.

Über Anna habe ich auch Jacques Schneider kennengelernt, und der gehört nun wirklich zu meinen engsten Freunden. Er ist Künstler, ein Fotograf, lebt auch in Luxemburg und ist 28 Jahre alt. Also nur ein paar Jahre älter als mein Sohn Louis, mit dem er sich gut versteht. Wir mögen Jacques beide sehr gerne. Er hat alles, was mir im Laufe der täglichen Strapazen manchmal abhanden zu kommen droht: Begeisterungsfähigkeit, einen heiteren Spieltrieb, die Leichtigkeit des Seins. Ich will nicht alles so ernst nehmen, aber das Business verlangt mir Ernsthaftigkeit ab. Alles, was bei mir auf der Strecke geblieben ist, kann ich mit Jacques wieder aktivieren, weil er mich an die lustige, neugierige Léa erinnert, die ich so gern bin. Mit Jacques bin ich nie müde.

Eigentlich habe ich Jacques kennengelernt, weil er mich gestalkt hat, aber ganz nett und höflich, er wollte mich unbedingt kennenlernen. Ich hatte ihn ein paarmal bei verschiedenen Anlässen gesehen, und obwohl er gerne mit mir ins Gespräch gekommen wäre, klappte es nie. Dann war ich wieder einmal bei Anna und ließ mich frisieren, und Jacques stand genau zu diesem Zeitpunkt im Salon, um Werbefotos zu machen. »Ach, Sie!«, rief ich. »Schießen Sie doch gleich mal ein paar schöne Fotos von Anna und mir!« Und weil er so nett war, erlaubte ich ihm, die Bilder bei mir zu Hause vorbeizubringen.

Es war ein sommerlicher Tag. Wir saßen auf der Terrasse, er zeigte mir die hübschen Fotos, wir haben miteinander geplaudert, gelacht und gegessen. Das war der Beginn einer zauberhaften Freundschaft.

Natürlich ist das eine Beziehung, die vielen Rätsel aufgibt, vor allem, wenn sie uns nicht gut kennen. Jacques ist nicht nur jung, er ist auch schön wie Oscar Wildes »Dorian Gray«. Er hat ein hübsches Gesicht, rotblonde Haare und einen adretten Vier-Tage-Bart, außerdem zieht er sich sehr besonders an – fast etwas nostalgisch, gerne im feinen Tuch mit Krawatte und Weste, aber immer speziell, exzentrisch und elegant, wie es die Engländer können.

Wir sind schon ein auffälliges Paar, wenn wir gemeinsam irgendwo antanzen. Die Luxemburger Boulevardblätter können es einfach nicht fassen. Der Szenefotograf, der den Luxemburger Großherzog Henri fotografiert, und die Sterneköchin? Mal schreiben sie, Jacques sei meine neue Liebe, dann glauben sie, er wolle mich heiraten, schließlich geben sie vor zu wissen, zwischen uns sei alles aus, endgültig! Sie dichten uns allzu gerne alles Mögliche an, lassen wir ihnen die Freude. Wir amüsieren uns darüber und genießen die schrägen Blicke sogar.

Aber Ihnen kann ich es ja sagen: Jacques und mich verbindet eine rein platonische Freundschaft. Mir gefällt seine fröhliche Kreativität, und er fühlt sich bei mir zu Hause. Unsere Zuneigung passt in keine Schublade, so ist es einfach.

Als freischaffender Künstler ist Jacques Herr seiner Zeit. Wenn ich freihabe, kann ich ihn spontan anrufen und eine Landpartie vorschlagen, dann kommt er mit dem Auto, und wir fahren durch die Gegend, bis wir ein schönes Plätzchen für einen Spaziergang mit Picknick gefunden haben. Wenn ihm dabei drollige Kühe vor die Linse laufen, fotografiert er sie und macht später eine Ausstellung. Seine Fotografien schätze ich sehr. Er hat mir schon großartige Aufnahmen geschenkt: Louis mit einer Sonnenbrille, ich mit einem schönen Schal. Ich liebe diese Bilder, sie hängen bei mir zu Hause im Wohnzimmer.

Jacques hat einen sehr präzisen Blick, deshalb nehme ich ihn auch so gerne auf eine interessante Einladung mit oder auf eine Reise. Er ist dann mein Komplize. Kürzlich waren wir gemeinsam in Berlin, besuchten Museen, gingen in Restaurants, und weil das Hotel die Reservierung verbummelt hatte, mussten wir uns ein Zimmer teilen. Das war zwar eine unerwartete Herausforderung, aber auch die haben wir mit Humor gemeistert. Wir bauten im Hotelbett einfach eine »Berliner Mauer« auf, aus Kissen und Decken, und lachten wie die Kinder.

Sam weiß genau, dass er sich keine Sekunde sorgen muss, und er mag Jacques sehr. Er freut sich für mich, dass ich hier einen so guten Freund habe. Er selbst ist ja die meiste Zeit in Amerika, und sonst hieße es für mich wieder nur: Waiting for Sam!

Ich bin eine Frau, die gerne mit Männern befreundet ist. Und die das sehr gut von einer Liebe unterscheiden kann.

Reginald Neumann ist so ein Mann, der mein Vertrauen genießt. Ich kenne ihn schon seit meiner Jugend, denn er war unser Familiennotar. Er ist Junggeselle, wahrscheinlich macht es mich deshalb froh, wenn ich ihm etwas Familienanschluss schenken und mit meinen Köstlichkeiten verwöhnen kann. Als geduldigem Freund durfte ich ihm in der Vorbereitungsphase für den Wettbewerb zum »Bocuse d'Or« sämtliche Variationen meiner Lamm- und Langustengerichte vorsetzen. Ein fantastischer Testesser! Genau beim Siegergericht hob er den Daumen.

Reginald stammt aus einer feinen Luxemburger Familie, und er hat mir als Mädchen den Zugang zur guten Gesellschaft, deren Mitglieder als Gäste ein Lokal schmücken, sehr erleichtert. Ich besaß schon immer das Talent, vor diesen Menschen zu bestehen, scheute mich aber auch ein bisschen vor ihnen. Bis Reginald mich eines Tages beiseitenahm und sagte: »Nun hör' doch mal auf, überschätze die feinen Leute nicht. Die sind vielleicht reicher als du, aber du bist tüchtiger.« Und schon bekam mein Selbstbewusstsein einen schönen Schub. Der gute Reginald!

Er hat mir die Angst vor der feinen Gesellschaft genommen, und der wunderbare Alfred Biolek die Angst vor den Medien. Alfred hat mich für Deutschland entdeckt, und dass dann die Deutschen und ich uns ineinander verliebt haben, ist auch sein Verdienst. Ich bin sehr stolz, dass ich ihn meinen Freund nennen darf – seit mehr als 25 Jahren.

Alfred Biolek war der Erste, der mich in eine deutsche Fernsehsendung eingeladen hat, zu »Mensch Meier«. Er war passionierter Hobbykoch, und ich das junge Ding, das gerade diesen sensationellen Erfolg bei Paul Bocuse, dem Gott der Haute Cuisine, errungen hatte. Alfred liebte die Küche, deshalb war er auf mich aufmerksam geworden. Was hatte ich Bammel vor dem ersten Fernsehauftritt! Kameras, Mikrofone, das war mir nicht geheuer. Vor der Aufzeichnung betrat ich nervös den Alten Bahnhof in Köln – und stieß prompt mit Alfred zusammen. Er trug schon damals seine runde Brille, und im Gesicht diesen unverwechselbaren Ausdruck zwischen Güte und Schalk. Wir erstarrten, hielten uns an den Armen fest, guckten einander an – es war wie bei Christine Ferber: Freundschaft auf den ersten Blick. »Sie sind ja der Alfred!« – »Und Sie die Léa!« Et voilà, das war's.

Alfred ist eine gleichermaßen witzige, quirlige, liebevolle und integre Persönlichkeit, und im echten Leben genau so, wie man ihn im Fernsehen erlebte. An ihm war nichts aufgesetzt. Sein Erfolgsgeheimnis war, dass er die Menschen wirklich mochte. Er konnte aus jedem das Beste herauskitzeln. Ich glaube, Aristoteles hat mal sinngemäß gesagt: Jeder trägt Weisheit in sich, aber die meisten brauchen einen, der sie für sie erweckt. So ein Anstupser war Alfred.

Ihm verdanke ich es, dass ich mich zum ersten Mal im deutschen Fernsehen vorstellen durfte, denn es interessierte ihn, wie man einen Lammrücken so zubereitet, dass man dafür einen Preis bekommt. Obwohl er kein Profi war, beeindruckte mich sein Wissen sehr. Wir sprachen so locker und lustig miteinander, dass ich all die Kameras und Lichter um mich herum vergaß, die mir vorher Sorgen gemacht hatten. Keine einzige meiner vielen Fernsehsendungen habe ich mir danach je angeguckt, weil ich seither wusste: Mach' es wie Alfred und sei einfach du selbst.

Ich gebe zu, dass ich sofort Blut geleckt hatte, was das Fernsehen betraf. Es war so unmittelbar, so lebendig, so unkompliziert! Mir machte es Spaß. Und ich hatte ja vorher keine Ahnung, wie viel ein perfektes Make-up und eine attraktive Frisur ausmachen. Schon allein deshalb lohnt es sich!

Alfred und ich blieben seit dieser ersten Begegnung in Köln in Verbindung. Wir haben oft zusammen gekocht und noch öfter miteinander gegessen. Einmal nahm ich ihn mit zum luxemburgischen Großherzog Henri, der damals noch Kronprinz war. Henri und seine Frau Maria Teresa hatten in der Küche ihrer privaten Residenz Schloß Fischbach einen uralten Kohleofen, wie wir ihn anfangs in Frisange benutzten. Weil ich ihnen das erzählt hatte, luden sie mich ein, auf diesem antiquarischen Stück zu kochen, und ich nahm Alfred und Christine Ferber mit. Ausgemacht war, dass jeder ein Gericht zubereitet. Großherzog Henri machte eine schöne Vorspeise mit Pilzen und Alfred hausgemachte Nudeln. Höhepunkt des Abends war, als sich Henri in der Küche umguckte, in der nur ein gemütlicher alter Tisch stand. Ein herrlicher Raum, aber definitv nicht die Örtlichkeit für eine offizielle Tafel und livrierte Bedienstete. Besorgt fragte er: »Wo essen wir denn jetzt, Léa?« – »Na, hier, am Küchentisch natürlich!«, riefen Alfred und ich unisono. Die lustigsten Feste finden doch immer in der Küche statt. Manch einem muss man eben erst zu dieser Erkenntnis verhelfen, und Alfred war jemand, der noch die eleganteste Runde mit seiner feinen Unbefangenheit beschenkte.

Im Laufe unserer Freundschaft durfte ich Alfred ein paar Küchengeheimnisse anvertrauen. Und er beschenkte mich im Gegenzug mit einer wichtigen Weisheit.

Wir kamen darauf, als wir über seine gute Freundin Tina Turner sprachen, die sich mit uns zum Kochen treffen wollte, aber leider absagen musste. Sie war auf dem Höhepunkt ihrer Popkarriere und ich, die immer so nach Inspiration hungert, fragte Alfred nach ihr aus: »Ist sie wirklich so energetisch, die ganze Zeit? Wie schafft sie das?« Das hat mich immer interessiert: Woher nehmen andere Menschen, die wie ein Koch jeden Tag auf den Punkt Leistung abliefern müssen, ihre Energie?

Wer wie ich hart und viel arbeiten muss, denkt manchmal, anderen falle der Erfolg in den Schoß, oder dass sie sich schlauer anstellten oder begnadeter seien.

Diesen Zahn hat Alfred mir gezogen, indem er von Tina Turner erzählte: »Man sieht nur die Zeit, in der sie sich präsentiert. Aber dass sie kämpft und ackert, dass sie auf vieles verzichtet, sieht man nicht. Man kann im Leben viel erreichen, wenn man Prioritäten setzt. Aber dafür muss man in anderen Bereichen zurückstecken.«

Ich fand das so klug, und auch so tröstlich. Keiner kann alles im Leben haben, jedenfalls nicht gleichzeitig. Jeder muss Prioritäten setzen.

Alfred ist nicht nur ein weiser Mann, er hat auch Humor. Weil seine Freunde das wissen, hatten sie sich zu seinem 60. Geburtstag eine Überraschung der besonderen Art überlegt: Sie hatten einen Stripper engagiert. Und mich hatten sie eingeweiht, denn in meinem Restaurant in Frisange fand die Feier statt.

Wir versteckten den jungen Mann in einer Kammer, wo er stundenlang mit Hanteln trainierte, damit seine Muskeln später besser zur Geltung kämen. In der Zwischenzeit gab es für Alfred und seine Gäste das »Bocuse-d'Or«-Menü mit dem Lammrücken in Kartoffelkruste. Das Lamm, das uns zusammengeführt hatte! Die Feministin Alice Schwarzer und seine engsten Freunde saßen da und plauderten, als der Stripper den Raum betrat. Verkleidet als Kellner mit Tablett und Fliege, allerdings ohne Hemd. Alfred beugte sich zu mir und fragte leise, was das denn für ein unkonventioneller Mitarbeiter sei? Ich wisse auch nicht, wisperte ich ihm zu, der komme von einer deutschen Hotelfachschule und sei heute den ersten Abend im Dienst. Und dann ging's los! Musik an, Jacke weg, Fliege weg, Hose runter … also, ganz nackt tanzte der junge Mann natürlich nicht. Trotzdem war es eine Show. Alle lachten, und Alfred, der immer ungeheuer diskret war mit seinem Privatleben, musste auch schmunzeln.

Noch einer war beeindruckt von diesem Abend: mein Sohn Louis. Er war damals fast fünf und durfte gemeinsam mit einem Freund mitfeiern, und die Muskeln des Überraschungsgastes hinterließen bei beiden Jungs bleibenden Eindruck. Louis dachte lange, zu einem gelungenen Fest gehöre zwingend solch ein Auftritt mit Musik und Tanz. Wochen später kam er enttäuscht von einem Kindergeburtstag zurück und beklagte sich, spektakulär sei es nicht gewesen: »Die hatten nicht einmal einen Stripper.«

Es ist jetzt zwanzig Jahre her, dass Alfred Biolek seinen 60. Geburtstag gefeiert hat. Ich habe die Fotos vom Fest bei mir zu Hause, und wenn ich sie ansehe, wird dieser lustige Abend in mir wieder ganz lebendig.

Ich kann es kaum glauben, dass wir vor Kurzem seinen 80. Geburtstag gefeiert haben! Obwohl wir uns in den Jahren dazwischen nur sporadisch treffen konnten – mal in New York, mal in Berlin, mal auf der Insel Mainau – hat sich nichts an unserer Vertrautheit geändert. Richtige Freundschaften haben es nicht nötig, dass man sich täglich spricht.

Wenn ich über meine Freunde nachdenke, fällt mir auf, dass es sehr unterschiedliche Menschen sind, denen ich mein Herz geschenkt habe. Aber mit allen ist es ein gegenseitiges Geben und Nehmen. Es sind Beziehungen auf Augenhöhe. Zuneigung und Achtung, das ist es, was für mich zählt. Und die Erfahrung, die man in gemeinsamen Lebensphasen gewonnen hat. Wer in einer wichtigen Zeit für mich von Bedeutung war, bleibt es immer, so wie Louis' Tante Betty, die Schwester von Francis. Als ihr Bruder und ich uns trennten, sagte sie zu mir nur: »Für uns ändert sich aber nichts, gell?« Nein, auf keinen Fall!

Dass meine Freunde mir die Treue gehalten haben, obwohl ich oft monatelang, manchmal jahrelang in meiner Arbeit und meinem Tun versinke, rechne ich ihnen hoch an. Ich bin nicht gut darin, regelmäßig Kontakt zu halten, und Briefe oder E-Mails schreibe ich schon gar nicht. Lieber telefoniere ich mit meinem Handy, das ich immer griffbereit bei mir trage, oder schreibe damit liebevolle SMS-Billets. In den Computer gucke ich nie, aber von meinem Handy bin ich ganz bezaubert. Dass ich damit sogar während meiner vielen Autofahrten die Hand nach meinen Lieben ausstrecken kann, finde ich grandios. Dann ist es, als säßen sie neben mir im Auto.

Wenn mich das Geschäft völlig in Beschlag nimmt, sperre ich jene Freunde, die nicht in der Nähe leben und die ich deshalb sehr selten sehe, in kleine Schatzkästchen in meinem Herzen ein wie kostbaren Schmuck, den man auch nur zu Feststunden herausholt. Und darauf freut man sich doch besonders! Keine Sekunde hat man die Schätze derweil vergessen, und sich schon lange nach ihnen gesehnt.

Wahre Freunde wissen, wie sehr man sie liebt, auch wenn man nicht jede Woche mit ihnen an einem Tisch sitzen kann.

Der Blick über den Tellerrand

Vor Kurzem bin ich nach Ruanda geflogen, um ein Charityprojekt zu besuchen. Die ersten Eindrücke haben mich überwältigt, die Lebendigkeit der Farben – das Gelb der afrikanischen Gewänder, das satte Grün der Hügel, das leuchtende Rot der Holzketten – und dann die Begegnungen mit den Menschen.

Das Charityprojekt von Luisella Moreschi, die in Luxemburg das ruandische Konsulat leitet, unterstützt mit Mikrokrediten, einer Schule und einem Hospital die Angehörigen der Opfer des Völkermords von 1994. Etwa eine Million Tutsi wurden damals innerhalb von nur hundert Tagen bestialisch umgebracht, manche Familien komplett ausgelöscht. Ich finde das unvorstellbar, und die Erzählungen der Witwen, die ich in Ruanda kennengelernt habe, haben mich sehr aufgewühlt.

Ich bin sonst skeptisch gegenüber Wohltätigkeitsprojekten. Oft spielen sich dabei nur ein paar Menschen als Samariter auf und organisieren Partys für verwöhnte Leute, die sich schicke Häppchen in den Mund schieben und vorgeben, damit irgendjemandem zu helfen. Aber Luisella gefiel mir so gut, dass ich Patin ihres Projekts wurde. Sie setzt nämlich dieses wunderbare chinesische Sprichwort um: Sie verschenkt Hilfsbedürftigen keinen Fisch, sondern eine Angel, damit sie unabhängig werden.

Ich bilde mir nicht ein, dass ich dabei besonders viel ausrichten könne. Ich bin Köchin, keine Entwicklungshelferin. Aber wenn ich Luisellas Charityveranstaltungen mit meinen Gaumenfreuden bereichern kann und die Leute deswegen mehr Geld spenden, bin ich zufrieden.

Als Luisella mich unlängst nach Ruanda mitnahm, sah ich endlich einmal, was mit diesem Geld passiert. Und am besten gefiel mir, dass der Bau von Schulen und Krankenhäusern und finanzielle Unterstützung von Miniunternehmen wirklich Zuversicht erzeugen. Die Schulkinder lachten, dass ihre weißen Zähne nur so blitzten. Und die zupackenden Frauen waren einfach großartig. Außerdem haben sie mir die besten Pommes meines Lebens serviert: Sie wurden in einem Topf mit Maiskeimöl frittiert, der auf dem Erdboden auf zwei Steinen stand, während darunter die Holzkohle glühte.

»Louisella, wo ist denn die Küche?«, hatte ich vorher noch gefragt. Wir standen auf einem freien Platz, der nur von ein paar Hütten und einigen Sträuchern umgeben war, und ich sah mich suchend um. Louisella fand meine Frage lustig: »Hier, Chérie, vor dir auf dem Boden!«

Es ist sehr kommunikativ, miteinander zu kochen, und man kann viel voneinander lernen. Ich bereitete Tomaten mit einer Soße aus zarten Sellerieblättern zu und ließ mir von den Frauen zeigen, wie sie so gute Pommes frites herstellen. Heute weiß ich: Es liegt an den Kartoffeln. Sie sind anders in Ruanda, denn sie wachsen ohne Dünger und nehmen nicht mehr Fett auf, als sie meiner Meinung nach sollen. Ich verwende meist Erdnussöl, aber das Keimöl in Ruanda war noch besser. Man frittiert die Kartoffeln dort nur einmal richtig durch, nicht zweimal wie bei uns: Und doch sind sie wunderbar.

Mir hat imponiert, wie die Frauen das Feuer genau so kontrollierten, dass im Topf die richtige Temperatur herrschte, dazu gehört lebenslange Erfahrung. Das zeigte mir wieder einmal, dass es letztlich nie auf Luxus und edles Equipment ankommt. Diese Frauen hatten nicht einmal ein richtiges Hackmesser oder ein Schneidebrett. Das hinderte sie aber nicht daran, ein wirklich leckeres Essen zu kochen. Draußen, unter freiem Himmel. Auch bei uns behauptet man ja, beim sommerlichen Grillen auf der Terrasse schmecke alles besser. Hier in diesem afrikanischen Dorf war allein die Fleischbrühe ein Traum. Sie bestand nur aus Wasser, Rind, Gemüse, Kräutern und einem Hauch Salz.

Der teuerste Herd der Welt ist nichts wert, wenn es an guten Lebensmitteln und Hingabe fehlt. Mir tun die Menschen leid, die immer denken, Genuss hätte mit Geld zu tun: Das Gegenteil ist der Fall! Eine ofenwarme Scheibe Brot mit Luxemburger Butter und etwas Fleur de Sel, das ist ein Genuss. Oder afrikanische Kartoffeln, von wunderbaren Frauen mit Liebe und Erfahrung frittiert.

Die Reise nach Ruanda dauerte nur eine Woche, aber danach war ich wie neu. Für mich ist es ein Lebenselixier, ab und zu andere Landschaften und ihre Bewohner kennenzulernen. Über den gewohnten Tellerrand zu gucken, ändert die Perspektive und rückt unsere Prioritäten wieder zurecht. Man nimmt sich immer mit auf einer Reise, aber man betrachtet nicht nur die fremde Umgebung, sondern auch sich selbst mit frischem Blick. Mir kommt es so vor, als wäre man dann wieder näher an seinem wahren Selbst und an dem, was zählt.

Deshalb habe ich auch früher die Einladungen so geliebt, die mich als Gastköchin nach Rio, Shanghai oder Osaka führten. Ich sollte dort in berühmten Restaurants oder Kochakademien meinen eigenen Stil präsentieren, für den ich bekannt geworden war, und gleichzeitig bekam ich etwas zu sehen von der Welt. Mein Kollege Alain Ducasse ließ bei solchen Gelegenheiten stets seine Lebensmittel aus Frankreich einfliegen. Das habe ich nie gemacht. Mein Talent und mein Repertoire im Reisegepäck zu haben, reichte mir. Ich war zu neugierig auf die neuen Märkte mit ihren ungewohnten Gerüchen und Angeboten, und ich wurde auch immer fündig. So habe ich zwar meine typischen Gerichte zubereitet, aber oft mit einem neuen Dreh, zu dem mich die Kombination aus Heimat und Fremde inspiriert hatte.

Das erste außereuropäische Land, in das ich als Gastköchin reiste, noch vor Louis' Geburt, war Brasilien. Ich war damals von einem edlen Restaurant eingeladen worden, und eines Abends wollte ich ein Parfait machen, eine halbgefrorene Süßspeise. Dazu braucht man Sahne, und die schien es damals in Brasilien einfach nicht zu geben. Was die Küchengehilfen mir brachten, war eine so schwere und dicke Angelegenheit, dass ich sie beim besten Willen nicht schlagen konnte. Da fiel mir der Haushaltsunterricht in der Schule ein. Eine der Lektionen lautete damals: Sahne verlängert man, indem man ein Drittel Milch dazugibt. Ich ließ mir Milch bringen und verdünnte die feste Masse damit, und schon erhielten wir eine leichte Schlagsahne. Das hört sich vielleicht nicht nach einer spektakulären Leistung an, war es aber doch! Ohne ordentliche Sahne ist ein französisches Parfait dem Untergang geweiht. Dass mir für das ungewohnte Produkt ein heimatlicher Kniff eingefallen war, machte mich sehr stolz.

Es hat mir überhaupt immer Freude gemacht, mich in der Fremde neu zu beweisen – auch ohne Honorar, nur zum Vergnügen. Zum Abschluss der Südamerikareise verbrachte ich ein paar Tage im Küstenort Búzios, damals das St. Tropez Brasiliens. Dort sah es aus wie in einem Katalog für Traumziele: blaues Meer, Palmen und ein sanftes Lüftchen. Das Hotel, ein moderner Bungalow, stand direkt am Strand. Es war luxuriös ausgestattet, nur die Küche funktionierte nicht. Der Koch konnte gar nichts, das wusste ich, seit ich dort diesen knalltrocken gegrillten Fisch gegessen hatte.

Dann kam Silvester. Da wollte ich aber nicht darben! Also schlug ich dem Manager, mit dem ich mich prächtig verstand, vor, die Küche für einen Abend zu übernehmen und für alle Hotelgäste zu kochen. Er war begeistert, aber was sollte es geben? »Was die Gegend eben zu bieten hat!«, rief ich. Das waren vortreffliche »cigales de mer«, Bärenkrebse. Sie ähneln Langusten, haben aber runde, schaufelartige Antennen statt langer Fühler. Davon lieferten die Fischer ganze Körbe voll, ich kochte sie in einem pikanten Sud mit Orange und Fenchelkörnern, dazu gab es frische Mayonnaise, Sauce béarnaise und Champagner. Mehr braucht man nicht an Silvester – außer guter Laune natürlich, aber die herrschte von allein, es war ein wunderschönes Fest. Und wie ein zweites Weihnachten für mich, denn davon hatte ich immer geträumt: Ich bin in einem unwirklich schönen Hotel an einem unwirklich schönen Ort, der Koch fällt aus, und ich springe ein.

Ich liebe Improvisation. Allzu viel Routine lässt uns matt werden, und ich hasse Langeweile. Das habe ich von meinem Vater. Der sehnte sich auch so nach Abwechslung wie ich. Deswegen genoss er seine Geschäftsreisen nach London oder die Abenteuergeschichten unserer Gäste auch so sehr. Aber für Abwechslung kann man auch selbst sorgen, und man braucht neue Eindrücke, um neue Empfindungen wahrnehmen zu können. Deshalb liebe ich die Ferne.

Das liegt nicht unbedingt daran, dass ich aus Frisange stamme. Ich habe keinen Dorfkomplex! Im Gegenteil, ein kleiner Ort auf dem Land wie Frisange ist die geeignete Basis, um von dort aus in die Welt aufzubrechen. Wer von London nach Paris geht, wird unweigerlich diese beiden großen Städte miteinander vergleichen, aber wenn man aus der Provinz kommt, tut man das nicht. Ich habe Frisange immer gemocht. Aber ich habe mich nie vollständig damit identifiziert. Ich wollte seit jeher auch einfach hinaus, und das bedeutete für mich: hinaus aus meinem Alltag. Das ist die Abwechslung, die meine Batterien auflädt und meinen Blick frisch hält.

An keinem Ort der Welt funktioniert das besser als in New York. Wenn ich dort ankomme, hänge ich sofort an einem unsichtbaren Stecker. Ich fühle förmlich, wie Energie in mich hineinströmt. New York seine Lieblingsstadt zu nennen, ist wirklich nicht besonders originell – schließlich ist keine Metropole so besungen und gefeiert worden wie diese. Sie ist aber auch eine Wucht!

Ich bin vor vielen Jahren einmal nach New York gereist, als ich mich sehr ausgelaugt fühlte. Ich war überarbeitet, und meine Füße, mein Rücken und mein Kopf schmerzten. Nach 24 Stunden waren alle Wehwehchen wie weggeblasen. Ich fühlte mich fern der Heimat und völlig frei. Wenn ich durch die Straßen ging, fragte keiner neugierig: »Wohin des Wegs, Léa?« Wenn ich zum Essen ging, wisperte niemand: »Die Léa überprüft, was die Konkurrenz so treibt.« Und wenn ich mich im Central Park auf eine Bank setzte und den verliebten, versonnenen und verrückten Spaziergängern zuguckte, hieß es nicht spöttisch: »Sieh an, die Léa wird jetzt faul.«

Ganz New York wirkt auf mich wie eine Filmkulisse. Ich neige dazu, auch mein eigenes Leben als Film zu betrachten, als einen romantischen, leidenschaftlichen, komischen Streifen. Wahrscheinlich bin ich gerade deshalb so fasziniert von dieser Stadt, deren unterschiedliche Gesichter und Atmosphären dermaßen die Fantasie anregen.

Gleichzeitig aber fühle ich mich dort realer als anderswo. Schon nach einem Tag im Big Apple kann ich mich wieder genau an meine Träume und Wünsche erinnern. Ich bin dort wieder das kleine Mädchen mit der überbordenden Fantasie. Die Frau voller Pläne. Ich kann in die Vergangenheit schauen und in die Zukunft, während ich die Realität der Stadt in mich aufsauge und mich selbst spüre. Und ich bin keine Sekunde gelangweilt. In New York bin ich ganz bei mir und unbeschreiblich glücklich.

Dieses Glück durchflutete mich schon bei meinem allerersten Besuch vor 40 Jahren. Ich war noch lustlose Jurastudentin, als mich eine Bekannte aus Frisange, die ich sehr verehrte, einlud. Anni Bastian war einige Jahre älter als ich und arbeitete schon eine Weile für das luxemburgische Konsulat in New York. Wenn sie ihre Heimaturlaube nach Frisange führten, staunten wir, wie elegant und selbstsicher sie auftrat. Ich glaube, meine Schwärmerei für sie hat sie gerührt, jedenfalls zeigte sie sich mir gegenüber so großzügig wie eine ältere Schwester, die der jüngeren die Tür zur Welt öffnen möchte.

Ich durfte bei ihr wohnen, und während sie arbeitete, stromerte ich herum. Abends führte Anni mich zum Essen aus. Einmal besuchten wir ein sehr teures Lokal, und ich wunderte mich darüber, wie viele schöne und elegante Damen an den Tischen saßen: lauter makellos geschminkte Audrey Hepburns und Jackie Kennedys im schwarzen Etuikleid und mit Perlenkette. »Hier gehen die Leute nicht aus, bevor sie toll aussehen«, klärte Anni mich auf, »und wenn es sieben Stunden dauert.« So ein Aufwand für einen Restaurantbesuch! Diese Einstellung war völlig übertrieben, gefiel mir aber gut.

Die Wertschätzung eines schönen Dinners war einer der Gründe, warum ich mich in New York verliebt habe. Und weswegen ich mir wünschte: Einmal möchte ich mich hier heimisch fühlen, nicht nur als Touristin. Ich möchte sagen können: Das ist auch meine Stadt.

Vor ein paar Jahren habe ich mir deshalb einen wahren Luxus gegönnt und mir dort eine Wohnung genommen. Sie liegt in Harlem, nördlich des Central Parks, hoch oben im 13. Stock eines modernen Gebäudes. Von hier oben überblickt man tagsüber den Marcus-Garvey-Park, und abends glitzern die Lichter durch die hohen Fenster. Die Wohnung ist wie ein Nest für mich, sehr gemütlich, aber groß genug, damit Sam und ich ausreichend Platz haben. New York liegt schließlich auf halber Strecke zwischen Kalifornien und Luxemburg und ist der Ort, an dem wir uns schnell zwischendurch treffen können, wenn unsere Sehnsucht zu groß wird. Den weiten Weg nach Europa anzutreten, erlaubt ihm sein Job nicht so häufig. Aber ein Wochenende in New York ist immer drin.

Dann flanieren Sam und ich durch die Straßen – was für ein Spaß, denn irgend etwas gibt es immer zu sehen! In manchen amerikanischen Städten ist es schier unmöglich, sich zu Fuß fortzubewegen, aber Spaziergänge durch die Straßen gehören zu meinen Lieblingsbeschäftigungen in New York. Wir gehen in Clubs und hören Live-Konzerte, und wir probieren die verschiedensten Restaurants aus: mal das Steakhaus um die Ecke, das eigene Grillsoßen herstellt, mal das »Red Rooster« des schwedisch-afrikanischen Kochs Marcus Samuelsson, in dem auch der ehemalige US-Präsident Bill Clinton schon eingekehrt ist. In meiner Wohnung koche ich nicht häufig. Ich will hier schließlich ausgehen!

Ich bin natürlich auch in New York ein bisschen im Dienst, nur fühlt es sich nie so an. So wie ich als junges Mädchen die besten Restaurants besucht und mir angesehen habe, wie die erfolgreichen Chefs arbeiten und welches Interior Design einen Raum leuchten lässt, so lasse ich auch heute noch in jedem Lokal die Geräusche und Gerüche auf mich einströmen. Ich registriere, wenn die Wandtapeten mit opulenten lila Veilchenmustern bedruckt sind, dass das Personal ganz in Schwarz gekleidet ist und die Speisen auf minimalistischem weißem Porzellan angerichtet werden. Ich höre nie auf, zu beobachten, zu lernen und mich von den neuesten Entwicklungen inspirieren zu lassen. Dafür muss ich mich nicht anstrengen, es geschieht von allein.

In New York schaue ich mir zwar alle Lokale genau an und beurteile die Speisen mit professionellem Blick – aber ich tue es nie aus Pflicht, sondern immer mit nicht nachlassender Lust. Ich bin natürlich Köchin, aber an erster Stelle bin ich Genießerin. Das ist mein eigentliches Metier! Es geht mir vor allem um den Lebensstil, das gemeinsame Essen und Trinken mit Menschen, die dafür einen Sinn haben. Dank meines Berufs darf ich in diesem herrlichen Theater mitspielen und versuchen, die Küchengeheimnisse zu lüften, die mich schon als kleines Mädchen umtrieben. Ginge es mir nicht um den Genuss, hätte ich ja gleich bei Jura bleiben können.

Es ist schon etwas anderes, ob man als Gast oder als Kollege ein Lokal betritt. Wenn ich als Köchin essen gehe, fühle ich mich sofort zugehöriger, als wenn ich als Kundin eine Modeboutique betrete. Schließlich gehören wir alle zum Club derer, die gutes Essen lieben und uns dafür abrackern, und wir geben einander unsere Wertschätzung zu verstehen.

Meine tollen Kollegen in der New Yorker Gastronomieszene besuche ich häufig: den Elsässer Jean-Georges Vongerichten, der das »Jean-Georges« am Central Park betreibt, Thomas Keller vom »Per Se«, Daniel Boulud, der wie die beiden anderen Chefs vom »Guide Michelin« mit drei Sternen ausgezeichnet wurde. Und was ich sehr lustig finde: Auf den Straßen New Yorks kennt mich keiner, in vielen Restaurants aber schon. Ich kann eigentlich nirgendwo incognito essen. Wir Chefs wittern aneinander das besondere Aroma des Kochs. Sogar im traditionellen »Katz' s Deli«, berühmt seit der legendären Filmszene aus »Harry und Sally«, wurde ich gefragt, ob ich Gastronomin sei – und schon waren wir im Gespräch. Wie ich mich freimütig und interessiert umgeschaut, nachgefragt und bestellt hatte, gab mich als Artverwandte zu erkennen. Katz's Pastrami-Sandwich ist übrigens immer noch superb.

Wenn ich von einem New-York-Ausflug wieder nach Hause komme, stecke ich voller neuer Ideen. New York, Amerika überhaupt, die Philosophie der Tatkraft, Sam, der hier lebt, und unsere erste romantische Reise durch Arizona – für mich fließt all das in einer großen Begeisterungswoge zusammen. Es ist also kein Zufall, dass ich gerade den amerikanischen Botschafter in Luxemburg besonders ins Herz geschlossen habe. Robert Mandell und seine Frau Julie sind oft bei mir zu Gast, und ich nutze dann jede Minute, um ihnen von ihrem Land vorzuschwärmen.

Aber selbst im Leben einer Köchin aus Leidenschaft geht es nicht nur ums Essen.

Wenn ich nur zwei Stunden Zeit habe, um aus meinem Alltag auszureißen, gehe ich ins Kino. Wie ich es liebe, mich in eine andere Welt entführen zu lassen, und dadurch ganz bei mir anzukommen.

Als Kind war ich von so überbordender Fantasie, dass ich mich vollständig mit den Helden und Heldinnen der Geschichte identifizierte. Ich träumte mich in die Leinwand hinein, und holte die Fiktion in meine Realität. Noch Stunden später befand ich mich in meinem eigenen Film. Das erlebe ich noch heute.

Mein erster Kinofilm war »Zorro«. Von ihm hatte mein Großvater mir schon erzählt, und er war es auch, der mich dann ins Kino mitnahm. Zorro war meine erste Liebe. Ich bewunderte ihn und liebte ihn voller Fürsorglichkeit, so dass ich jedes Mal zusammenzuckte, wenn er vom Dach auf den Rücken des wartenden Pferdes sprang ... Der arme Mann, das tat doch weh!

Filme, in denen ein Ehrenkodex und die Tugenden Mut und Loyalität eine wichtige Rolle spielten, gingen mir als jungem Mädchen sehr nahe. Vor allem wenn sie von der unverbrüchlichen Treue und dem Zusammenhalt zweier Freunde erzählten – so wie »Winnetou«. Das Kino spiegelt ja angeblich unsere eigenen Träume und Ängste wider, und später fragte ich mich, weshalb mich gerade dieses Thema so ergriff. Ich war ja kein einsames oder trauriges Kind. Aber wahrscheinlich berührten diese Filme eben doch eine tiefe Sehnsucht in mir nach dem einen Gefährten, der mit mir durch dick und dünn gehen würde, mit dem ich Risiken eingehen und Niederlagen wie Erfolge teilen konnte.

Von romantischen und tragischen Liebesfilmen hielt ich mich lange eher fern. »Vom Winde verweht« oder andere Dramen vertrug ich schon als Mädchen nicht gut. Ich habe übrigens auch ein bisschen Angst vor Romanen gehabt, weil ich fürchtete, dass sie mich mit dem konfrontieren würden, worauf ich im Leben oftmals verzichtet hatte.

Wir Luxemburger haben uns immer stark am französischen Kino orientiert. Ich ließ mich von den Kriminalfilmen der Siebzigerjahre unterhalten und schwärmte für Michel Piccoli, Alain Delon und Jean-Paul Belmondo. Und für Gérard Depardieu, der ein recht eigensinniger Gourmet zu sein scheint. Von ihm hört man ja oft Dinge, über die man den Kopf schüttelt. Er ähnelt dem Typ des urigen, derben Luxemburgers, der sich nicht im Geringsten darum scherte, was man tat oder besser nicht. Die moderne Welt lässt das solchen Originalen nicht mehr durchgehen, aber ich mag Depardieu noch immer. Leider habe ich nie mit ihm an einem Tisch gesessen!

Die Vitalität mancher Schauspieler steckt mich im Kino sofort an. Jack Nicholson war so einer, nach dessen Filmen ich wie elektrisiert nach Hause ging. Oder Liza Minelli – »Cabaret« hätte ich mir hundertmal ansehen können. Wie sie mit ihren seltsam großen Augen die ganze Welt glauben machte, sie sei die hinreißendste Frau des Universums, obwohl sie keinem Schönheitsideal entspricht, hat mir sehr imponiert.

Heute gehe ich vor allem aus einem Grund ins Kino: Ich lasse mich für mein Leben gerne gut unterhalten! Und besonders liebe ich Kochfilme. Ich sehe einfach gerne schöne, verführerische Köchinnen, die mit Hingabe andere bekochen und deren raffinierten Speisen niemand widerstehen kann: Martina Gedeck als »Bella Martha«, Catherine Zeta-Jones in der amerikanischen Version »No Reservations«, die in Deutschland unter dem Titel »Rezepte zum Verlieben« zu sehen war, und Meryl Streep als Croissant-Bäckerin in »Wenn Liebe so einfach wäre« oder in »Julie & Julia« als Julia

Child, die den Amerikanern die feine französische Küche nahebrachte. Natürlich romantisieren diese Filme unsere Arbeit schamlos, aber das tue ich ja auch. Die Hektik in der Küche, die Bedeutung des Zusammenarbeitens, der Stolz der Köche – es rührt mich sehr, dass all das groß genug für einen Filmstoff sein kann.

Sehr schön finde ich auch »Babettes Fest«. Darin geht es um eine französische Köchin, die es im 19. Jahrhundert nach Dänemark verschlagen hat, wo sie mit einem Festmahl die Herzen der asketischen Landbewohner zum Schmelzen bringt, wie es der Anspruch jeder guten Köchin sein sollte. Genau dieses Menü habe ich einmal nachgekocht, als »Babettes Fest« im Rahmen eines kulturellen Abends in Luxemburg lief und danach das Essen aus dem Film serviert werden sollte. Dass der Regisseur Gabriel Axel anwesend war, bedeutete einen Ansporn für mich, immerhin hatte er hierfür einen Oscar gewonnen.

Es gab Veuve-Clicquot-Champagner, Blinis mit Kaviar und zum Salat eine Vinaigrette, die ich zum ersten Mal machte. Sie wurde mit Räucherspeck verfeinert, der kurz vor dem Servieren herausgenommen wird – so bleibt nur ein ganz zartes Aroma. Die größte Herausforderung war die Schildkrötensuppe, denn »Turtlesoup« ist längst verboten. Aber ich improvisiere ja so gerne. Also nahm ich eine doppelt gekochte Rinderconsommé, klärte sie und gab Sherry, eine Prise vom baskischen Pfeffer Piment d'Espelette und außerdem Steinpilze dazu, bei denen ich die Lamellen herausgeschnitten hatte. Die Pilze sollten der Konsistenz der verbotenen Schildkröte am nächsten kommen. Und was sagte Monsieur Axel zu mir? »Dieses Menü habe ich seit dem Film schon hundertmal gegessen. Aber niemals war die Suppe so perfekt wie heute!«

Auch die Kunst zählt zu den schönen Dingen des Lebens, die mich mit neuer Energie versorgen. In ein Museum gehe ich allerdings selten. Eigentlich nur dann, wenn man mir anschließend ein wunderbares Restaurant in Aussicht stellt. Ich muss schon einen Bezug zu Kunstwerken finden, sonst lassen sie mich kalt.

Wenn ich den Künstler persönlich kenne, fühlt sich seine Arbeit für mich gleich anders an. Deshalb hängen in meinem Restaurant auch Bilder der Luxemburger Fernand Roda, Félix Boy Cloos, Jacques Schneider und Jean-Marie Biwer. Von Letzterem besitze ich ein großformatiges Gemälde, das eine liegende Dame zeigt. Ursprünglich war sie nackt und ruhte auf einem Diwan, aber das wollte ich meinen Gästen nicht zumuten. Es ist wunderbar, sagte ich zu Jean-Marie, aber ich kann es leider nicht für mein Lokal kaufen. Da rief er mich eines Tages an: Er habe ihr ein Röckchen angezogen und sie auf eine Wiese gelegt, sie sehe jetzt ganz anständig aus.

Den ersten Kontakt mit der Kunstwelt verdanke ich meinem Freund Reginald Neumann, dessen Onkel ein berühmter Kunstsammler war. Reginald führte mich durch dessen Sammlung: Sie atmete Kultur und Bildung und war sehr beeindruckend. Es fasziniert mich, dass man tatsächlich irgendwann einen Künstler wiedererkennt, wenn man den Blick geschult hat.

Sie glauben nicht, wie viel Eindruck Sie schinden, wenn Sie als Köchin einen feinen Salon betreten und sagen: »Das ist aber ein schöner Hartung!« Manche wundern sich offenbar, wenn unsere Branche nicht nur Seezunge von Seewolf, sondern auch Hartung von Léger unterscheiden kann.

Ob bei einem schönen Essen, im Kino, bei einem Spaziergang in New York oder der Betrachtung eines Bildes, das mir viel bedeutet – eigentlich geht es mir dabei immer um das Gleiche: Ich bin meinem Trott enthoben und für ein paar Momente ganz bei mir. Mich stärkt das ungemein.

Es gibt noch etwas, was mir zuverlässig auf die Beine hilft, wenn ich neuen Schwung brauche: Tanzen. In der Rangliste meiner Leidenschaften rangiert es gleich nach dem Kino. Ich komme nur so selten dazu!

Es ist nicht lange her, da stand ich auf einer Bühne – es handelte sich wieder um ein Showkochen – und wartete darauf, dass man mir einen Bunsenbrenner brachte, damit ich meine Crème brûlée karamellisieren konnte. Hinter der Bühne suchte man wohl noch, es zog sich endlos, und das Orchester begann zur Überbrückung der Panne mit einem Swingstück, zu dem sich eine Sängerin gelangweilt wiegte. Das konnte man den 800 Zuschauern nicht zumuten, fand ich. Also tänzelte ich zu den Klängen in Richtung Sängerin, erst ein bisschen zum Spaß, aber die Leute waren sofort Feuer und Flamme und applaudierten! Dann bemerkten mich auch die Sängerin und das Orchester, und ehe ich nachdenken konnte, tanzte ich auf der Bühne vor Hunderten von Zuschauern. Zum Glück trug ich an dem Abend sehr schicke Pariser Schuhe mit kleinen Absätzen und war von meiner Friseurin Anna in Bestform gekämmt und geschminkt worden. »Wir haben ja gar nicht gewusst, dass du so schön tanzen kannst!« hörte ich danach. Ich hatte es schon gewusst. Aber ich hatte nicht geahnt, dass ich mich auch vor Publikum trauen würde.

Das Tanzen ist in meinem Leben viel zu kurz gekommen. Dabei habe ich es so gerne, wenn die Hände, die Hüften, die Beine auf den Rhythmus reagieren und man sich ganz dieser Sinnlichkeit hingeben kann.

So muss ich mich meistens mit Musik ohne Tanz begnügen. Ich liebe fast alle Sorten von Musik, denn ich bin damit aufgewachsen. Mein Vater hat abends oft die Trompete herausgeholt und für sich und uns gespielt, mein Bruder Jean ist professioneller Musiker. Für mich gehörte das zur Fröhlichkeit eines Haushalts dazu. Heute schalte ich das Radio an, wenn ich im Auto sitze. Oder ich hoffe, dass Louis zu Hause Musik auflegt – und sei es wilde Clubmusik aus Berlin!

Mit Klassik allerdings verhält es sich bei mir wie mit Kunst in Museen: Ich habe Berührungsängste. Früher bin ich nie in Konzerte oder in die Oper gegangen. Mir fehlte der Bezug dazu. Außerdem befürchtete ich ein wenig, dass der Dirigent die Anwesenheit eines Unkundigen spüren, sich umdrehen und streng fragen würde: »Was machst du denn hier, Léa?!«

Im Sommer vor drei Jahren waren in meinem Bistro, dem »Pavillon« in Kayl, Mitglieder des Chicagoer Symphonieorchesters zu Gast. Sie absolvierten ein Gastspiel in der Philharmonie in Luxemburg und wollten gut essen. Weil ich selbst häufig in meinem Pavillon mittags einen Fisch oder Salat bestelle, lernten wir uns kennen. Sie waren so nett, dass ich am nächsten Tag ein Picknick für sie veranstaltete, was bei uns nicht üblich ist. Aber ich hatte immer eine Schwäche für Künstler, und diese freundlichen Musiker riefen in mir eine schöne Erinnerung wach an die nächtlichen Essen, die ich oft für meinen Bruder Jean und seine Musikerfreunde veranstaltet hatte. Es war etwas Besonderes gewesen, an dieser künstlerischen Atmosphäre teilzuhaben, und ich wollte unbedingt, dass meine Gäste aus Chicago auch eine gute kulinarische Erinnerung an ihre Europareise mit nach Hause nähmen. Wir grillten, es gab Salate und danach Madeleines, und es war so malerisch wie in einem der Filme, die ich so mag. Zum Dank schenkten die Orchestermusiker mir Karten und sagten, ihr Dirigent Riccardo Muti würde mich gerne kennenlernen. Und nein: Er werde sich nicht am Dirigentenpult umdrehen und mich als Laien entlarven!

Also ging ich ins Konzert. Das Chicagoer Symphonieorchester spielte Hindemith und Prokofjew. Ich saß auf einem guten Platz, von dem aus ich beobachten konnte, wie Riccardo Muti in seinem eleganten schwarzen Frack konzentriert über 60 Musiker gebot, sie manchmal zu drosseln schien, dann wieder zu mehr Dynamik antrieb, Einzelne zu Soli aufforderte. Alle Musiker waren Weltklasse – aber nur im disziplinierten Zusammenspiel, in der feinen Abstimmung aufeinander, und nur deswegen, weil sie den Anweisungen ihres Dirigenten folgten, konnten sie ein gemeinsames Werk abliefern, das die Handschrift eines Chefs trug. Zum ersten Mal verstand ich die Schönheit dieser Musik. Zum ersten Mal begriff ich ihr Entstehen, und ich dachte: Genau so muss ich es in meiner Küche machen.

Steinbutt à la Léa Linster muss so unverwechselbar sein wie Prokofjew à la Riccardo Muti! Jeder Dirigent, jeder Chefkoch muss seinen eigenen Stil präsentieren können. Dann ist es Kunst.

Ich fühlte mich plötzlich allen verbunden, die wie ich in einem kreativen Prozess versuchen, Schönheit zu erzeugen. Ein Dirigent, ein Koch, ein Regisseur – sie alle können ihr Werk niemals allein entstehen lassen.

Am Ende des Konzertes war ich ganz beseelt. Dann holten mich die Musiker zu sich, ich verteilte meine Madeleines, die ich mitgebracht hatte, Riccardo Muti schüttelte mir die Hand und dankte mir dafür, dass ich seinen Musikern so eine schöne Zeit bereitet hatte.

Seither liebe ich Konzerte.

Genussdiät à la Léa

Ich habe für viele berühmte Menschen groß aufgekocht, aber ganz besonders gerne für Boris Jelzin. Nicht etwa, weil ich eine verkappte Kommunistin wäre. Oder weil Jelzin 1986, als er unser Restaurant besuchte, immerhin schon Parteichef von Moskau und damit ein exotischer Gast war. Und auch nicht, weil er kein Fitzelchen auf dem Teller zurückgehen ließ. Meine Beweggründe waren ganz einfach die einer geschmeichelten Frau: Boris Jelzin hat es an diesem Abend in Frisange fertiggebracht, dass ich mich leicht fühlte wie eine Feder.

Und das ist etwas Besonderes. Das gelingt nämlich nicht jedem Mann! Jelzin war damals der russische Bär, wie er im Buche steht: breitschultrig, massig, und so groß, dass ich ihm höchstens bis zur Brust reichte. Er weilte auf Einladung der Luxemburger Genossen im Lande. Man hatte getagt, wichtige Gespräche machen hungrig, nun wollte man eben gut essen. Jelzin erschien mit mehreren Bodyguards, allesamt Kraftpakete wie ihr Chef, und wie stets bei solch hochkarätigen Gästen, die einen hohen Sicherheitsaufwand erforderlich machen, war die Stimmung anfangs steif. Die Politiker in ihren dunklen Anzügen guckten protokollarisch ernst, die Begleitschützer grimmig.

Aber solche Mienen können sich bei meinen Köstlichkeiten nie lange halten, das ist wie in dem Film »Babettes Fest«. Ich ließ gebratene Gänseleber, Rinderfilet und Crème brûlée servieren, und zwar für alle – auch für die Bodyguards! Ich fand, das sei eine schöne Geste der Gleichheit gegenüber meinen kommunistischen Gästen. Die Leibwächter freuten sich, weil sie so fürstlich dinieren durften und am Ende des Abends, jetzt kann ich es ja erzählen, waren sie »strack«, wie wir Luxemburger das nennen: schlicht und einfach betrunken.

Auch Jelzin schien grenzenlos zufrieden. Er legte sein Jackett ab, machte es sich gemütlich und ließ mich immer wieder an den Tisch holen, wo die Stimmung jedes Mal aufgeräumter und fröhlicher wurde. Lautstark redete er auf mich ein, und ich verstand natürlich kein Wort, bis mir der Dolmetscher übersetzte: Herr Jelzin sei überzeugt, in mir fließe ganz sicher russisches Blut.

Und jetzt kommt's: Boris Jelzin, dieser riesenhafte Kerl, stand in seinem Überschwang auf, umfasste meine Taille und hob mich in meiner weißen Kochweste mühelos in die Höhe, als sei ich ein Püppchen oder eine zarte Ballerina. Das war mir in meinem Restaurant noch nie passiert, und alle machten große Augen. Ich fand es zauberhaft! Nie hatte ich mich so grazil gefühlt. Um ein Haar hätte ich mich den Kommunisten angeschlossen.

Für mein Körpergefühl war dieses Erlebnis erhebend, im wahrsten Sinne des Wortes. Denn ich will mal die Karten auf den Tisch legen: Auch für eine selbstbewusste Person wie mich ist mein Gewicht manchmal ein Thema, und nicht mein allerliebstes.

Wenn ich mit meiner Figur haderte, war es immer Ende August. Da waren die Ferien zu Ende und auch die heißen Wochen in der Sonne, in denen ich mir nur eine leichte Tunika überwerfen musste, um mich unbeschwert zu fühlen. Im Herbst aber warteten die vernünftigen Sachen im Schrank, und wenn ich mich mit Kostüm und hohen Schuhen unbehaglich fühlte, wusste ich: Attention! Die Schwere darf meine Beweglichkeit niemals einschränken, das kann ich nicht ertragen. Es passt nicht zu meinem Selbstbild, wenn meine äußere Lebendigkeit nicht mit der inneren Schritt halten kann.

Damit keine Missverständnisse aufkommen: Ich möchte flink und beweglich bleiben – aber ich eifere nicht etwa dem modernen Schlankheitswahn hinterher, der Frauen so verrückt macht. Ich habe mich nie beklagt, ich sei zu dick. Und wenn mir jemand wie jene dürre Hamburger Madame zu verstehen gab, ich müsse abnehmen, habe ich meinen Luxuskörper selbstverständlich mit Stolz verteidigt. Jeder hat seine gottgegebene Veranlagung, und wir tun alle gut daran, uns selbst zu lieben.

Mein Körper hat mir immerhin die Kraft gegeben, so weit zu kommen in meinem Leben, und dafür schulde ich ihm Dank. Er hat all die Anstrengungen in der Küche ertragen, das Geschleppe von Kartoffelsäcken und beladenen Tragen, das stundenlange Stehen vor dem glutheißen Ofen, das Hin- und Hergerenne zwischen Saal und Küche, und alles, ohne mich je im Stich zu lassen oder krank zu werden.

Ich bin eine intuitive Kämpferin, und mir kam es immer so vor, als hätte mein Körper meine Ziele verinnerlicht und mir unfassbare Energie verschafft, einen nie versiegenden Treibstoff, Euphorie, manchmal sogar eine lebensrettende Wut, um diese Ziele auch zu erreichen. Durch meine Vitalität konnte ich bis zum Schluss mit Freuden Belastungen durchhalten, unter denen andere gelitten hätten, und wenn ich fertig war, hätte ich oft noch einen draufsetzen können. Auf meine robuste Konstitution konnte ich mich immer verlassen.

Dafür passte ich eben nie in enge Blue Jeans, was soll man machen.

Als ganz kleines Kind war ich tatsächlich dünn, weil ich partout nicht essen wollte, und ich bekam den ganzen Tag über Lebertran aufgedrängt. Aber schon mit zehn, zwölf Jahren setzte sich das mütterliche Erbe in meiner Figur durch: Ich wurde rundlich. Dann entdeckte ich das Kosten und Probieren in der Küche und aß ordentlich. Und wirklich schwer wurde ich ab Mitte 20, in den ersten beiden Jahren, nachdem ich das Haus in Frisange übernommen und es in mein Feinschmeckerlokal verwandelt hatte.

In meiner Anfangszeit als Chef habe ich ganze zwanzig Kilogramm zugenommen. Das lag natürlich am Stress und dem permanenten Schlafmangel. Ich kam nie dazu, mich dreimal am Tag zu vernünftigen Mahlzeiten hinzusetzen und ansonsten die Finger vom Essen zu lassen. Frühstück brauchte ich keines, das machte mich nur hibbelig, und so trank ich lediglich Kaffee. Aber sobald ich vormittags ins Restaurant kam, ging es los.

Ich pickte überall herum, an allem, was ich zubereitete. Ich habe wirklich andauernd etwas gegessen, nicht nur das Mittagessen mit meinem Team. Ich schmeckte die Sahnesoßen ab und probierte das Hühnerfrikassee und den Hummersalat, ich kostete die frisch aufgeschlagene Mayonnaise und die gehackten Zwiebelchen und die Mousse au Chocolat – alles, alles, alles! Wer im Dauerstress ist, merkt gar nicht mehr, was er sich ununterbrochen in den Mund schiebt, es geschieht aus Nervosität.

Appetit oder gar Hunger kannte ich überhaupt nicht mehr, wie denn auch? Ich war immer sehr bekümmert, wenn ich an freien Tagen auswärts essen wollte und schon Sodbrennen hatte, bevor der Gruß aus der Küche kam. Ich war übersättigt.

Und wenn mir erst eine schlechte Nachricht in die Quere kam! Ein teurer Steinbutt war verdorben, eine dringend erwartete Lieferung fiel aus, jemand vom Personal kündigte oder es fehlte Geld in der Kasse! Dann wurde erst mal sofort etwas gegessen. Am besten eines meiner knusprigen Brötchen mit den spitzen Enden, die immer bereitstehen, weil wir sie zweimal am Tag backen. Dick mit Luxemburger Butter bestrichen, dem wahren Goldschatz unseres Landes.

Das schmeckte nicht nur wunderbar, die Kohlehydrate und das Fett trösteten mich auch über jeden Ärger ein bisschen hinweg. Trostessen hilft, das ist eine Tatsache. Ebenso wie es eine unbestreitbare Tatsache ist, dass eine rohe Karotte leider nicht denselben befriedigenden Effekt hat wie ein golden gebuttertes Brötchen.

Könnte schlimmer sein, habe ich mir immer gesagt. Ich hätte bei all dem Stress ja auch Trosttrinken können, nicht wahr, wie viele Wirte. Früher waren die alten Köche übrigens oft Alkoholiker, weil sie während der Arbeit immer einen kleinen Schluck nahmen und dann noch einen, und am heißen Herd nicht so schnell merkten, wie viel sie intus hatten. Es gab früher den Branchenwitz über Köche, die pro Tag nur zwei mit Gin flambierte Kalbsnierchen hinausschicken, aber trotzdem täglich eine neue Flasche Gin brauchen – weil sie sich den Rest selbst einverleibten. Und mit den

Gästen wurde der Geselligkeit wegen auch stets ein Glas genommen. Die ganze Wassertrinkerei ist noch nicht so lange in Mode, das darf man nicht vergessen. Wenn man früher rief: »Ich brauch' was zu trinken!«, wurde doch kein Wasser gebracht. Kinder bekamen Limonade, Erwachsene Wein oder Bier.

Vom Trosttrinken habe ich mich ferngehalten, das wäre fatal gewesen und widersprach den Warnungen unseres Vaters. Das Schlimmste sind allerdings Trostdrogen, in deren Fänge auch schon mancher Koch geraten ist. Und das Mittelschlimmste sind Trostpharmaka. Ich hielt mich an Trostessen.

Das blieb über die Jahre nicht ohne Folgen.

Ich muss ja sicher nicht verraten, wie viel ich in Höchstzeiten auf die Waage brachte, ich stehe ja hier nicht vor Gericht. Aber manchmal wurde es mir wirklich zu viel. Es dauerte immer eine Weile, bis ich es bemerkte, denn früher trug ich ja tagein, tagaus nur meine figurfreundliche Kochuniform, mein sogenanntes »Küchenkleid«, ein Jerseykleid mit dehnbarem Gummizug in der Taille, darüber die weiße Kochschürze, dazu immer schöne Schuhe. Darauf legte ich Wert. Diese »Da-kommt-die-Köchin«-Gesundheitstreter kamen mir nicht an die Füße. Doch wenn die Schuhe drückten und das Kleid zwickte – immer Ende August! –, musste ich die Bremse ziehen.

Was machen Frauen dann? Natürlich eine Diät. Ich auch. Mit Diäten kenne ich mich fast so gut aus wie mit 7-Gänge-Menüs.

Meinen ersten Anlauf unternahm ich in Eigenregie und probierte es mit der »FdH«-Methode – friss die Hälfte! Ich ließ es langsamer angehen und aß kontrolliert und wenig. Das ging aber nur so lange gut, bis mir die erste schlechte Nachricht die Laune vermieste. Dann griff ich wieder zum Brötchen und zur Butter.

Das ist überhaupt das Problem, finden Sie nicht auch? Diäten funktionieren wunderbar! Aber immer nur bis zur ersten Stresssituation.

Dann probierte ich die Ananasdiät. Ich liebe diese süßen Früchte, aber nicht auf Dauer.

Danach machte ich die Atkinsdiät, die nach dem Low-carb-Prinzip nur Fett und Proteine erlaubt: Fleisch, Käse, Eier. Das ist im Vergleich zur Ananasdiät ganz abwechslungsreich und lässt sich aushalten, außerdem soll dadurch der Stoffwechsel in Schwung gebracht werden. Leider habe ich gerochen wie ein Tiger. Während einer Diät auch noch stinken zu müssen, also wirklich, das ist zu viel!

Natürlich habe ich auch Trennkost, bei der man Eiweiße und Kohlehydrate nicht in einer Mahlzeit kombinieren darf, über mich ergehen lassen.

Einmal habe ich mich sogar ganz und gar vom Essen getrennt: beim sagenhaften Heilfasten. Dabei darf man nur Tee mit einem winzigen Löffel Honig zu sich nehmen, also nichts. Dafür wird man mit dem Versprechen gelockt, dass das Darben Blockaden löst, den Körper entgiftet, die Leistungsfähigkeit steigert sowie die Laune hebt. Nun ist meine gute Laune so unverwüstlich, dass sie sogar das Fasten überstand. Solange ich meine Tees in einem feinen Hotel in ruhiger Abgeschiedenheit trank, war alles gut, auch wenn ich mich als Gastronomin wunderte, wie teuer es sein kann, nichts zu essen. Die Pfunde purzelten. Aber zu Hause, beim ersten Ärger, war wieder alles beim Alten.

Beim nächsten Diätversuch lernte ich meine gute Freundin Anna Rinneberg kennen. Anna war mir als Ärztin empfohlen worden. Sie setzte mir kleine Nadeln ins Ohr und tränkte mich mit Buttermilch. Mithilfe der Akupunktur, versicherte sie mir, würde ich durchhalten. Aber in Wahrheit habe ich meine Willenskraft nur mobilisiert, um meine neue Freundin nicht zu enttäuschen. Immer wenn mich die Brötchen anlachten, ermahnte ich mich zur Disziplin: »Denk an Anna! Runier' nicht ihren guten Ruf!« Ich trank tapfer meine Buttermilch und habe tatsächlich mit dieser Kur mehr als 24 Kilogramm abgenommen – und nie wieder mein Spitzengewicht erreicht.

Trotzdem kenne ich ihn gut, den bösen Jo-Jo-Effekt. Ich wundere mich, wie manche Frauen immer schlank bleiben und nie mit Gewichtsschwankungen zu kämpfen scheinen. Wenig Stress? Gute Gene? Ich begreife es nicht. Vielleicht fehlte mir Diäten gegenüber auch immer die rechte Einstellung: Für mich ergab Abnehmen nur deshalb Sinn, weil ich danach wieder beherzter genießen durfte.

»Sport ist die Lösung!«, höre ich immer wieder von manchen Leuten. »Seid ihr verrückt?«, möchte ich denen antworten, wann hätte ich denn auch noch Sport treiben sollen?

Als junges Mädchen liebte ich es, im Nachbarort Bad Mondorf schwimmen zu gehen. Dort gab es eine schöne Schwemme, in der mein Jugendfreund Bondo mir den Kopfsprung und das Kraulen beibrachte, und wie ich mich im Wasser sicher fühle. Nachmittags dort meine Runden zu drehen und später die warme Abendsonne im Rücken zu spüren, während wir auf der Wiese lagen, daran erinnere ich mich gut.

Aber als ich dann das Restaurant hatte, hielt ich die Sonne nicht mehr aus. Wenn ich erhitzt vom Schwimmen zurückkehrte und dann am heißen Ofen nachglühte – das verdarb mir jede Lust. Und da war es aus zwischen dem regelmäßigen Schwimmen und mir.

Sport und Diäten, das habe ich im Laufe der Jahre für mich herausgefunden, dürfen meinen Alltag nicht beherrschen. Davon bekomme ich schlechte Laune. Ich wollte auch nie aus lauter Angst vor Kalorien die Freude am Genuss verlernen. Ich habe viele Frauen beobachtet, bei denen das der Fall ist, und sie tun mir herzlich leid. Elegante Ehefrauen mit Modelfigur in hautengen Hosen, die ihre Männer in mein Restaurant begleiten, und an ihren streichholzdünnen Armen eine so schwere diamantbesetzte Uhr tragen, dass sie umzukippen drohen, und die mit der Gabel mein gutes Essen von links nach rechts schieben, als ob es giftig sei. Da kann ich kaum zusehen.

Das Trara, das vor sehr langer Zeit um ein offizielles Essen für Prinzessin Diana in Luxemburg veranstaltet wurde, gab mir auch zu denken. Ich schwärmte sehr für diese wunderbare Frau, und ich weiß nicht, ob sie wirklich schwierig oder magersüchtig war, aber alle Organisatoren schienen davon auszugehen. Schon im Vorfeld machten sie mir die Hölle heiß: Diana dürfe auf keinen Fall mit zu schwerer Kost behelligt werden! Mager müsse das Menü sein, ganz leicht! Huhn käme in Frage, besser noch Fisch. Alle schienen so nervös, als würde ein Hauptgang mit hundert Kalorien zu viel den ganzen Abend verderben.

Einer Köchin machen solche Ansagen keinen Spaß. Was soll das bedeuten: Knäckebrot? Wer verwöhnen will, verwendet Butter und Sahne, das ist nun mal so. Deswegen sind meine Speisen trotzdem nie fett, und kein normaler Mensch wird zunehmen, nur weil er einmal meine Kochkünste probiert. Aber ich fügte mich und servierte einen Traum von Steinbutt. Auf Prinzessin Diana konnte ich nur einen kurzen Blick werfen, sie war sehr elegant, aber auch sehr dünn. Vielleicht hätte sie sich auch über ein üppigeres Menü gefreut, aber den Steinbutt damals hat sie immerhin aufgegessen.

Nein: Essen darf kein Problemthema werden. Es ist ein Genuss. Wer permanent Kalorien zählt, kommt nicht weit, sondern lebt in einem selbst gebauten Gefängnis und kann nicht fröhlich sein. Aber wer nicht fröhlich ist, der kann auch nicht sexy sein. Und das wollen wir doch alle!

Natürlich nicht im primitiven Sinne. Für mich bedeutet Sexy-Sein, dass man Lust auf das Sinnliche im Leben hat und es wirklich genießen kann. In sich selbst verliebt zu sein und sich schön zu machen, gehört genauso dazu, wie in einen sonnigen Maitag verliebt zu sein, in die laue Luft, die nach Küssen schmeckt, in Gespräche, die uns beflügeln und über dem Alltag schweben lassen. Am anziehendsten finden wir doch Menschen, die sich in ihrer Haut wohl fühlen und Lebenslust ausstrahlen. Die hocken nicht vor einem wie ein eingeschläfertes Huhn, nein, die machen einen an. Gewicht und Alter spielen dabei kaum eine Rolle.

Manchmal habe ich ältere Damen zu Gast, die so gepflegt und vergnügt bei Tisch sitzen und sich verwöhnen lassen, dass es die reinste Freude ist. Zu denen sage ich gerne verschmitzt: »Versprechen Sie mir, Madame, dass Sie immer so sexy bleiben!« Die verstehen mich dann schon richtig und lachen.

Solche Damen sind in jeder Minute ihres Lebens allem Schönen gegenüber aufgeschlossen und kokett bis ins Alter. Das ist ein feines Vorbild. Genauso wie ihre etwas strengere Variante, die mich schon in meiner Jugend beeindruckt hat: die selbstbewussten, erfolgreichen Damen, die ihr eigenes Geschäft führten und sich kein X für ein U vormachen ließen. Diese Frauen besaßen Chic und Glamour, sie sprachen etwas schroff, konnten einen aber auch urplötzlich mit Herzlichkeit und Humor einhüllen wie in ein weiches Tuch. Sie waren kritisch und wohlwollend, beides gleichzeitig, und wenn sie einem ein Kompliment machten, konnte man wirklich etwas darauf geben. Ich habe diese Frauen geliebt. Ein stolzer Charakter, Energie und Charme – für mich war das eine unwiderstehliche Mischung.

Das Problem vieler Frauen von heute ist doch, dass sie einem Schönheitsideal hinterherlaufen, das nicht zu ihnen passt. Dabei verwandelt keine Diät der Welt eine Rubensfigur in eine Kate Moss, und angestrengte Perfektion wirkt hundertmal unerotischer als gut gelaunte Individualität.

Es erfordert natürlich Mut, ganz und gar zu sich zu stehen, aber es lohnt sich. Mir hat diese Einstellung schon eine Schönheitsoperation erspart, zu der ich mich bereits in einer exklusiven Klinik angemeldet hatte. Der Arzt war eine Koryphäe, und er machte mir Hoffnungen auf ein paar Kleidergrößen weniger. Trotzdem habe ich am Tag vor dem Eingriff mein Täschlein wieder ausgepackt und alles abgesagt. Es kam mir plötzlich albern vor, meinen Körper, der mich jahrzehntelang durchs Leben getragen hatte, mit Fettabsaugen zu malträtieren. Der Arzt war ein bisschen enttäuscht, er hätte gerne mit meiner neuen Figur angegeben! Aber ich hatte eine Grundsatzentscheidung getroffen: Mein Körper wird gepflegt, nicht gequält.

Sam, der viel Sinn für Frauen besitzt, hat einmal so schön gesagt: »Weißt du, was mir an den Französinnen am besten gefällt? Die kennen ihre Schokoladenseite ganz genau. Und wenn sie auch nur einen einzigen Vorteil haben, wissen sie den so gekonnt in Szene zu setzen, dass man ihre nicht so perfekten Seiten darüber ganz vergisst.«

Jede Frau sollte ihre Vorzüge kennen und zu schätzen wissen! Man kann nicht von einem anderen Menschen erwarten, dass er einen liebt, wenn man es nicht mal selbst tut.

Ich weiß meine schönen Seiten inzwischen sehr zu würdigen. Meine Mutter mag mir ihre spezielle Kehrseite vererbt haben, aber dazu eine wunderbare, glatte Haut, die mich um Jahre jünger macht! (Manchmal stelle ich fest, dass mein Gesicht verhärmter und faltiger aussieht als sonst, und ob Sie es glauben oder nicht: Da bin ich dann um ein paar Pfund zu dünn.) Außerdem habe ich mein schönes Lachen. Und ich habe die Gabe, mich jederzeit verführen und faszinieren zu lassen von den Freuden des Lebens und mit meiner Euphorie andere anzustecken.

Ich habe übrigens nie einen richtigen Mann erlebt, der sich von ein paar Rundungen zu viel hätte abschrecken lassen, wenn der Charme einer Frau erst mal auf Hochtouren läuft.

Natürlich ist jeder Zaubertrick erlaubt, der einer Frau hilft, sich attraktiver zu fühlen. Als ich in der Koch-Castingshow »The Taste« in der Jury saß, schickte mir das Fernsehteam vor dem Dreh einen Stylisten nach Frisange, um meine Kleiderschränke nach kameratauglichen Outfits zu durchforsten. Pino heißt er, ein wahrer Schatz. »Mäuschen«, sagte Pino, als wir uns kennenlernten, »du bist so was von hübsch! Und jetzt zeige ich dir, wie du noch hübscher wirkst.« Dann zeigte er mir die magischen »Spanx«-Mieder. Die kannte ich vorher gar nicht.

Diese Unterkleider sehen aus wie hautfarbene, knallenge Schläuche, und sie pressen jeden Körper in eine rasante Form, die nicht ganz der Wirklichkeit entspricht. Ein Figurschummler aus Gummi also, der jede unschöne Auswölbung unter einem Kleid wegmogelt und eine Frau zehn Kilo schlanker macht. »Die Dinger kommen aus Hollywood«, sagte Pino, »da trägt sie jeder Star!« Das klang überzeugend. Die Tricks der Hollywoodstars sind für uns doch gerade gut genug, n'est-ce pas?

Heute bin ich viel zufriedener mit mir als früher, als ich mich gleichzeitig mit dem Jahrhundertkoch Paul Bocuse und dem Jahrhundertmodel Claudia Schiffer verglichen habe. Die schönste Frau und die beste Köchin der Welt in einer Person sein zu wollen, ist doch ziemlich kindisch. So ein überirdisches Wesen kann nicht einmal ich backen.

Fit und gesund möchte ich natürlich weiterhin sein. Eine Hungerdiät mache ich allerdings nie wieder, höchstens eine »Hummerdiät«, genauer gesagt: die »Hummer-und-Kaviar-Diät«. Sie werden sie in keinem Ernährungsberater finden, denn ich habe sie mir aus meinen Erfahrungen selbst zusammengebastelt.

Natürlich gibt es bei meiner neuen Ernährungsweise nicht nur teure Krustentiere und diese kostbaren schwarzen Eierchen, ich bin ja kein Snob. Diesen verführerischen Namen habe ich ihr gegeben, weil er wie ein Versprechen klingt: keine Quälerei! Diese Diät ist so wunderbar, dass ich sie nicht nur mache, wenn ich mich zu schwer fühle, sondern eigentlich jeden Tag, und das schon seit einigen Monaten. Ich habe mit meiner Methode bereits ein paar Kilo abgenommen, wenn auch ganz langsam, im Tempo einer Weinbergschnecke. Aber das Resultat ist unbestreitbar, und ich habe dabei weder das Gefühl, leiden zu müssen, noch, mich selbst zu bestrafen.

Das Geheimnis meiner »Hummer-und-Kaviar-Diät« ist ganz einfach: Ich esse bewusst, aber verzichte auf nichts. Zwischen nichts essen und zu viel essen liegen nämlich Welten. Ich nehme nur zu mir, was ich wirklich gerne mag, und es kann schon sein, dass auch Austern und Kaviar dabei sind. Als Wirtin sitze ich schließlich an der Quelle. Hauptsache, es fühlt sich nicht nach Diät an.

Ein idealer Tag nach der »Hummer-und-Kaviar-Diät« sieht etwa so aus: Morgens trinke ich gleich nach dem Aufstehen warmes Wasser. Das habe ich mir von einer Ayurveda-Kur abgeschaut. Dann ziehe ich mir eine bequeme Hose an und gehe zweieinhalb Kilometer durch die Weinberge unterhalb meines Hauses spazieren. Aber forsch, so dass ich ins Schwitzen komme! Vor allem auf dem Rückweg, wenn ich eine Weile steil bergauf marschieren muss. Für mich ist das wie Meditation. Ich bin allein mit dem frühen Morgen, dem Nebel über der Mosel, der guten Luft und meinen Gedanken, und es kommt mir keine Minute wie Schinderei vor.

Wenn ich nach Hause komme, bin ich hellwach, und dann trinke ich einen frischen Saft und einen Kaffee, das reicht mir. Gott sei Dank gehöre ich nicht zu denen, die ohne üppiges Frühstück nicht klar denken können!

Mittags aber habe ich richtigen Hunger. Dann esse ich auch, und zwar meist in Frisange oder in meinem Bistro in Kayl, dem »Pavillon«. Ich nehme meistens einen gedünsteten Fisch und Salat oder Gemüse. Aber keine Brötchen mit Butter vorneweg! Die lasse ich konsequent weg. Das ist wirklich der einzige Verlust. Um meine geliebten Brötchen nicht sehen zu müssen, fahre ich manchmal mit Louis zu unserem Lieblingsjapaner, dem »Kamakura« im historischen Luxemburger Stadtteil Grund. Denn sind die Japaner dick? Nie! Roher Fisch, Ingwer, Algensalat – alles erlaubt.

Nachmittags nasche ich höchstens eine buttrige Madeleine, wenn ich an meinem Café in Luxemburg-Stadt vorbeikomme.

Und abends entscheide ich immer spontan. Manchmal esse ich nur ein paar Austern oder etwas Hummer, vielleicht trinke ich auch ein Glas Champagner dazu. Oftmals nehme ich nur ein Süppchen zu mir und trinke zu Hause auf dem Sofa einen Kräutertee. Und wenn ich mich doch für das Bressehuhn entscheide oder für unsere selbst gemachte Pasta, habe ich nicht das geringste schlechte Gewissen.

Wenn ich wirklich mal wieder übertrieben haben sollte, tue ich an einem meiner beiden freien Tage so, als sei ich bettlägerig. Dann bleibe ich im Bett, natürlich nur bei schlechtem Wetter. Ich trinke den ganzen Tag Tee, blättere in Büchern und Magazinen, telefoniere mit meinen Freunden und bin am nächsten Tag ausgeruht und leicht.

Auf Essen zu verzichten, kann auch ein Genuss sein. Man darf es nur nicht »Fasten« nennen, sonst macht es keinen Spaß! Erst durch den Verzicht spürt man eine Sache wieder mit allen Sinnen. Ich möchte mich nicht mehr so übersättigt fühlen wie früher als junge Köchin, als ich in der Küche permanent aß. Dieses Völlegefühl ist bei mir verknüpft mit Stress. Aber erst wenn du hungrig bist, bist du wieder offen für alle Anregungen.

Echter Hunger ist ein großartiges Gefühl, das ich sehr liebe. Manchmal ziehe ich es sogar eigens in die Länge, um meine Vorfreude noch zu steigern und mir zu überlegen: Was machst du dir denn jetzt? Seit ich bewusster lebe, träume ich dann meist von einem frischen Rote-Bete-Salat mit Zwiebeln. Für die Zubereitung nehme ich mir Zeit: Ich reibe die Rote Bete ganz fein, dann gebe ich winzige Zwiebelwürfelchen dazu. Diese beiden Geschmäcker tragen einander, die Zwiebel gibt der Bete eine leichte Schärfe und belebt sie, sonst wirkt sie oft zu erdig. Das ist wie bei Parfums: Ein Aroma bereichert das andere. Diesen Salat beträufle ich mit viel Vinaigrette und erfreue mich kurz an seinem Anblick, während mir schon das Wasser im Munde zusammenläuft – ein Genuss, und ein gesunder dazu.

Meine »Hummer-und-Kaviar-Diät« überzeugt mich mehr als jede Atkins-, FdH- oder Trennkostmethode, mit der ich mir je das Leben schwer gemacht habe. Sie macht auch mehr Spaß, denn ich freue mich auf alles, was ich mir gestatte. Bei meinem Speiseplan wird mir auch nie langweilig, es ist ja alles erlaubt – aber in Maßen! Ich esse, was ich liebe, und verzichte auf das, was ich mir früher in Eile und so nebenbei einverleibt habe, ohne es wahrhaft zu genießen. Selbst ein Teller Pommes frites oder ein saftiges Rinderragout mit Freunden werfen mich nicht zurück, und ich denke nicht im Traum daran, mir das zu versagen. Auf die Balance kommt es an.

Ich weiß auch ganz genau, weshalb dieses neue Ernährungskonzept bei mir so gut funktioniert: Ich akzeptiere die wenigen Regeln, die ich mir auferlegt habe (keine Völlerei, keine Brötchen). Ganz ohne Regeln läuft man doch durch sein Leben wie ein herrenloser Hund.

Und ich habe gelernt, Prioritäten zu setzen. Es ist genau wie bei allem im Leben, und ganz so, wie mein kluger Freund Alfred Biolek einmal gesagt hat: Man kann alles haben – aber nicht gleichzeitig! Wer bei Tisch blind zugreift, darf sich nicht wundern, wenn er bald rollt. Und wer immer fastet, wird über kurz oder lang zum verbitterten Griesgram.

Wenn man es so betrachtet, ist doch das ganze Leben eine Anleitung zur Diät und eine Aufforderung, Prioritäten zu setzen. Wir dürfen unsere Ziele und Träume maßlos verfolgen, einen Ferrari kaufen oder unsere gesamte Zeit auf unseren Job verwenden, aber wir müssen immer wissen, dass wir dafür auf etwas anderes verzichten müssen. Das gehört eben dazu.

Rezept für knusprige Brötchen

Nur weil ich im Moment nicht so viele davon esse, wie ich möchte, sollten Sie darauf nicht verzichten müssen. Dafür sind sie einfach zu köstlich, meine perfekten kleinen Brötchen – sie sind mein absoluter Lieblingsgenuss. Wenn sie mittags um zwölf und abends um 19 Uhr frisch aus dem heißen Ofen kommen, duftet das ganze Restaurant danach. Der warme, weiche Brotduft erinnert mich immer an die Geborgenheit, die ich in der Bäckerei meines geliebten Großvaters empfand.

Für 20 Brötchen

500 g Mehl
300 ml Wasser
9 g frische Hefe
1 TL Salz
Mehl zum Bestäuben

Aus 125 Gramm Mehl, 150 Milliliter kaltem Leitungswasser und fünf Gramm Hefe einen Ansatz herstellen, der über Nacht bei Zimmertemperatur gären muss. Am nächsten Morgen noch einmal 150 Milliliter Wasser, die restlichen 375 Gramm Mehl und vier Gramm Hefe dazu-

geben. Diesen Teig acht Minuten lang mit dem Knethaken der Küchenmaschine verarbeiten. Dann erst kommt das Salz hinein und alles wird weitere vier Minuten geknetet, diesmal aber von Hand.
Den Teig auf die Arbeitsplatte geben und mit den Händen zu einer großen Kugel formen. Diese mit einem feuchten Tuch bedecken und ungefähr zwei Stunden aufgehen lassen.
Den Teig zu dicken Würsten rollen und in etwa 35 Gramm schwere Scheibchen schneiden. Daraus formen Sie dann mit den Händen schöne Brötchen. Ich mache sie gerne klein und an beiden Enden zugespitzt – das ist mein Markenzeichen. Sie sehen richtig hübsch und appetitlich aus, wenn sie im Silberkörbchen auf den Tisch gestellt werden. Sie können aber auch Brezeln formen, runde Brötchen oder Baguettes. Wichtig ist nur, dass die Brötchen vor Zugluft geschützt auf einem Backblech bei Zimmertemperatur etwa eine Stunde aufgehen müssen. Wenn Sie die Brötchen zuvor mit Mehl bestäuben, kriegen sie einen rustikalen Touch. Bevor sie nun in den 250 Grad heißen Ofen kommen (Umluft 230 Grad, Gas Stufe 6–7), werden sie über die Länge eingeschnitten. Beim Backen benötigen sie etwas Dampf, also eine kleine Tasse Wasser auf den Backofenboden schütten, sobald die Brötchen im Ofen sind und ihn dann schnell wieder schließen (beim Gasofen aufpassen, dass die Flamme nicht ausgeht!). Etwa 15 bis 18 Minuten müssen die Brötchen backen, sie sollen prall werden, appetitlich braun und schön knusprig. Nach dem Backen sollten Sie sie unbedingt zum Ausdünsten auf Gitterroste legen. Und mit dem Reinbeißen wenigstens warten, bis sie lauwarm sind ...

Wenn es dazu einen guten rohen Schinken gibt, feine Butter, ein Süppchen, prächtig gereiften Käse und einen ordentlichen Wein, haben Sie schon alles beisammen für ein anständiges Abendessen mit Freunden. Mehr braucht man nicht, um glücklich zu sein.

Champagnerlaunen

Ich gehöre zu den Frauen, die sich für Mode interessieren. Sehr sogar! Ich blättere vielleicht nicht regelmäßig in der »Vogue«, aber ich bin auf dem Laufenden. Am wichtigsten sind mir Taschen und Schals, die passen nämlich immer wie maßgeschneidert. Da kommt keine Verkäuferin in einer teuren Boutique auf die Idee, die Augenbrauen hochzuziehen und blasiert zu murmeln: »Ihre Größe führen wir leider nicht.«

Lustkäufe machen mir ein riesiges Vergnügen. Sie müssen spontan geschehen, aus dem Bauch heraus, und sie dürfen auch ruhig ein bisschen verrückt sein – so dass man selbst nach Luft schnappt über den eigenen Übermut. Solche Extravaganzen muten auf den ersten Blick absolut wahnsinnig an, aber am schönsten ist es, wenn sie sich am Ende als sehr vernünftig herausstellen. So war das damals bei meinem Traumkleid.

Nachdem ich das Geschäft in Frisange übernommen hatte, lebte ich in den folgenden Jahren praktisch in meiner Kochuniform. Entweder ich trug mein »Küchenkleid« mit der Schürze darüber oder einen Hosenanzug, den ich mir hatte nähen lassen, dazu Holzclogs, fertig. Der Anzug war aus festem weißen Leinenstoff, und der Kittel über der langen Hose reichte bis zum Knie. Das Ensemble erinnerte an eine indische Kurta, was ich sehr effektvoll fand und kleidsamer als die altmodische, enge Berufsgarderobe, die damals angeboten wurde. Männer und knabenhafte Mädchen konnten da vielleicht fündig werden, aber eine Köchin wie ich, an der alles dran war, was eine Frau ausmacht? Die kreative Kombination hingegen, die eine mit meiner Mutter befreundete Schneiderin nach meinen Wünschen angefertigt hatte, wirkte modern und interessant. Ich sah damit professionell aus und musste keinen Gedanken mehr auf mein Aussehen verschwenden, sondern konnte mich ganz auf das Kochen konzentrieren.

Es machte mir nichts aus, tagein, tagaus in schlichter Kochkluft herumzulaufen, so eitel war ich nicht. Mein Ziel war damals, meinen Vorbildern Paul Bocuse und Joël Robuchon, den französischen Haute-Cuisine-Eminenzen, nachzueifern und alle von meinem Können zu überzeugen. Dafür nahm ich diese eingeschränkte Garderobe eben in Kauf.

Zwei Jahre später konnte ich schon die ersten Erfolge vorweisen. Ich hatte treue Gäste im Restaurant und gerade den »Grand Prix Mandarine Napoléon« gewonnen, meinen ersten Kochpreis. Man sprach über mich. Dazu hatte ich noch rentabel gewirtschaftet, obwohl man mir prophezeit hatte, dass ich mit meiner ambitionierten Karte rote Zahlen schreiben würde. Mir war nach Feiern zumute. Außerdem stand Weihnachten vor der Tür. Zum ersten Mal seit Jahren hatte ich Zeit zu verschnaufen. Ich blickte an mir herunter und dachte: Jetzt bist du so erfolgreich und hast nur Schürzen zum Anziehen – das kann doch nicht sein! Ich brauchte ein Kleid, und ich war keine dieser Frauen, die vor einem überquellenden Schrank stehen und nichts Passendes finden. Mein Schrank war wirklich leer.

Ein paar Tage später besuchte ich den Markt von Thionville. Ich hatte gerade bei meiner Geflügelmadame Nicole vier Bressehühner gekauft und hielt in jeder Hand zwei Plastiktüten, aus denen oben die kralligen Füße der Vögel herausragten. Ich war auf dem Weg zum Auto, als ich plötzlich vor dem Fenster der nettesten Boutique Thionvilles wie angewurzelt stehen blieb. Da hing es an einer Schaufensterpuppe – mein Traumkleid. Es war Liebe auf den ersten Blick, das kennt jede Frau. Ein schwarzes Kleid aus dehnbarem Seidenjersey mit weißen Punkten. Dieses Polka-Dot-Muster habe ich immer geliebt, es ist für mich der Inbegriff eleganter Fröhlichkeit.

Ich betrat den Laden, so wie ich war: in weißer Arbeitskluft, rechts und links flankiert von Hühnerfüßen. Eine Kundin, die unentschlossen eine Bluse betrachtete, starrte mich an. »Dieses Kleid im Fenster«, sagte ich gut gelaunt zur Verkäuferin, »wenn ich da hineinpasse, dann nehm' ich es.« Rein in die Kabine, runter mit der Kochschürze und dem Kittel, die Hose ließ ich in der Eile an. Und das gute Stück passte einwandfrei. Es schmiegte sich an mich, als hätte es mich schon lange vermisst. Das Kleid war aus fließendem, seidenglatten Material, reichte bis zum Knie, hatte schmale, lange Ärmel, kokette Knöpfchen und rückte meine Kurven ins vorteilhafteste Licht. Meine Figur wurde in diesem Gewand so appetitlich verpackt, dass es jedem richtigen Mann nur gefallen konnte. Von einer Sekunde auf die andere verwandelte dieses Kleid mich vom kochenden Aschenputtel in eine Diva.

»Das nehme ich!«, rief ich, zog es aus und die Schürze wieder an. Nach dem Preis fragte ich nicht einmal, und ich hatte ohnehin keinen Pfennig mehr in der Tasche. Das machte nichts, man kannte mich in Thionville, und mein Kauf wurde schön verpackt. Keine fünf Minuten hatte die Sache gedauert, und ich verließ die Boutique mit vier Hühnern und einer Tüte, in der das Seidenpapier verheißungsvoll raschelte. Die andere Kundin blickte mir verdattert nach.

Zu Hause merkte ich auch, was an meinem Spontankauf so bemerkenswert war: Auf dem Preisschild stand die ungeheure Summe von 36 000 Luxemburger Franken. Heute wären das fast 1000 Euro. Vor knapp 35 Jahren bedeutete das ein Vermögen für ein Kleid, und ich hatte doch tatsächlich gar nicht nach dem Preis gefragt!

Meine Mutter und meine Schwester saßen in der Stube am Tisch und sahen zu, wie ich das Tupfenwunder für sie vorführte. Diesmal hatte ich die Kochsachen ausgezogen und mir die kurzen Haare gewaschen, so dass sie wellig um mein Gesicht lagen, und dazu hatte ich mir die Lippen rot angemalt. Beide guckten mich zunächst nur an, dann nickte meine Mutter und sagte knapp und herzlich: »Es steht dir ganz wunderbar. Wenn etwas richtig schön ist, dann ist der Preis das Erste, was man vergisst.«

Das war eine Seite an meiner Mutter, die ich liebte. Sie war eine hart arbeitende Frau, aber sie hatte Geschmack. Sie konnte ihn nicht immer ausleben, dafür hatte ihr das Leben wenig Gelegenheit gegeben – außer in der Küche, bien sûr. Mir war in diesem Moment, als habe sie ihre heimlichen Wünsche an mich abgetreten und freue sich nun unendlich, mich in diesem wunderschönen Kleid so strahlen zu sehen. Heute kenne ich dieses Gefühl noch besser, schließlich freue ich mich selbst immer am meisten über all das, was mein Sohn genießen darf und was ihm offensteht.

Am folgenden Tag bezahlte ich meine Schulden in der Boutique. Trotz der hohen Investition wurde dieses schwarze Seidenjerseykleid mit den weißen Punkten das rentabelste Kleidungsstück, das ich je besaß. Damit konnte ich mich jederzeit sehen lassen. Sobald das letzte Gericht in den Saal hinausgeschickt war, hüpfte ich unter die Dusche, schlüpfte in mein Kleidchen und war bereit für die große Welt. Keine Feier verging, ohne dass man mir sagte: »Das ist ja zauberhaft, Léa!« Da war es wieder, dieses: »Ah, da kommt sie!«, das mich so glücklich machte.

Das sind die Kontraste im Leben, die ich so mag. Nichts finde ich schrecklicher als Mittelmäßigkeit und schale Kompromisse. Entweder ich werfe mich in die Arbeit, oder ich lege die Füße hoch. Wenn ich meine schlichte Kochschürze trug, stand ich selbstvergessen in Diensten meines Berufs. Und trug ich mein raffiniertes Pünktchenkleid, bewies ich, dass ich im Job zwar meinen Mann stehen konnte, aber trotzdem ganz und gar Frau geblieben war.

Genau deshalb sind Kleider so wichtig und alles andere als banal: Mode ist auch ein Symbol dafür, wie wir sein wollen. Das kann jede Frau bezeugen, die einmal herausgefunden hat, welcher Stil ihre Persönlichkeit und ihre Schönheit am besten zum Leuchten bringt. Das verleiht Selbstsicherheit, und die kann man sehen – ob in Kochschürze oder im Seidenkleid. Und das ist doch der wahre Grund, weshalb wir uns für Mode interessieren, nicht wahr?

Deshalb sollte man zugreifen, wenn man ein herrliches Kleid erspäht hat – und zwar nicht erst dann, wenn man alt ist. Denn zu den himmelschreienden Ungerechtigkeiten des Lebens gehört diese: Wenn man die passende Taille hat, fehlt es an Geld, und hat man ausreichend Geld, ist die Taille futsch. Dem darf man ruhig ein bisschen Widerstand entgegensetzen: mit einem beherzten Kauf!

Ich habe mir immer mal wieder die eine oder andere Extravaganz geleistet. Aus reinem Vergnügen und mit Genuss! »Work hard, play hard«, sagen die Amerikaner, das gefällt mir. Die harte Arbeit rechtfertigt das Spiel zwischendurch, und das wiederum befördert die harte Arbeit. Ich empfand es als Belohnung, die mich weiter anspornte, wenn ich mir etwas Schönes gönnte. Darüber freute ich mich zwar immer sehr, wusste jedoch gleichzeitig: Die allerschönste Belohnung für jede Anstrengung ist und bleibt ein gelungenes Resultat. Der luxuriöseste Lustkauf kann mich nicht so zufriedenstellen wie ein erfolgreiches Dinner für 40 Personen, bei dem jeder Posten in der Küche auf Zack war, jedes Messer griffbereit, das Gemüse auf den Punkt gegart und das Fleisch zum rechten Zeitpunkt auf den Tellern, die dann gemeinsam serviert werden konnten. Dieser Stolz auf eine eingespielte, routinierte gemeinsame Arbeit ist unersetzbar.

Zum Frustkauf neigte ich nie. Ich habe mir niemals etwas gekauft, wenn ich missgelaunt war. Eine teure Tasche tröstet nämlich nur bis zu dem Moment, wenn man sie zu Hause auspackt und begreift, dass zwar das Geld, nicht aber die trübe Stimmung weg ist. Ich möchte auch gar nicht, dass so eine arme Tasche mich trösten muss. Ich hatte für meine schwachen Momente immer mein Trostfutter, Sie wissen schon: die Luxemburger Mehlkniddelen oder die knusprigen Brötchen ...

Einmal habe ich mir übrigens eine sehr teure Handtasche geleistet, eine schwarze »Birkin Bag« von der französischen Luxusmarke Hermès. Diese Tasche gilt als absoluter Klassiker und Meisterstück zeitloser Eleganz, und weil sie in Handarbeit hergestellt wird und wirklich furchtbar kostspielig ist, gehört sie wahrscheinlich zum Exklusivsten, was man sich als Dame an den Arm hängen kann. Es soll Wartelisten von sechs Jahren gegeben haben, meine war allerdings weit schneller da.

Trotzdem ist es doch so: Man bestellt etwas aus einer Laune heraus, aber wer garantiert einem, dass die Freude beim Eintreffen der Ware auch noch so groß ist? Als ich den Anruf aus der Hermès-Boutique erhielt, ich dürfe die Tasche jetzt abholen, war ich längst gemischter Gefühle. Musste ich das Ding wirklich haben? Hatte ich damit meinem Geschäft vielleicht geschadet? Musste ich nicht so viel Rücklagen bilden wie möglich, falls es einmal schlechter laufen sollte? Ich war doch eine rationale Geschäftsfrau mit existenzieller Angst vor der Verarmung, die einen Selbstständigen jederzeit treffen kann, und hatte so einen Unsinn gekauft?

Die Tasche hat mich nicht ruiniert. Das gute Stück steht jetzt in meinem Ankleidezimmer, ordentlich eingeschlagen in weiches Tuch und in einen hübschen Karton verpackt. Ich hole es äußerst selten heraus.

Und darin lauert die Gefahr: Wir kaufen diese Luxusprodukte bisweilen aus einem ganz falschen Grund, nämlich weil sie ein Symbol für Status und Erfolg sind. Mein Vater hat einmal gespottet: Männer schenken ihren Frauen oft den schönen Schmuck nicht aus Liebe, sondern damit jeder daran erkennt, wie reich der Herr Gemahl ist. Er hatte recht. Mit materiellen Dingen wollen wir demonstrieren, wie weit wir es gebracht haben.

Heute weiß ich, dass ich mir auch deshalb zu meinem 50. Geburtstag diese mit Diamanten besetzte Damenuhr gekauft hatte. Sie war wirklich schön, aber eigentlich brauchte ich sie nur zur Beruhigung. Sollte mal jemand kommen, der mich unterschätzt, dachte ich mir, dann lege ich die gute Uhr an und nehme die schöne Hermès-Tasche – und dann sieht der schon, wen er vor sich hat! Aber zu einer so dummen Machtdemonstration ist es nie gekommen.

Ironischerweise, das habe ich ja schon erzählt, ist mir ebendiese Prestige-Uhr später aus meinem Haus gestohlen worden. Ich war mit meinem Freund Jacques im Kino gewesen, in » Die Zwölf Geschworenen« – auf Englisch lautet der Filmtitel »Twelve Angry Men«. Als ich zu Hause eintraf und den Einbruch bemerkte, so erzählte ich Sam später am Telefon, endete dieser Abend mit

»Twelve Angry Men ... and one very angry woman«! Da mussten wir beide lachen.

Sam reiste damals gleich an, um mich zu trösten und damit ich mich sicherer fühlte. Er war so lieb zu mir, und so froh, dass mir nichts passiert war. Am Ende seines Besuchs war ich dem Räuber fast dankbar. Sam und mich hatte er mit seiner Tat noch enger zusammengeschweißt, und mir hatte er die materiellen Beweisstücke dafür abgenommen, dass ich eine erfolgreiche Vergangenheit besaß. Denn auch das ist teurer Schmuck: ein Beweis dafür, dass Madame einmal gute Zeiten gekannt hat.

Aber ich halte es da lieber mit Karl Lagerfeld, der ein kluger Kopf zu sein scheint und einmal sinngemäß gesagt hat: Wenn man nur noch daran denkt, was man mal gemacht hat, ist man gleich reif für den Mülleimer. Stimmt genau! Indem mir die glorreiche Vergangenheit in Form glitzernder Schmuckstücke abhandengekommen war, hatte ich die Zukunft gewonnen. Jetzt musste ich weiter dafür sorgen, dass alles rosig blieb. Das hielt mich frisch und verhinderte, dass ich mich auf meinen Lorbeeren ausruhte.

Lustigerweise hat mir der meiste Kram am Ende eigentlich nichts bedeutet. Ich habe mich oft dabei erwischt, dass ich die wertvolle Uhr im Restaurant direkt abnahm, weil sie mich erstens bei der Arbeit behinderte und ich mich zweitens an die Mahnung meines Vaters erinnerte: Konkurriere nie mit deinen Gästen! Ich habe mir manchen Schatz nur zugelegt, weil auch ich mich nicht von den Spielregeln einer bornierten Gesellschaft freimachen konnte, die uns diktiert, was ein angebliches »Must-have« ist. Dabei habe ich mich oft über die teuren Sachen geärgert, denn sie machten mich unfrei und ängstlich. Man muss immer darauf aufpassen – wenn man's genau nimmt, hat man damit letztlich mehr schlechte Stunden als gute.

Einen anderen Grund, weswegen ich mich manchmal mit einem Lustkauf verwöhnte, habe ich mir lange selbst nicht eingestehen wollen. Meine einzige romantische Beziehung war über weite Strecken die zu meinem Beruf. Ich kannte es nicht, von einem Mann verwöhnt zu werden. Aber jede Frau wünscht sich das insgeheim, auch diejenigen, die sich alles leisten können. Diese liebevolle, zärtliche Geste des Umsorgtwerdens fehlt einem – und so erweist man sie sich bisweilen selbst.

Vor dreißig Jahren sah ich das freilich noch nicht so klar. Es genügte mir nicht, dass ich etwas hätte haben können, ich wollte es auch tatsächlich besitzen. Aber ich habe meine Erfahrungen gemacht, und damit ist das für mich abgeschlossen. Vielleicht ist es ein Zeichen von Gelassenheit, dass einem solche Spielchen gleichgültiger werden? Zu irgendetwas müssen Alter und Reife ja gut sein!

Bevor ich jetzt vernünftiger klinge, als ich eigentlich bin: Manche Extravaganzen zelebriere ich natürlich weiterhin. Und ich beschütze sie vor der Banalität, so bleiben sie mir kostbar. Wie herrlich, an einem heißen Sommertag mittags um zwölf auf der Terrasse aus Durst einfach ein großes Glas Champagner zu trinken! Das fühlt sich an wie Urlaub und ist nur ein kleines bisschen unvernünftig, solange man es nicht jeden Tag macht. Oder zu einem normalen Abendessen ein Stück Foie Gras zu genießen mit Ananas-Mus und einer Brioche – eine exquisite Gänseleberpastete wird mich nie ermüden und immer Luxus für mich bedeuten.

Und es ist immer noch fantastisch, ein todschickes Strickensemble zu finden, das mir schmeichelt, oder einen Schal, der mir Laune macht! Bilde ich es mir ein, oder ist die Mode auch für üppige Frauen insgesamt zugänglicher geworden? Vor dreißig Jahren gab es fast nichts in meiner Größe. Außer patzigen Bemerkungen von Verkäuferinnen, die es offenbar frech fanden, dass eine Frau ohne Modelmaße etwas Schickes zum Anziehen suchte. Vor allem, wenn sie mich nicht kannten und für ein plumpes Landei hielten. Eine Luxemburger Verkaufsmamsell mit ganz schrumpeligem Gesicht sagte mir doch tatsächlich: »Da müssten Sie erst mal ein bisschen abnehmen.« Aber wer mich fertigmachen möchte, braucht auf die passende Antwort nicht lange zu warten. Damals fiel sie schnell und böse aus: »Madame, ich weiß, dass Sie heimlich davon träumen, dass Ihr Gesicht so glatt ist wie mein Popo.«

Heute würde mir Chanel, die französische Edelmarke, gerne ein

Kostüm maßschneidern lassen – das haben mir die reizenden Menschen von Chanel versichert. Aber vielleicht werde ich jetzt auch überall galanter behandelt, weil ich eben Léa Linster bin.

Da sehen Sie's! Schon wieder eine dieser Ungleichzeitigkeiten des Lebens! So charmant ich das Angebot finde: Heute werde ich mir wohl kein Chanel-Kostüm mehr zulegen. Ich wäre darin auch nicht glücklicher, als ich es ohnehin bin.

Aber die Leute von Chanel haben sowieso einen Stein bei mir im Brett, denn sie haben mir diese wunderschöne dunkelrote Handtasche geschenkt, das klassische Modell 2.55, von dem jede Frau träumt. So – eine Taschengeschichte habe ich noch! Und sie spielt in New York.

Das wahre Geschenk von Chanel war nicht die elegante Tasche, sondern die Möglichkeit, mit meiner Kochkunst zu spielen. Vor zehn Jahren sollte ich in New York für Chanel ein Diner für Stars und wichtige Kunden ausrichten, das die berühmten Parfums des Hauses kulinarisch interpretierte. Ich durfte mir ein Menü einfallen lassen, das die Ingredienzien der berühmten Düfte »Chanel No. 5«, »Chanel No. 19« oder »Coco« kulinarisch umsetzte. Stattfinden sollte es in New Yorks Drei-Sterne-Restaurant »Le Bernardin«, was mir sehr gefiel. Und mir gefiel auch, dass der beste Parfümkritiker der Welt, Chandler Burr von der »New York Times«, mir assistieren und mich in die Geheimnisse der Duftrichtungen einführen sollte. Chandler war ein enthusiastischer, lebhafter Typ, der für Parfums brannte wie ich für die Küche. Wir verstanden uns auf Anhieb.

Das Schöne an diesem Abenteuer war, dass es meine beiden Sehnsüchte vereinte: Ich konnte in internationalem Glamour baden und durfte gleichzeitig meine Kochsicherheit unter Beweis stellen. Es ist gar nicht so einfach, ein Parfum zu interpretieren! Wie würde »Chanel No. 19« schmecken, wenn es ein Gericht wäre? Vielleicht wäre es ein Fisch, oder etwas mit Algen? Oder der Herrenduft »Bleu de Chanel«, in dem Ingwer, Pampelmuse, Zedernhölzer enthalten sind? Oder »Chanel No. 5«, von dem Marilyn Monroe behauptete, nachts trage sie nichts weiter als diesen Duft?

Damals erlebte dieses Parfum ein Comeback, weil gerade eine Werbekampagne mit Nicole Kidman zu sehen war, in der sie über die Schulter blickte und verführerisch hauchte: »It's Chanel No. 5 …«

»Was machst du mit Chanel No. 5?«, platzte es auch direkt aus Chandler heraus, als er mich anrief. Ich hatte noch keinen Blick auf die Zutatenliste werfen können, die er mir geschickt hatte, aber das musste er ja nicht wissen. »Was ist da noch mal drin?«, fragte ich nach. Ah ja, Vanille und Rose. Ich überlegte kurz und sagte dann selbstbewusst: »Einen Hummer.« Chandler Burr schrie fast: »Was? Aber die ganze Vanille! Jeder würde ein Dessert machen!« Genau deshalb machte ich es ja nicht, erklärte ich ihm. Ich glaube, er war leicht beunruhigt.

Aber ich weiß schon, was zu Hummer passt, und Rosenwasser und Vanillenoten sind formidabel. Ein erstklassiger Koch hat stimmige Kombinationen nicht nur gelernt. Er hat sie im Blut. Ich kann die Nuancen eines Gerichtes durch reine Vorstellungskraft auf der Zunge schmecken, noch bevor es das erste Mal vor mir steht.

Im Oktober fuhren wir nach New York, meine rechte Hand Korbinian Wolf und mein Souschef Sylvain Cousin, der sich um die Soßen kümmern sollte. Wir verbrachten ein paar Tage in meiner Wohnung in Harlem und experimentierten dort in der Küche. Es machte uns allen solchen Spaß, gerade weil wir Verfechter der klassischen Küche sind! Für den frischen Herrenduft »Bleu de Chanel« hatten wir eine Kreation auf Basis von Grapefruit-Granité überlegt, das weiß ich noch genau. Und für ein anderes Parfum ein Dessert mit Vanille-Eiscreme.

Dann kam der große Abend im »Bernardin«, wo wir die Einrichtungen der Drei-Sterne-Küche nutzen durften. Die Eismaschine sei unten, hieß es, dorthin schickte ich die Gehilfen mit den beiden Schüsseln für das Granité und die Eiscreme. Nach einer Stunde kamen sie zurück. Mit nur einer Schüssel: »Hier ist euer Eis.« Und das Granité? Da stellte sich heraus: Sie hatten beides zusammen in die Eismaschine gekippt und vermischt. Vierzig Minuten vor Eintreffen der Gäste waren zwei Kreationen ruiniert. Es war viel zu spät, neues Vanilleeis zuzubereiten. Da verausgabten wir uns mit kulinarischen Extravaganzen, und die verhunzten uns das!

Mein guter Korbi wurde kalkweiß, noch nie habe ich ein junges Wesen gesehen, das dem Schlaganfall so nahe schien. »Ich dreh' durch«, stöhnte er. Das konnte ich nicht zulassen. Ich kostete das seltsame Gemisch. Es schmeckte nicht schlecht, nach Vanille mit einem Hauch Zitrus, und die Konsistenz war auch annehmbar. »Kriegt man runter, das Zeug«, befand ich grob. Das Granité ließ sich auf die Schnelle neu machen, und das andere Dessert interpretierten wir eben um.

Das ist im Übrigen ein Tipp, den ich jedem Hobbykoch gebe: Nicht gleich aufgeben! Uns Profis geht auch manchmal was daneben. Benennen Sie es einfach um und verlieren Sie Gästen gegenüber kein Wort! Eine Bekannte von mir hat einmal meine Madeleines gebacken, brav nach dem Kochbuch. Sie verwendete aber keine sehr fein gemahlenen Mandeln, sondern grob gemahlene, und sie hatte auch keine beschichtete dunkle Backform mit Einbuchtungen in Muschelform, sondern nur eine für Muffins. »Es schmeckt nicht nach Madeleines!«, klagte sie, »ich muss es wegschmeißen.« Ganz falsch. Es sind vielleicht keine Madeleines geworden, aber doch wahrscheinlich köstliche Mandelmuffins? Eine helle Schokoladenglasur darauf, schon freut sich jeder und isst mindestens zwei.

In New York hatten wir die Desserts gerade gerettet und schufteten wie die Verrückten, um mit allem fertig zu werden, als der Parfumkritiker Chandler Burr in die Küche schlenderte, elegant und neugierig, ein New Yorker aus dem Bilderbuch: Er wolle in Ruhe noch mal alle Speisen vorkosten. Das fand ich wirklich crazy, dafür hatten wir jetzt keine Zeit. Ich schob ihm eilig einen Löffel Soße in den Mund, und dann reichte ich ihm noch einen zweiten: »And this is your Lobster Chanel No.5!« Er kostete, schloss die Augen und brach fast in Tränen aus: »This is so much Chanel No. 5! I have never tasted something like this!« Sie übertreiben so gerne, die Amerikaner, aber wenn es mir zur Ehre gereicht, lasse ich mir das gefallen! Ich lächelte ihn an und sagte, während ich mich wieder den Töpfen zuwandte: »Das Rezept habe ich von Nicole Kidman.« Und Korbi, Silvain und ich schütteten uns aus vor Lachen.

Es gab nur Komplimente für das Essen. Chandler Burr war so glücklich, dass er später mit anderen Spitzenköchen eine ganze Reihe von kulinarischen »Scent Dinners« veranstaltete. Und Uli, eine Deutsche, die in New York das Marketing für Chanel und auch dieses experimentelle Essen verantwortete, strahlte den ganzen Abend wie ein Honigkuchenpferd. Zwei Tage später stellte sie mir bei unserem Abschied eine schwarze Tüte hin: »Weil dein Abend schlicht grandios war.« Darin befand sich die schönste Handtasche, die ich je gesehen hatte, in einem dunklen Beerenrot, mit silberner Kette.

Ich habe im Leben nicht viele Geschenke bekommen, und Ulis Geste rührte mich sehr. Diese Tasche benutze ich bis heute sehr oft. Sie ist ein Erinnerungsstück an eine verrückte Episode.

Am meisten freut man sich doch über alles, was nicht selbstverständlich ist. Aber man muss höllisch aufpassen, dass man es auch nie als selbstverständlich betrachtet. Ich freue mich zum Beispiel immer noch darüber, dass zu meinem Wohnhaus ein kleiner Weinberg gehört, der jährlich wenigstens 1500 Flaschen Elbling abwirft. Erfolgreicher verläuft die Produktion meines Rieslings, des Crémants und Crémants Rosé, die ich seit ein paar Jahren zusammen mit dem deutschen Winzer Maximilian von Kunow herstelle und die wir »LMEAAX Crossmosel« nennen, weil wir zu beiden Seiten der Mosel leben. Auch das finde ich außergewöhnlich: Ich stelle meinen eigenen Wein her!

Meine Neigung zur Extravaganz lässt sich nicht bestreiten. Manchmal fürchte ich selbst, ich könnte zu viel wollen vom Leben: zu viel Vergnügen, zu viel Erfolg, zu viel Leidenschaft. Einmal habe ich Sam gefragt: »Findest du mich bescheiden?« Denn ein Gefühl für Einfachheit, das möchte ich mir erhalten. Ich will natürlich kein bescheidenes Restaurant führen und bescheidene kleine Speisen reichen, das nicht. Aber für mich persönlich wünsche ich mir diese besondere Bescheidenheit, die den Menschen edler macht. Sam hat mich zärtlich angesehen und gesagt: »Du bist sehr bescheiden, Léa. Wenn ich dich beim Arbeiten beobachte, wenn du vor Konzentration gar nicht merkst, wie furchtbar heiß es wird, und wie du Dutzende Male den Pastateig durch die Maschine lässt, bis er wirklich seidenglatt ist, dann sehe ich reine Hingabe. Und das ist Demut.« Da war ich froh.

Zwischen Vergnügen an Extravaganzen des Lebens und Maßlosigkeit besteht ein großer Unterschied. Ich glaube, die Maßlosen haben keine rechte Freude mehr. Sie sind wie ein Gourmand, ein Vielfraß, der längst satt ist und trotzdem noch das dritte Stück Torte verschlingt. Das schmeckt gar nicht mehr. Für diese Luxus-Messies, die in ihren Gütern ersticken, gibt es keine prickelnde, überwältigende Freude und Überraschung im Leben.

Wahrer Luxus ist sowieso etwas anderes: So sein zu dürfen wie man ist, das tun zu dürfen, was man kann und will, und von nichts und niemandem davon abgehalten zu werden. Und dann ist dieser Luxus schon fast das Gleiche wie Glück.

Zukunftsträume

Es ist eine seltsame Sache, von seinem Leben zu erzählen. Das habe ich eigentlich erst gemerkt, als ich mit diesem Buch anfing. Manchmal habe ich mich gefühlt, als säße ich vor Gericht, oder läge bei einem Psychoanalytiker auf der Couch! Während wir von uns erzählen – anderen Menschen, die uns ihre Aufmerksamkeit schenken, oder vielleicht auch nur in heimlicher Zwiesprache mit uns –, erklären wir uns selbst unsere Geschichte. Einzelne Szenen, Erinnerungen, Erlebnisse erhalten einen Zusammenhang, und plötzlich entsteht ein Bild.

Wie schnell die Erinnerungen wach werden! Die Gerüche der Biertheke unseres Familiencafés sind wieder da, der Duft von ofenwarmem Brot in der Bäckerei meines Großvaters, die Stimmen meiner Eltern. Das Mädchen von der Tankstelle mit diesem strahlenden Vater, der Held und Leitbild war, das Mädchen, das seinem großen Bruder nacheiferte und ihm nachlief über die Wiesen, weil es bei den Jungs mitspielen wollte, dessen Fernweh von all den vielsprachigen Durchreisenden entfacht wurde – diesem Mädchen fühle ich mich noch so nah.

Manche Erinnerungen sind auch nach all den Jahren ein wenig schmerzhaft. Zum Beispiel, nicht wiedererkannt zu werden wie die Kleine, die zu spät nach Hause kam und beweisen musste, dass sie es wert war, eingelassen zu werden. Und geliebt zu werden.

Das Kind, das wir waren, tragen wir mit uns.

Gäbe es nur ein Bild, das ich von meinem Leben habe, stünde ich darin am Herd. Vor mir liegen gute, frische Zutaten, ein Bressehuhn oder eine rosige Milchlammkeule, Schalotten, Karotten, dunkelgrüne Thymian- und Rosmarinsträuße, Butter, ein paar dünne Baguettes, daneben auf einer Etagere Dutzende von Madeleines. Ich trage einen sauberen, gestärkten Kochkittel, weil ich ja arbeite, aber meine gute Fee Anna hat mir die Haare wunderbar frisiert und mich sehr hübsch gemacht. Um mich herum ist nämlich eine ausgelassene Party im Gange – in der Küche, wie immer. Hier duftet es nach würzigen Gerichten, hier gibt es sündhaft süße Desserts und Champagner in geschliffenen Gläsern, alles ist ein bisschen dampfig, laut und herzlich, und über allem wabert das fantastische Ambiente von Menschen, die sich gegenseitig bezaubern. Und im Herzen dieses fröhlichen Durcheinanders stehe ich. Wie eine Zauberin, die gerade ein Wundermittel kreiert, das alle glücklich macht. Und dabei habe ich selbst die größte Freude an diesem Fest.

Ich liebe dieses romantische Bild meines Lebens, denn es vereint alles, was ich liebe: das Essen, das Kochen, die Gesellschaft und die Freude am gemeinsamen Genuss.

Aber es ist nur ein Traumbild, dessen bin ich mir bewusst.

Die Arbeit, die dahintersteht, habe ich einfach wegretuschiert. All das Handwerk, das ich im Laufe meiner Lehrjahre auf allen Stationen verrichten musste, bis ich überhaupt von einer Topleistung nur träumen konnte. All die Hunderte von Kilos an Zwiebeln, die ich enthäutet und gewürfelt habe, die Tonnen von Gemüse, die geschnippelt, die Kilos an Kräutern, die gewaschen und gehackt werden mussten, die Abertausende von Eiern, die ich getrennt habe, die Zentner Kartoffeln, die geschält werden mussten.

Tatsächlich verblasst die tägliche Mühe. Ich kann mich zwar schon an all die Anstrengungen erinnern, die ich auf mich genommen habe, aber das Gute ist doch: Nichts war je stärker als die Liebe zu meiner Arbeit. Eine Mutter hat auch nur das wunderbare Geschöpf vor Augen, das ihr Kind geworden ist, und nicht den Geburtsschmerz!

Es ist so schön, das tun zu dürfen, was man liebt und was man kann. Wenn ich mich voll auf eine Sache konzentriert habe, die Renovierung meines Restaurants, eine neue Speisekarte, oder auf das Hochzeitsbankett des luxemburgischen Thronfolgers, dann verlieh mir die Anstrengung am Ende Energie. Meine Leidenschaft hat die Müdigkeit überlistet. Und wenn die Müdigkeit meine Feindin war, dann waren die Fantasie und die Hoffnung immer meine Freundinnen.

Ich funktioniere wie die Lampe eines Fahrrads, die von einem Dynamo betrieben wird: Je schneller man in die Pedale tritt, desto heller leuchtet das Licht! Erst treibe ich eine Sache an, dann treibt sie mich an. »Für jemanden, der nicht gerne arbeitet, habe ich relativ viel gemacht in meinem Leben«, scherze ich manchmal, wenn jemand etwas mitleidig sagt: »Sie sind ja immer im Restaurant!« Und dann füge ich gerne an: »Aber sobald meine Tätigkeit hier unter Arbeit fällt, höre ich sofort auf.«

Ich war in meinem Leben getrieben von einer wunderbaren Unruhe. Sie spornte mich an, nach Perfektion zu streben, und ich habe nicht geruht, bis ich ganz und gar zufrieden mit einem Rezept war.

Der Begriff der Perfektion hat mich immer fasziniert. Für mich geht es dabei nicht nur um das Ergebnis, sondern auch um den Weg dahin. Ich finde, etwas ist erst dann perfekt, wenn man am Ende nicht halb tot ist. Als ich mir meinen Lammbraten ausdachte, mit dem ich den »Bocuse d'Or« gewann, grübelte ich lange über ein geniales Rezept nach. Es musste etwas sein, das ich auch in Zukunft gerne zubereiten würde. Es wäre doch zu schade, wenn mich später jemand bitten würde: »Ach Léa, mach' mir doch dein gutes Lamm!«, und ich müsste antworten: »Bitte nicht! Das ist so schrecklich viel Arbeit!« Was zu kompliziert wird, ist eine Last. Auch in der Küche. Machbar muss es sein, so habe ich alle meine Rezepte gehalten. Nur dann kochen wir sie auch mit Wonne nach.

Das Beste kredenzen, aber mit Leichtigkeit! Darauf kommt es an. Mit dem Begriff »Gourmettempel« kann ich deshalb überhaupt nichts anfangen. So etwas wollte ich nie errichten. Einen Tempel, den gibt's ja nur bei den Göttern. Und wenn etwas einer Kirche gleicht, muss man auch hübsch brav und leise sein. Wer will das schon, wenn es um Lebensfreude geht?

Guter Küche soll man sich nicht mit heiligem Ernst nähern. Schon gar nicht, wenn man nicht professionell kocht, sondern aus reinem Vergnügen. Nicht aus heimlicher Angeberei sollte man sich an aufwendige und sensationelle Kreationen wagen, sondern aus dem Wunsch, seine Lieben zu überraschen mit einer ungeahnten Gaumenfreude. Natürlich gibt man sich Mühe, wenn Gäste kommen. Aber wahrer Genuss darf einfach sein. Wer will schon einen Gastgeber, der erschöpft am Tisch hängt? Gäste wünschen sich nichts mehr, als sich wohlfühlen zu dürfen.

Die Worte »Avec Amour« habe ich mir in Rot auf meinen Küchenkittel einsticken lassen – mit Bedacht. Beim Kochen geht es um Liebe.

Es gefällt mir ganz gut, dass Kochen heute so im Trend liegt, auch wenn es mit Moden so eine Sache ist: Sie sind vergänglich. Vielleicht ist bald Gärtnern der »dernier cri« und danach ist es in, einen Hund zu halten? An manchen Küchentrends bin ich vorübergegangen und sie glücklicherweise auch an mir. Ich kann mir nicht vorstellen, dass ich mich mit modischen kleinen Joghurtkügelchen, wie sie heute sogar auf den Tellern mancher Drei-Sterne-Köche liegen, in die Herzen meiner Gäste gekocht hätte, oder mit streng veganen, lactosefreien oder Rohkostmenüs. Das war nie mein Stil. Meiner unverschämten Selbstsicherheit habe ich auch zu verdanken, dass ich die Molekularphase unversehrt überstanden habe, wobei ich Ferran Adrià vom »elBulli« persönlich sehr schätze und ihn sogar kopiert habe. Von ihm habe ich nämlich die arbeitnehmerfreundlichen Öffnungszeiten übernommen: Während der Woche ist mittags geschlossen!

Für mich ist Kochen keine Mode, ich unterhalte dazu eine Liebesbeziehung. Selbst wenn alle Stricke reißen sollten, würde ich für mich immer noch mit Hingabe kochen, und wenn es die einfachste Gemüsesuppe wäre.

Aber ich freue mich über all die Kochsendungen im Fernsehen, die zu Ruhm gekommenen Starköche, die Nachfrage nach Kursen für Amateure und über Kochbücher. Sie können nämlich jeden dazu inspirieren, daheim selbst zum Topf zu greifen, statt ein Fertiggericht in der Mikrowelle aufzuwärmen oder bei der Fastfood-Kette um die Ecke ein »Happy Meal« für 4,99 Euro zu kaufen –

davon bin ich gar kein Freund. Wer nicht mehr abschmeckt und improvisiert, bringt sich um ein großes Vergnügen.

Jeder kann kochen! Man muss sich ja nicht gleich ein kompliziertes »Millefeuille vom Lachs« vornehmen. Oder jede Soße, jedes Püree durch ein Haarsieb passieren, damit nicht das kleinste Klümpchen bleibt. Meine Kochbücher habe ich auch geschrieben, um andere mit meiner Leidenschaft anzustecken und ihnen die Scheu zu nehmen. Keiner muss sich schämen, nur weil etwas nicht gleich gelingt, und keiner hat die Verpflichtung, Gastronomieniveau zu beweisen. Das echte Leben ist keine TV-Show, in der Schauspielerinnen plötzlich 5-Gang-Menüs für 50 Gäste zaubern müssen, also bitte keinen Stress! So viel Spaß diese Shows machen, etwas bizarr sind sie schon, das müssen wir doch zugeben. Wäre es nicht auch eher drollig, ich müsste mich in einer Castingshow als Popsängerin beweisen?

Kochen Sie! Lassen Sie sich nicht vom Profi-Equipment einschüchtern. Was Sie brauchen, sind ein paar ordentliche Messer für Gemüse, Zwiebeln und Fleisch, gusseiserne Töpfe, die den Braten saftig halten, und eine gute Pfanne.

Achten Sie auf erstklassige Qualität. Die Zutaten müssen frisch und einwandfrei sein, auch wenn ein Biohuhn oder Biorindfleisch etwas teurer ist. Dann kauft man es eben seltener. Wir sollten ohnehin nicht jeden Tag Fleisch und Wurst essen, nicht wahr? Nehmen Sie das beste Meersalz, den besten Pfeffer, und zwar mit der Mühle frisch gemahlen, das allerbeste Olivenöl. Mit dem miesen Geschmack eines billigen Olivenöls ruinieren Sie den edelsten Fisch.

Arbeiten Sie nicht mit Fertigprodukten. Kartoffelpüree aus der Packung schmeckt nicht wie selbst gemachtes, glauben Sie mir. Hingegen ausnahmsweise mal die vorgegarte Rote Bete nehmen – warum nicht? Aber das meiste ist schnell selbst gemacht und schmeckt dann so viel besser. Das gilt besonders für Vinaigrette und Mayonnaise. Letztere geht vielleicht ein, zwei Mal schief, wenn das Öl zu schnell hineingegeben wird statt tröpfchenweise, aber dann hat man den Bogen raus.

Und natürlich sollte man auch anstreben, Brühen und Fonds selbst zu kochen. Der Lohn ist ein purer, unverfälschter Geschmack. Meine Freunde vom »Brigitte«-Team, die mir bei meinen Kochbüchern geholfen haben, erzählten mir kürzlich von jungen Praktikantinnen in der Redaktion, denen eine echte Bouillon zu fade schmeckte – sie waren den überwürzten Geschmack von Tütensuppen gewohnt. Auch der Gaumen muss erzogen werden!

Ich will aber auch nicht, dass Sie vor Scham im Erdboden versinken, wenn Sie doch einmal zu einer Konserve greifen, auch wenn so mancher meiner strengen Kollegen Sie dann gerne mit dem Kochlöffel verhauen würde. Manchmal muss es im Leben schnell gehen. Ich finde es spießig, auf Hilfen wie kochende Wundermixer zu verzichten, die auf Knopfdruck mischen und garen und einem damit viele Arbeitsschritte ersparen, nur damit keiner sagen kann: Ist nicht wirklich selbst gemacht. Gerade berufstätige Mütter verdienen jede Unterstützung, die die moderne Welt bietet, da können sie abends nach der Arbeit nicht immer erst den Nudelteig selbst zubereiten.

(Angeblich stehen im Alltag ja inzwischen 35 Prozent der Männer am Herd. Schön wär's! Ich halte das für etwas übertrieben. Für gelogen, um ehrlich zu sein. Meistens kochen immer noch die Frauen, nur leider nicht in der Spitzengastronomie.)

Aber auch daheim kann man viele Gerichte schnell selbst zubereiten. Ein Omelett aus frischen Eiern ist natürlich jeder Konserve vorzuziehen. Und es ist so kinderleicht, dass es auch der Nachwuchs zubereiten kann! Alle Kinder, Jungen wie Mädchen, sollten frühzeitig ein paar Gerichte beherrschen. Das macht sie stolz und lehrt sie den Wert guten Essens zu schätzen.

Übrigens, unter uns: Ich habe als kleines Mädchen auch mit Tütensuppen angefangen. Die waren damals neu auf dem Markt, und wir hatten sie im Restaurant als Notfallreserve. Meine Mutter hielt davon nichts und überließ sie mir zum Üben. Ich habe sie mit Sahne und Eigelb verfeinert und mit frischem Schnittlauch oder Petersilie dekoriert. Schon war der Geschmack runder und der Anblick appetitlicher.

Seien Sie mutig! Probieren Sie etwas aus. Sie werden schon merken, ob es harmoniert. Und probieren Sie auch alle möglichen Gewürze und Lebensmittel aus, die nicht alltäglich sind, das schult den Geschmack. Kürzlich besuchte mich eine Freundin, die nie in ihrem Leben eine Auster gegessen hatte. Nein, sagte sie angewidert, das wolle sie auch nicht! Die glibberige Konsistenz, die blasse Farbe, das alles gefalle ihr nicht. Sie klang wie eine Jungfer, die noch nie geküsst hatte, weil ihr das eklig vorkam, ohne zu wissen, was ihr entging. Sie hat dann meine Austern probiert, die ich selbst mit dem Messer geöffnet und mit einer Schalottenvinaigrette abgeschmeckt habe. Sie fand sie nicht schlecht, aber ich gebe zu: Ich konnte sie nicht nachhaltig von dieser Köstlichkeit überzeugen. Trotzdem: Wer nicht wagt, der nicht gewinnt – nicht nur in der Küche.

Ich werde jetzt 60 Jahre alt, und ich fühle mich noch sehr jung. Überhaupt kommt es mir vor, als ob ich mit den Jahren jünger werde, auch wenn das vielleicht nicht jeder sieht! Ich sehe es. Ich sehe es daran, wie viel Lust ich auf alles habe: auf das Reisen, auf neue Menschen, auf neue Erfahrungen, auf neue Ideen und darauf, alles zu genießen.

Meine Freundin Christine Westermann, die nur ein paar Jahre älter ist als ich, hat ihr Buch: »Da geht noch was« genannt. Da hat sie recht. Es geht so viel in unserem Leben, nur wollen müssen wir es. Ich habe nicht den Wunsch, meinem Leben eine neue Richtung zu geben. Aber ich will wieder mehr auf den Seitenpfaden spazieren gehen und mir Zeit nehmen, an den Rosen zu riechen. Das ist mein Traum.

Fast 35 Jahre habe ich meinem Restaurant in Frisange alles gegeben. Es ist mein Lebenswerk, mein Baby, wie Sam mir immer wieder beteuert. Es hat zwischendurch immer wieder geschrien und mich zur Weißglut getrieben, aber ich hätte es doch nie weggeben können. Manchmal habe ich gedacht, ich würde das alles gerne loswerden – die Verantwortung für einen reibungslosen Ablauf in Küche und Service und vor allem die Verantwortung für 30 Mitarbeiter, die manchmal an mir hing wie ein Sack Blei. 30 Männer und Frauen, von denen viele für eine Familie sorgen! Gut, dass sie nicht wussten, wie ich manchmal nachts wach lag und mich sorgte, ob wir es wohl schaffen würden.

Wir haben es geschafft, und ich spüre, wie mein Leben nun im Umbruch ist. Vielleicht liegt das gerade daran, dass ich 60 werde? Ich wünsche mir mehr Zeit. Ich möchte nach New York fliegen, in den Straßen spazieren gehen, in Keller-Jazz-Konzerte gehen oder kurzfristig meine Pläne wieder ändern und doch ein neues Restaurant ausprobieren. Ich möchte mehr Zeit für meine Freunde haben, die immer zu mir ins Lokal kommen mussten, wenn wir uns sehen wollten, und ich möchte zur Abwechslung bei ihnen am Tisch sitzen und mich bekochen lassen! Es muss nichts Besonderes sein, das wissen sie. Die gemeinsam verbrachte Zeit ist das Geschenk.

Ich möchte mich mehr um meine Weine kümmern, den Elbling und den Crémant, vielleicht mache ich sie in Amerika oder sonst wo in der Welt populär oder lasse mich als Consultant für ein tolles Hotel anheuern? Vielleicht gründe ich eine kleine charmante Franchise-Kette, damit viele andere Frauen auch so eine hübsche Madeleine-Boutique eröffnen können wie ich. Oder vielleicht lasse ich meine »Bouneschlupp«, die deftige Bohnensuppe, in Gläser einfüllen, allein schon, um die Luxemburger Esskultur zu exportieren.

Was mich betrifft: Ich darf jetzt endlich einen Teil der Verantwortung weitergeben. Ich darf wieder ein bisschen freier sein und die Szenen in meinem Film nachholen, die mir noch fehlen. Erst die Pflicht, jetzt die Kür! Denn endlich habe ich den Partner gefunden, mit dem ich meine geschäftlichen Pläne, die Aufgaben und den Spaß teilen darf. Und dass es ausgerechnet mein eigener Sohn ist, macht mich sehr glücklich.

Louis ist dadurch mein absoluter Held. Ich hätte nie erwartet, dass er mir diesen Wunsch erfüllt. Es war ja mein Traum, ein Restaurant zu haben und zu kochen. Ich hätte ihn nie dazu gezwungen, das Geschäft fortzuführen. Genau wie ich damals hat auch er zunächst studiert, und zwar Betriebswirtschaftslehre in Lausanne. Aber jetzt stellt sich heraus: Es ist sein Wunsch, Frisange zu übernehmen. Was für ein Glück! Der Sohn wird seriös, und seine Mutter darf wieder spielen. Er wird jedoch nicht so früh in die Pflicht genommen wie ich, denn ich bin ja auch noch da.

Dahinter steckt bestimmt mein Vater Emile Linster, der mir schon so oft Kraft und Hilfe geschickt hat, da bin ich mir sicher.

Louis wird mir Zeit schenken. Keine Hetze mehr wie früher, als ich vor lauter Stress fast den Kopf verloren hätte! Bei den letzten Vorbereitungen für das Dinner zu Ehren von Prinzessin Diana fiel mir am Veranstaltungsort plötzlich siedendheiß ein, dass ich zu Hause das vierjährige Kind in die Badewanne gesetzt hatte. Ich starrte den Fisch auf der Arbeitsplatte an und dachte angestrengt nach. Aber ich konnte mich beim besten Willen nicht daran erinnern, dass ich Louis auch wieder aus dem Bad herausgehoben hatte. Daheim, so stellte sich später heraus, war der Kleine inzwischen ganz allein aus der Wanne geklettert, hatte sich den Bademantel übergeworfen und war zu seiner Oma ins Nebenzimmer gegangen, um fernzusehen. Er hat mir nie einen Vorwurf gemacht – aber ich war danach runter mit den Nerven.

Himmelhoch jauchzend – zu Tode betrübt ... auch das ist einer der roten Fäden in meinem Leben. Dieses Temperament ist typisch für uns Linsters. Es kann eine Last sein, aber ich sehe es lieber als Antrieb.

Vorhin, am späten Vormittag, bin ich mit dem Auto von Thionville nach Frisange zurückgefahren. Es ist Samstag, und ich war heute früh auf dem Markt. Ich habe mir die zartesten Karotten aus den Körben herausgesucht, einige Stücke Käse gekauft, ein paar Hühner ergattert und mit der Hühner-Madame gelacht, später habe ich Austern gefrühstückt. Und dabei habe ich die irritierten Blicke mancher Passanten, die es nicht verstehen konnten, wie man um neun Uhr morgens schon Gelüste nach Meerestieren haben kann, mit einem Lächeln quittiert. Die kennen eben meine geliebte Hummer-Kaviar-Diät nicht! Die Marktleute hingegen haben sich gar nicht gewundert. Wir sind eben vom selben Stamm.

Danach bin ich mit dem Auto nach Hause gefahren. Im Radio lief beschwingte Musik, und ich habe nachgedacht, das geht nämlich beim Autofahren besonders gut. Es ist schön, mit seinen Gedanken allein zu sein.

»Habe ich es wirklich geschafft?«, fragte ich mich. Irgendjemand hat einmal gesagt: »Geschafft hast du es, wenn du drei Medaillen auf der Brust und zwei Messer im Rücken hast.« So schlimm war es bei mir nicht. Ich spüre noch gelegentlich ein paar Kratzer, die ich mir zugezogen habe, aber ich habe nie aufgegeben. Und noch immer finde ich etwas, das mich hinreißt und wofür ich mich noch begeistern kann.

Dafür bin ich dem Herrgott dankbar. Ich bin glücklich, dass mein Herz noch so frisch ist, dass ich immer noch all meine Kinderträume habe und dazu ein paar Mädchenträume, die ich mir noch erfüllen möchte. Und wer weiß, vielleicht holen Louis und ich uns noch ein, zwei Sterne mehr!

In Luxemburg tun die Menschen sich schwer mit großen Gefühlsausbrüchen. Ein »Ich liebe dich«, kommt hier keinem über die Lippen. Das würde als sehr übertrieben gelten, wir haben nicht mal die Worte dafür. Die größte Liebesbezeugung bei uns lautet: »Ech si frou mat dir.« Ich bin froh mit dir.

An diese schöne Redewendung habe ich vorhin gedacht. Und urplötzlich kam eine ganz heiße Dankbarkeit über mich, dass auch ich so froh mit allem bin.

Später, am Abend, werde ich in die Küche meines Restaurants in Frisange gehen. Es duftet nach frischen Brötchen, die Dominique, unser Chef-Pâtissier, aus dem Ofen holt, und mein Küchenchef Sylvain drückt mir einen Kuss auf die Backe und sagt: »Alles in bester Ordnung, Chef. Sie können beruhigt da reingehen.« Mein Sohn Louis ist da und meine ganze Mannschaft. Das Restaurant ist ziemlich voll. Und wir tun unser Bestes, viele Menschen froh zu machen. Denn das ist das Allerschönste.

Nach einem Besuch in Frisange verlässt kein Gast mein Restaurant, ohne eine meiner Madeleines mitzunehmen, liebevoll eingepackt in ein kleines Tütchen. Dieses Ritual soll auch für Sie gelten.

Rezept für Léas Madeleines

Für 12 Madeleines

80 g Butter
3 große Eiweiß
100 g Puderzucker
60 g Mehl
40 g fein gemahlene Mandeln

Die Butter schmelzen und die Eiweiß steif schlagen. Puderzucker und Mehl sieben und mit den Mandeln vermischen. Den Eischnee vorsichtig unterheben, danach die Butter einrühren. Nun muss der Teig eine Nacht im Kühlschrank ruhen. Das ist wichtig!
Die Madeleine-Formen vor dem Backen buttern und mit etwas Mehl bestäuben. Den Backofen auf 180 bis 190 Grad (Umluft 160–170 Grad, Gas Stufe 3–4) vorheizen.
Der Teig wird mit einem Löffel eingefüllt – und natürlich mit Fingerspitzengefühl. Denn es darf nicht zu viel Teig werden, sonst läuft er im Ofen über, aber es darf auch nicht zu wenig Teig sein, sonst bekommen die Madeleines nicht ihre typische Beule. Es ist eine kleine Kunst! Die Madeleines müssen nun 15 bis 20 Minuten backen, dann haben sie schon ihre schöne Farbe. Aus dem Ofen nehmen und noch warm aus der Form klopfen. Voilà!

Dank

Allen voran geht mein herzlichster Dank an meine Gäste, ohne die das schönste Restaurant ohne Leben wäre. Einige von ihnen halten dem Haus »Léa Linster Cuisinière« in Frisange schon seit 35 Jahren die Treue.

Ein großes »Merci« auch an all diejenigen, die meine Rezepte zu Hause nachkochen: Ich betrachte das als eine Liebeserklärung.

Ich danke auch meinen Lehrmeistern in der Küche: Frédy Girardet, Joël Robuchon und natürlich dem unvergleichlichen Paul Bocuse.

Und ich danke meiner Mannschaft in der Küche und dem Saal! Im Hauptrestaurant in Frisange, im »Pavillon Madeleine« in Kayl und in der kleinen »Boutique« in der Hauptstadt. Ohne sie müsste ich kleinere Brötchen backen.

Danke auch an meine Freundinnen und Freunde für die Geduld, Unterstützung und Herzlichkeit, mit der sie mein Leben bereichern.

Danke an Anne Volk, Burgunde Uhlig und das ganze »Brigitte«-Team für zwölf Jahre wunderbarer Zusammenarbeit. Und an Reiner Calmund für seine schönen und immer gehaltvollen Tipps.

An meinen Sohn Louis und an meinen Sam: Danke für eure Liebe!